Die Kooperation von Strafrecht und Sozialhilferecht
bei der Disziplinierung von Armen mittels Arbeit
Vom Arbeitshaus bis zur gemeinnützigen Arbeit

Recht der Arbeit und der sozialen Sicherheit

Herausgegeben von Wolfgang Däubler, Hagen Lichtenberg, Ursula Rust, Roderich Wahsner

Band 8

PETER LANG
Frankfurt am Main · Berlin · Bern · New York · Paris · Wien

Andrea Rudolph

Die Kooperation von Strafrecht und Sozialhilferecht bei der Disziplinierung von Armen mittels Arbeit

Vom Arbeitshaus bis zur gemeinnützigen Arbeit

PETER LANG
Europäischer Verlag der Wissenschaften

Die Deutsche Bibliothek - CIP-Einheitsaufnahme

Rudolph, Andrea:

Die Kooperation von Strafrecht und Sozialhilferecht bei der Disziplinierung von Armen mittels Arbeit : vom Arbeitshaus bis zur gemeinnützigen Arbeit / Andrea Rudolph. - Frankfurt am Main ; Berlin ; Bern ; New York ; Paris ; Wien : Lang, 1995
(Recht der Arbeit und der sozialen Sicherheit ; Bd. 8)
Zugl.: Bremen, Univ., Diss., 1994
ISBN 3-631-48158-6

NE: GT

D 46
ISSN 0178-4285
ISBN 3-631-48158-6

Satz: Unitext, Frankfurt am Main

Printed in Germany 1 2 3 5 6 7

Für meine Großeltern Dora und Willi Döring

Vorwort

Diese Arbeit hat im Herbst 1993 dem Fachbereich Rechtswissenschaften der Universität Bremen als Dissertation vorgelegen.

Ich möchte meinem Doktorvater, Herrn Prof. Dr. Karl F. Schumann, für die Anregung zu dem Thema danken. Mein Dank gilt darüber hinaus Frau Prof. Dr. Ursula Rust für die Erstellung des Zweitgutachtens. Zu danken habe ich auch einigen Mitarbeitern und Mitarbeiterinnen der Staats- und Universitätsbibliothek Bremen für ihre Hilfe bei der Beschaffung der Literatur.

Rechtsprechung und Literatur sind bis August 1993 berücksichtigt worden. Nachträglich eingearbeitet worden ist die Änderung des § 18 Abs. 2 S. 2 BSHG durch das Gesetz vom 21.12.1993 (BGBl. I S. 2374).

Bremen, im Juli 1994 Andrea Rudolph

Inhaltsverzeichnis

Abkürzungsverzeichnis

a.A.	anderer Ansicht
Abs.	Absatz
a.F.	alte Fassung
AFG	Arbeitsförderungsgesetz
AK-StPO	Alternativkommentar zur Strafprozeßordnung
Alt.	Alternative
Anm.	Anmerkung
AO Sachsen	Armenordnung für das Königsreich Sachsen
Art.	Artikel
Aufl.	Auflage
AVAVG	Gesetz über Arbeitsvermittlung und Arbeitslosenversicherung
AVO	Ausführungsverordnung
Bd.	Band
BewHi	Bewährungshilfe (Zeitschrift)
BGBl.	Bundesgesetzblatt
BGH	Bundesgerichtshof
BGHSt	Entscheidungen des Bundesgerichtshofs in Strafsachen
BldW	Blätter der Wohlfahrtspflege
BlfGk.	Blätter für Gefängniskunde
Bl.f.ö.F.	Blätter für öffentliche Fürsorge und soziale Versicherung
BR-Drucks.	Bundesrats-Drucksache
BSGE	Entscheidungen des Bundessozialgerichts
BSHG	Bundessozialhilfegesetz
BT-Drucks.	Bundestags-Drucksache
BVerfG	Bundesverfassungsgericht
BVerfGE	Entscheidungen des Bundesverfassungsgerichts
BVerwG	Bundesverwaltungsgericht
BVerwGE	Entscheidungen des Bundesverwaltungsgerichts

BWD	Bayerischer Wohlfahrtsdienst (Zeitschrift)
bzw.	beziehungsweise
ca.	circa
ders.	derselbe
d.h.	das heißt
Diss.	Dissertation
DJ	Deutsche Justiz (Zeitschrift)
DJZ	Deutsche Juristenzeitung
DÖV	Die Öffentliche Verwaltung (Zeitschrift)
DStrR	Deutsches Strafrecht (Zeitschrift)
DuR	Demokratie und Recht (Zeitschrift)
DV	Deutscher Verein für Armenpflege und Wohltätigkeit, ab 1919: Deutscher Verein für öffentliche und private Fürsorge
DVBl.	Deutsches Verwaltungsblatt
E 62	Entwurf eines Strafgesetzbuches –1962–
EGStGB	Einführungsgesetz zum Strafgesetzbuch
f.	folgende/r Seite/Paragraph
FEVG	Gesetz über das gerichtliche Verfahren bei Freiheitsentziehungen
FEVS	Fürsorgerechtliche Entscheidungen der Verwaltungs- und Sozialgerichte
ff.	folgende Seiten/Paragraphen
FischersZ	Fischers Zeitschrift für Praxis und Gesetzgebung der Verwaltung
FKPG	Gesetz zur Umsetzung des Föderalen Konsolidierungsprogramms
Fn.	Fußnote
GA	Goltdammer's Archiv für Strafrecht
GBl.	Gesetzblatt
GG	Grundgesetz
GVBl.	Gesetz- und Verordnungsblatt
Hrsg.	Herausgeber/innen
i.d.F.	in der Fassung
info also	Informationen zum Arbeitslosenrecht und Sozialhilferecht (Zeitschrift)
i.S.d.	im Sinne des/der
i.V.m.	in Verbindung mit
JA	Juristische Arbeitsblätter
Jg.	Jahrgang
JR	Juristische Rundschau

JuS	Juristische Schulung
JW	Juristische Wochenschrift
Kap.	Kapitel
KJ	Kritische Justiz (Zeitschrift)
KMR	Kommentar zur Strafprozeßordnung
LG	Landgericht
LPK-BSHG	Lehr- und Praxiskommentar zum Bundessozialhilfegesetz
MDR	Monatsschrift für Deutsches Recht
MEW	Marx-Engels-Werke
MittAB	Mitteilungen aus der Arbeitsmarkt- und Sozialforschung (Zeitschrift)
MschrKrim	Monatsschrift für Kriminologie und Strafrechtsreform
MschrKrimBiol.	Monatsschrift für Kriminalbiologie und Strafrechtsreform
MschrKrimPsych.	Monatsschrift für Kriminalpsychologie und Strafrechtsreform
m.w.N.	mit weiteren Nachweisen
NDV	Nachrichtendienst des Deutschen Vereins für öffentliche und private Fürsorge
NJW	Neue Juristische Wochenschrift
Nr.	Nummer
NStZ	Neue Zeitschrift für Strafrecht
NVwZ	Neue Zeitschrift für Verwaltungsrecht
NZS	Neue Zeitschrift für Sozialrecht
o.g.	oben genannte
OLG	Oberlandesgericht
OVG	Oberverwaltungsgericht
PrGS	Preußische Gesetzsammlung
Prot. Sonderausschuß IV, V	Protokolle des Sonderausschusses für die Strafrechtsreform des Deutschen Bundestages, 4., 5. Wahlperiode
RFV	Verordnung über die Fürsorgepflicht (Reichsfürsorgepflichtverordnung)
RG	Reichsgericht
RGBl.	Reichsgesetzblatt
RGr.	Reichsgrundsätze über Voraussetzung, Art und Maß der öffentlichen Fürsorge
RGSt	Entscheidungen des Reichsgerichts in Strafsachen

Rpfleger	Der Deutsche Rechtspfleger (Zeitschrift)
RuP	Recht und Politik (Zeitschrift)
RVO	Reichsversicherungsordnung
Rz.	Randziffer
S.	Satz/Seite(n)
SGb	Die Sozialgerichtsbarkeit (Zeitschrift)
SGB	Sozialgesetzbuch
sog.	sogenannt(e, en, es)
SsE	Sammlung sozialhilferechtlicher Entscheidungen
StGB	Strafgesetzbuch
StPO	Strafprozeßordnung
StrÄndG	Strafrechtsänderungsgesetz
StrRG	Gesetz zur Reform des Strafrechts
StV	Strafverteidiger (Zeitschrift)
u.a.	und andere, unter anderem
u.s.w.	und so weiter
u.U.	unter Umständen
UWG	Gesetz über den Unterstützungswohnsitz
v.	von
VG	Verwaltungsgericht
VGH	Verwaltungsgerichtshof
vgl.	vergleiche
VO	Verordnung
Vorbem	Vorbemerkung
ZAO	Zumutbarkeits-Anordnung
ZAR	Zeitschrift für Ausländerrecht und Ausländerpolitik
z.B.	zum Beispiel
ZfF	Zeitschrift für das Fürsorgewesen
ZfS	Zentralblatt für Sozialversicherung, Sozialhilfe und Versorgung
ZfSH	Zeitschrift für Sozialhilfe
ZfSH/SGB	Zeitschrift für Sozialhilfe und Sozialgesetzbuch
ZRP	Zeitschrift für Rechtspolitik
Zs.f.d.	Zeitschrift für das …
ZSR	Zeitschrift für Sozialreform
ZStW	Zeitschrift für die gesamte Strafrechtswissenschaft

"Labore nutrior, labore plector"
Durch Arbeit werde ich genährt,
durch Arbeit büße ich
(Inschrift am Zucht- und Arbeitshaus in Hamburg) [1]

I Einführung

"Selbst versierte Sozialrechtler können dazu neigen, die Beziehungen zu übersehen, die zwischen Strafrecht und Sozialrecht bestehen (...)."[2] Eine Trennung von einem helfenden Sozialstaat und einem strafenden Rechtsstaat existiert nicht.[3] Michael Stolleis hat die grundsätzliche Beziehungsproblematik Ende der 1970er Jahre in einem Aufsatz erörtert.[4]

Sozialrecht und Strafrecht können als staatliche Steuerungsinstrumente verstanden werden.[5] Beide Rechtsgebiete sind auf komplexe Art und Weise miteinander verknüpft und beeinflussen sich wechselseitig. In der Praxis sind unterschiedliche Bezugssysteme möglich:

- die Kooperation, d.h. das Zusammenwirken von Strafrecht und Sozialrecht, um ein gemeinsames Ziel zu erreichen;
- die Kompensation, d.h. der Einsatz des Sozialrechts, um z.B. die eingesetzte Strafe zu mildern;
- die Alternative, d.h. die Ersetzung des Strafrechts durch das Sozialrecht.[6]

Die vorliegende Arbeit behandelt den Kooperationsaspekt zwischen dem Strafrecht und einem Teilbereich des Sozialrechts – dem Fürsorge- und Sozialhilferecht[7] – am Beispiel des "Arbeitshauses" und der "gemeinnützigen Arbeit". In beiden Rechtsgebieten wurde in der Vergangenheit das Arbeitshaus und wird in der Gegenwart die gemeinnützige Arbeit als Disziplinierungsmittel bei Armen eingesetzt. Disziplinierung wird in diesem Zusammenhang nicht nur als Repressionsverhältnis, sondern auch als subtiles Kon-

---

1 Zitiert nach Mahrzahn 1984, 7.
2 Vorwort der Schriftleitung zum Aufsatz von Stolleis, ZSR 1979, 261ff.
3 Schon v. Liszt (1970, 246) traf die Feststellung, daß "Sozialpolitik zugleich auch die beste und wirksamste Kriminalpolitik darstellt."
4 Stolleis, ZSR 1979, 261ff.
5 Vgl. Stolleis, ZSR 1979, 262f.
6 Vgl. Stolleis, ZSR 1979, 268, 279.
7 Zur genauen Begriffsbestimmung der (Armen-)Fürsorge siehe Kap. II.1, Fn. 1.

trollnetz verstanden.[8] "Arm sein" bedeutet hier "materielle Armut" und wird mit dem Bezug von Leistungen der Fürsorge bzw. der Sozialhilfe oder einem Einkommen in der Nähe dieser Schwelle gleichgesetzt.[9]

Im Mittelalter waren Arme akzeptierte Mitglieder der Gesellschaft. Betteln wurde als eine Möglichkeit der Existenzsicherung anerkannt.[10] Mit der Neuzeit, teilweise auch schon früher, begann der Prozeß der Disziplinierung von Armen. Der in dieser Zeit entstehende Arbeitsethos, begründet durch den Wandel der Agrargesellschaft zu einem System von gesteigerter Arbeitsteilung und vermehrtem Tauschverkehr, verlangte eine Umerziehung zu "Arbeitsdisziplin, Fleiß, Ordnung und Gehorsam".[11] Arme wurden zu einem Störfaktor, die Armenfürsorge wurde an eine Arbeitspflicht der Betroffenen gekoppelt.[12] Die Errichtung von Zucht- und Arbeitshäusern im 17. und 18. Jahrhundert verdeutlicht die hochrepressive Arbeitsdisziplinierung, zeigt aber auch die Verknüpfung von Strafrecht und Armenrecht.[13]

Untersuchungsgegenstand dieser Arbeit sind Kooperationszusammenhänge zwischen Strafrecht und Armenrecht im Hinblick auf die Disziplinierung von Armen seit der Zeit der Gründung des Deutschen Reiches 1871.

Kapitel II umfaßt die Darstellung des Arbeitshauses im Strafrecht. An den relevanten Regelungen wird aufgezeigt, in welcher Art und Weise das Strafrecht zur Steuerung des Armenrechts eingesetzt wurde.

Kapitel III behandelt das Arbeitshaus im Armenrecht – von der Armenfürsorge bis zum Sozialhilferecht. Anhand eines Vergleichs mit dem strafrechtlichen Arbeitshaus sollen sowohl in rechtlicher als auch in praktischer Hinsicht Parallelen herausgearbeitet werden.

Das IV. Kapitel befaßt sich mit der gemeinnützigen Arbeit im Sozialhilferecht. Hier wird untersucht, in welcher Form das sozialhilferechtliche Institut Strukturen des Strafrechts aufweist.

In Kapitel V wird die gemeinnützige Arbeit im Strafrecht erörtert. Es werden Kooperationsbezüge mit dem Sozialhilferecht aufgezeigt.

Schließlich werden in Kapitel VI die Ergebnisse zusammenfassend dargestellt.

---

8 Zum Begriff der Sozialdisziplinierung bei M. Weber, G. Oestreich und M. Foucault siehe Breuer 1986, 45ff.

9 Vgl. Iben, BldW 1989, 276f. – Siehe die Literatur- und Forschungsdokumentation zu Armut, Arbeitslosigkeit und Sozialhilfe in der Bundesrepublik Deutschland von Ross-Strajhar 1988.

10 Sachße/Tennstedt 1980, 29f.

11 Sachße/Tennstedt 1980, 38; vgl. auch Stolleis, SGb 1984, 379.

12 Sachße/Tennstedt 1980, 34; siehe auch die Betonung der Arbeitspflicht der Armen in den hochmittelalterlichen Soziallehren des Thomas von Aquin in Scherpner 1962, 29-35.

13 Siehe Kap. III vor 1.

II Die strafrechtliche Disziplinierung von Armen im historischen Kontext: Arbeitszwang und Arbeitshausunterbringung 1871 bis 1969

1 Die enge Verbundenheit von Armut, Armenfürsorge[1] und Strafe am Beispiel der gesellschaftlichen Entwicklung in der zweiten Hälfte des 19. Jahrhunderts

Das 19. Jahrhundert war in Deutschland von verschiedenen gesellschaftlichen und ökonomischen Entwicklungen geprägt: vom Übergang des agrarisch-handwerklichen zum kapitalistisch-industriellen Wirtschaftssystem[2], von der damit verbundenen Urbanisierung[3], von einem Bevölkerungswachstum von 23 auf 56 Millionen Menschen[4] und von immer wiederkehrenden Armutskrisen.

Die während der 1830er und 1840er Jahre auftretende Massenarmut fiel zwar in die erste Industrialisierungsphase[5]; sie war jedoch noch eine "klassische" Agrarkrise. Die Hungersnot nahm unbeschreibliche Ausmaße an und ließ in mehreren deutschen Städten Unruhen entstehen.[6] Für diese chronische Not der Bevölkerung wurde der Begriff "Pauperismus" geprägt.[7] Seit der Zeit der Reichsgründung entwickelte sich Deutschland zum Industriestaat.[8] Die mit dem "Gründerkrach" 1873 einsetzende Wirtschaftskrise

---

1 Die öffentliche Fürsorge, die ab 1871 in der Schaffung des "Gesetzes über den Unterstützungswohnsitz" ihren Ausdruck gefunden hat, hieß bis 1924 offiziell Armenpflege (vgl. Schoen 1985, 1). Erst mit der Einführung der "Verordnung über die Fürsorgepflicht" und der "Reichsgrundsätze über Voraussetzung, Art und Maß der öffentlichen Fürsorge" im Jahr 1924/25 war der Begriff Fürsorge erstmals gesetzlich festgelegt. Im folgenden wird der Begriff (Armen-)Fürsorge für den Zeitraum von 1871 bis zum Inkrafttreten des Bundessozialhilfegesetzes 1962 verwendet. Mit dem Begriff Armenfürsorge wird das bedarfsbezogene und einkommensabhängige Unterstützungssystem der öffentlichen Hand bezeichnet. Vgl. auch Sachße/Tennstedt 1988, 11.

2 Vgl. Sachße/Tennstedt 1980, 180.

3 Siehe Henning 1989, 105, 205, 270f.

4 Henning 1989, 17.

5 Ca. 1835 bis 1873. Vgl. Henning 1989, 111ff.

6 Siehe den zeitgenössischen Bericht "Zur Verbreitung des Pauperismus" in Jantke/Hilger 1965, 49ff.

7 W. Roscher 1906, 21. In England entstand der Begriff "pauper" im ausgehenden 18. Jahrhundert für die verelendete Schicht der Land- und Fabrikarbeiter (D. Schäfer 1966, 40; vgl. auch K. Marx, MEW 1, 395).

8 Henning 1989, 205.

führte zu Stillegungen von Betrieben und zu Arbeiterentlassungen.[9] Erst 1893 setzte wieder ein ökonomischer Aufschwung ein.[10]

Auf die Armut wurde in der zweiten Hälfte des 19. Jahrhunderts sowohl mit sozialpolitischen als auch mit kriminalpolitischen Mitteln reagiert:

Zur Reproduktion von Lohnarbeit wurden verschiedene Versicherungssysteme gesetzlich verankert:[11] 1883 die Krankenversicherung der Arbeiter; 1884 das Unfallversicherungsgesetz für Arbeiter und untere Angestellte in industriellen Betrieben und bestimmten Handwerksbereichen;[12] 1889 die Invaliditäts- und Altersversicherung der Arbeiter und unteren Angestellten.[13]

Im Bereich des Armenrechts wurde das System des "Unterstützungswohnsitzes" mit Gesetz vom 6.6.1870[14] eingeführt. Das Gesetz über den Unterstützungswohnsitz war der preußischen Regelung[15] nachgebildet und löste in den 1870er Jahren in den meisten deutschen Bundesstaaten das sog. Heimatprinzip ab.[16] Mit der Einführung der Freizügigkeit[17] war der Heimatgesetzgebung die Grundlage entzogen worden. Der Erwerb des sog. Unterstützungswohnsitzes garantierte die Möglichkeit einer Hilfeleistung der Armenfürsorge bei bestehender wirtschaftlicher Not.[18] Ein Rechtsanspruch auf Hilfe existierte jedoch nicht.[19] Die auftretende Armut wurde durch die Armenfürsorge nur punktuell gelindert. Vielmehr führte auch die staatliche Sozialpolitik verstärkt dazu, daß Bettelei eine der wenigen Möglichkeiten

---

9 Braun 1955, 2, 6; Henning 1989, 211-215.

10 Sachße/Tennstedt 1980, 181.

11 Siehe zu den Motiven der Arbeiterversicherungsgesetzgebung D. Schäfer 1966, 54ff.

12 Vgl. Braun 1955, 15.

13 Vgl. Braun 1955, 21.

14 BGBl. des Norddeutschen Bundes S. 360.

15 Gesetz über die Verpflichtung zur Armenpflege vom 31.12.1842, PrGS 1843 S. 8, abgedruckt in Sachße/Tennstedt 1980, 277ff.

16 Vgl. dazu Flottwell, Preußische Jahrbücher 43. Bd., 588ff. und 44. Bd., 8ff. – Nach der Heimatgesetzgebung war die öffentliche Unterstützung eine Art erweiterte Alimentationsverpflichtung der Familie gegenüber sämtlichen Mitgliedern einer Gemeinde. Die Unterstützungsleistung war gekoppelt mit der Heimatberechtigung, d.h. mit einer dauernden Ansässigkeit. Dieses Heimatrecht blieb auch bestehen, wenn später der Wohnsitz geändert wurde. Siehe Diefenbach 1923, 968f.

17 Gesetz vom 1.11.1967, BGBl. des Norddeutschen Bundes S. 55. Vgl. Arnoldt 1872.

18 Nach der im Jahr 1885 zum ersten Mal durchgeführten Reichsarmenstatistik wurden in Deutschland 1.592.386 Personen, d.h. 3,4 % der Bevölkerung, mit Hilfe der Armenfürsorge unterstützt (Münsterberg 1897, 22; W. Roscher 1906, 29). Zur Kritik an den damaligen Armenstatistiken im allgemeinen siehe Feld 1923, 1010f.

19 Nach § 63 Abs.1 UWG. Vgl. Buehl 1903, 51; Wolfram 1930, 32.

war, um überhaupt überleben zu können.[20] Im Zuge der zunehmenden kapitalistischen Produktionsformen mußte die "Lohnarbeit generell (die) attraktive Alternative gegenüber (der) Armenunterstützung" bleiben.[21] Ein mögliches Steuerungsinstrument stellte die Höhe der Armenhilfe dar: Das Maß der Unterstützung durfte nicht über das Einkommen der ärmsten Lohnarbeiter angehoben werden.[22]

Das Reichsstrafgesetzbuch vom 15.5.1871[23] wurde zur Regulierung von Armut eingesetzt, indem – ähnlich wie im preußischen Strafgesetzbuch[24] – z.B. Bettelei, Landstreicherei und Obdachlosigkeit unter Strafe gestellt wurden. In der Literatur war immer wieder das Auftreten von "Bettler- und Vagabundenplagen" beklagt worden.[25] Mitte der 1870er Jahre wurde die Zahl der Wanderbettler in Deutschland auf etwa 200.000 geschätzt; die jährlichen Kosten sollten dafür 73 Millionen Mark betragen.[26]

Die Kriminalisierung von Armut ist Ausdruck dafür, daß die Armen für ihre Lage selbst verantwortlich gemacht wurden, daß ihnen die Schuld an ihrem Zustand zugeschrieben wurde.[27] Diese im 19. Jahrhundert vorherrschende und bis ins 20. Jahrhundert gehende Deutung von Armut[28] als Schuld der Armen resultierte aus einer von Malthus entwickelten Lehre. Malthus sah in der Armut zunächst eine naturgesetzliche Notwendigkeit. Diese Form des unausweichlichen Naturgesetzes wurde von ihm jedoch in den weiteren Ausgaben seines Werkes "Essay on the Principle of Population ..." (London 1798) modifiziert, indem der Gedanke des "moral restraint" in

---

20 Münsterberg 1897, 105. Andere Alternativen waren die Unterstützung durch wohltätige Vereine oder sich unter "Aufopferung von Kräften und Gesundheit, unter Zurücksetzung der Interessen der eigenen Familie, unter Vernachlässigung der Sorge für die Kinder, das hinzu (zu erwerben), was (...) die Armenpflege zum Lebensunterhalt zu wenig giebt." (Ebenda).

21 Sachße/Tennstedt 1980, 209; siehe auch Wolfram 1933, 77.

22 Vgl. die Berechnungen hinsichtlich der Höhe der Arbeitslöhne im Verhältnis zur Höhe der Armenunterstützung in Münsterberg 1897, 102-105.

23 RGBl. 1871 S. 127.

24 Vgl. Kap. II.2.

25 Vgl. Sichart, ZStW 13, 1. Siehe auch Steigertahl, MschrKrim 1955, 3. Z.B. wurden 1883 im Polizeibezirk Berlin 27.565 Bettler aufgegriffen (Köhne, ZStW 9, 286). Siehe schon für Preußen in den 1870er Jahren v. Hippel 1889, 6ff.

26 Schmollers Jahrbuch 1883, 525 zitiert nach W. Roscher 1906, 15, 18. Die Bevölkerungszahl des Deutschen Reichs betrug im Jahr 1875 43 Millionen Menschen (Henning 1989, 17). Der Anteil der Bettler betrug ca. 0,5 %.

27 Vgl. K. Marx, MEW 1, 398: "Endlich wurde das Elend als die Schuld der Elenden betrachtet und als solche an ihnen bestraft." Siehe auch Wolfram 1930, 14f.

28 Siehe zu den Deutungen von Armutsursachen seit dem Mittelalter D. Schäfer 1966, 19-53.

den Vordergrund trat, die Armen also selbst die Ursache ihres Elends waren.[29]

Ähnlich wie das Strafrecht basierte also die Armenfürsorge auf dem Prinzip des individuellen Verschuldens.[30] Die individuelle Zurechnung der wirtschaftlichen Not rechtfertigte die strafrechtliche Sanktionierung. Es war mit den damals vorherrschenden Wertvorstellungen unvereinbar, daß "Tausende unserer Volksgenossen jahraus jahrein darauf verzichten, sich ihren Lebensunterhalt selbst zu beschaffen, um auf Kosten ihrer Mitmenschen das Dasein zu fristen, ganz abgesehen davon, daß es gilt, die Arbeitsamen von den Belästigungen parasitärer Elemente zu schützen, – und es ist nun einmal (...) die allgemein gültige Auffassung, daß (...) in erster Linie der Strafrichter dazu berufen sei, diese.. Übel zu steuern."[31] Zudem galten Bettelei und Landstreicherei zumindest noch bis zum Ende des 19. Jahrhunderts als Schule des Verbrechens.[32]

Die malthusianische Auffassung von Armut kam auch in der fürsorgerechtlichen Literatur zum Ausdruck. Roscher hatte zwar dazu beigetragen, "leitende Grundsätze einer guten Armenpflege" zu entwickeln.[33] Dennoch war seine Hauptintention, die Unterstützung von unwürdigen Armen zu verhindern:[34] "Den Namen christlicher Wohltätigkeit verdient nicht der, welcher zu träge und gleichgültig ist, um den würdigen, wirklich bedürftigen Armen auszukundschaften, wohl aber der, welcher (nach sorgfältiger Prüfung) den unwürdigen Armen keinen Beistand gewährt."[35] Erst Klumker hatte versucht, Armut aus der Nähe des Schuldstrafrechts zu lösen.[36] Er sah die Ursache der Armut in der Unwirtschaftlichkeit, d.h. in der mangelnden Fähigkeit der Armen, sich den wirtschaftlichen Verhältnissen anzupassen.[37] Klumker stellte deshalb fest: "Solange einseitig dabei das Verschulden des Armen hervorgehoben wird, kann man zu einer gleichmäßigen Fürsorge

---

29 Vgl. Scherpner 1962, 114-118.

30 Siehe zur Kritik des Schuldprinzips im Strafrecht Kargl 1982. – Den strafrechtlichen Schuldvorwurf formuliert Kargl (1982, 199) wie folgt: "Als subjektive Zurechnungslehre bewirkt der Schuldgedanke (...) in erster Linie eine Personalisierung des Unrechts mit Folge, daß dem geschwächten Teil des Ganzen, den vereinzelten Individuen, die unbeabsichtigten und unabsehbaren Wirkungen des ökonomisch-kulturellen Gesamtzusammenhangs angelastet werden."

31 W. Klein 1917, 51.

32 Vgl. W. Klein 1917, 51.

33 W. Roscher 1894, 36 und 1906, 47: Überschrift des ersten Kapitels des ersten Buches.

34 Vgl. D. Schäfer 1966, 10.

35 W. Roscher 1894, 39 und 1906, 50.

36 Klumker 1918, 18; vgl. D. Schäfer 1966, 11.

37 Klumker 1918, 13-24.

nicht gelangen, weil man stets Gesichtspunkte der Bestrafung in die Unterstützung hineinträgt, seine Hilfe nach dem Grade dieses Verschuldens abzustufen sucht."[38]

2 Die Steuerung der Armut mit Hilfe der §§ 361, 362 StGB a.F.[39] 1871 bis 1933

Die immer wieder beklagte "Bettler- und Vagabundenplage" war also weniger Ausdruck der Arbeitsunwilligkeit der Betroffenen, sondern vielmehr Resultat der mangelnden Fürsorgepolitik des Staates bei eintretenden wirtschaftlichen Mißständen. Das Strafrecht wurde komplementär zur Armenfürsorge zur Steuerung von Armutszuständen eingesetzt. Nach § 361 des Strafgesetzbuchs von 1871 wurden die "Delikte gegen die Volkswo(h)lfahrt"[40] – Landstreicherei, Bettelei, "Arbeitsscheu", "Müßiggang" und Obdachlosigkeit – mit einer Haftstrafe (§ 18 StGB a.F.) sanktioniert.[41] Die Haftstrafe gehörte neben dem Zuchthaus, dem Gefängnis und der Festungshaft zu den sog. Hauptstrafen an der Freiheit.[42] Sie bestand in einfacher Freiheitsentziehung und betrug höchstens sechs Wochen und mindestens einen Tag. Bei einfacher Haft existierte kein Arbeitszwang, allerdings auch kein Anspruch auf Beschäftigung.[43] Eine Verschärfung der Haftstrafe mittels Arbeitszwang war durch § 362 Abs.1 StGB a.F. i.V.m. § 361 Nr.3 bis 8 StGB a.F. möglich. Ferner konnte gemäß § 362 Abs.2 und 3 StGB a.F. die Unterbringung in einem Arbeitshaus oder die "Verwendung" zu gemeinnützigen Arbeiten erfolgen.

---

38 Klumker 1923, 931.

39 § 361 StGB a.F. bestand bis zur Aufhebung durch das EGStGB vom 2.3.1974, BGBl. I S. 469, 500, mit Änderungen fort (vgl. zur Begründung der Aufhebung BT-Drucks. V/4095, S. 48f.). – Zur Dokumentation der strafrechtlichen Behandlung von Armen im Zeitraum von 1871 bis 1933 wird vornehmlich Literatur und Rechtsprechung aus dieser Zeit herangezogen.

40 Kapitelüberschrift von Binding 1969, 912.

41 Die Delikte zählten nach damaligem Recht zu den Übertretungen. Eine Übertretung war in dieser Zeit eine mit Haft oder Geldstrafe bis zu 150 Reichsmark bedrohte Straftat (§ 1 Abs.3 StGB a.F.) und somit nach dem Vergehen und dem Verbrechen das leichteste Delikt. Vgl. Frank 1931, § 1 Anm. I.

42 Durch das 1. StrRG vom 25.6.1969 sind diese unterschiedlichen Strafen durch eine einheitliche "Freiheitsstrafe" genannte Strafe ersetzt worden (vgl. Art. 1 Nr. 4 und Art. 4, BGBl. I S. 645f., 657).

43 Berner 1986, 209; Frank 1931, § 18 Anm. I.

Die Grundlage der §§ 361, 362 StGB a.F. bildete das preußische Strafgesetzbuch von 1851.[44] Schon in dem am 6. Januar 1843 erlassenen "Gesetz über die Bekämpfung der Landstreicher, Bettler und Arbeitsscheuen"[45] wurden in Preußen Arme strafrechtlich sanktioniert. Das preußische Strafgesetzbuch übernahm die Regelung ohne wesentliche Änderungen.[46] Diese gelangte schließlich in das Strafgesetzbuch für den Norddeutschen Bund und damit auch in das Reichsstrafgesetzbuch vom 15. Mai 1871, welches am 1. Januar 1872 in Kraft trat.[47]

2.1 Die strafrechtliche Sanktionierung von Landstreicherei, Bettelei und Obdachlosigkeit (§ 361 Nr. 3,4,8 StGB a.F.) [48]

2.1.1 Landstreicherei

§ 361 Nr. 3 StGB a.F. enthielt eine Strafandrohung gegen Landstreicherei. Eine Definition des Begriffs des Landstreichens war im Gesetz nicht festge-

---

[44] Gesetz vom 14.4.1851, PrGS S. 101; vgl. v. Hippel 1889, 5f.

[45] PrGS 1843 S. 19, abgedruckt in v. Hippel 1889, 19f.

[46] v. Hippel 1889, 22f. – Siehe zu den Regelungen der einzelnen deutschen Staaten vor 1871 v. Hippel 1889, 4-74. Vgl. auch Jahn 1966, 35-49.

[47] RGBl. 1871 S. 127. Vgl. zum Geltungszeitpunkt in den einzelnen deutschen Bundesstaaten Olshausen 1900, § 1 EGStGB Anm. 2; siehe auch Jahn 1966, 49.

[48] § 361 Nr. 3, 4, 5, 7, 8 StGB (zu Nr. 5 und 7 siehe Kap. II.2.2) lautete in der Fassung vom 18.2.1927:
Mit Haft wird bestraft:
3. wer als Landstreicher umherzieht;
4. wer bettelt oder Kinder zum Betteln anleitet oder ausschickt, oder Personen, welche seiner Gewalt und Aufsicht untergeben sind und zu seiner Hausgenossenschaft gehören, vom Betteln abzuhalten unterläßt;
5. wer sich dem Spiel, Trunk oder Müßiggang dergestalt hingibt, daß er in einen Zustand gerät, in welchen zu seinem Unterhalte oder zum Unterhalte derjenigen, zu deren Ernährung er verpflichtet ist, durch Vermittlung der Behörde fremde Hilfe in Anspruch genommen werden muß;
...
7. wer, wenn er aus öffentlichen Armenmitteln eine Unterstützung empfängt, sich aus Arbeitsscheu weigert, die ihm von der Behörde angewiesene, seinen Kräften angemessene Arbeit zu verrichten;
8. wer nach Verlust seines bisherigen Unterkommens binnen der ihm von der zuständigen Behörde bestimmten Frist sich kein anderweitiges Unterkommen verschafft hat und auch nicht nachweisen kann, daß er solches der von ihm angewandten Bemühungen ungeachtet nicht vermocht habe;
...
(Vgl. Ebermayer/Lobe/Rosenberg 1929).

legt. Nach allgemeiner Ansicht war Landstreicherei das (gewohnheitsmäßige oder gewerbsmäßige) Umherziehen von Ort zu Ort einer Person, die sich ihren Lebensunterhalt rechtswidrig auf fremde Kosten beschaffte.[49] Personen, die sich arbeitslos in einer Stadt "herumtrieben", waren keine Landstreicher.[50] Das "Umherziehen" mußte aus einem "Hang zum Wandern und Müßiggang" erfolgen.[51] Zum Teil wurde die Meinung vertreten, daß die bloße Absicht, Arbeit zu suchen, die Strafbarkeit wegen Landstreichens nicht ohne weiteres beseitige.[52] In dem Umherziehen auf fremde Kosten wurde die Beschaffung des Lebensunterhalts durch Bettelei[53] oder Diebstahl oder auch "Lohnhurerei" verstanden.[54]

In der Literatur wurde die Frage, ob das "Wandern armer Handwerksburschen" als strafbares Landstreichen zu qualifizieren wäre, häufiger diskutiert. Einige Autoren bejahten diese Frage.[55] v. Hippel bemängelte jedoch die ungenügende Armenfürsorge für bedürftige Wanderer und wies daraufhin, daß die wirtschaftlichen Verhältnisse das Wandern Mittelloser förderе.[56] Auch Münsterberg problematisierte die alte Sitte des Wanderns im Handwerk und sah auch die Notwendigkeit der Industriearbeiter, daß sie ihren Arbeitsplatz häufiger wechseln mußten.[57] Jedoch illustrierte er den Weg eines arbeitsamen Wanderers zum Verbrecher wie folgt:

"Aus dem Wandernden, der fremde Hülfe erbittet, um bei der Arbeitssuche nicht zu verhungern, wird recht häufig einer, der fremde Hülfe in Anspruch nimmt, um wandern zu können. Mit der Gewohnheit des Wanderns wachsen auch die damit verbundenen Neigungen zum Wirtshausleben, zum Trunk, zum Müßiggang. Junge Burschen, die ehrlich in die Welt hinausgezogen sind, werden durch erfahrene Reisende angelernt. Müßiggang und Liederlichkeit führen oft zu Gewalthätigkeit; die Landbevölkerung ist in Schrecken vor den Wanderern, die ihnen leicht ein Schwein aus dem Stalle treiben, die Hühner mitgehen heißen oder gar Feuer anlegen. Und vom

---

49 Ebermayer/Lobe/Rosenberg 1929, § 361 Anm. III.3 und 6; Olshausen 1910, § 361 Anm. zu Nr. 3; Berner 1986, 700; v. Hippel 1970, 396; Frank 1931, § 361 Anm. III; vgl. dazu RG, DJZ 1900, 74.

50 Ebermayer/Lobe/Rosenberg 1929, § 361 Anm. III.1a.

51 Olshausen 1910, § 361 Anm. zu Nr. 3c; vgl. Rotering, ZStW 26, 750.

52 Köhne, ZStW 9, 294; *a.A.* Frank 1931, § 361 Anm. III.

53 So ausschließlich v. Hippel 1895, 5 und 1906, 168 sowie Frank 1931, § 361 Anm. III.

54 Olshausen 1910, § 361 Anm. zu Nr. 3c.

55 Köhne, ZStW 9, 293f.; Sichart, ZStW 13, 8; vgl. auch Ebermayer/Lobe/Rosenberg 1929, § 361 Anm. III.4.

56 v. Hippel, MschrKrimPsych. 7, 450 und 1906, 196-200.

57 Münsterberg 1897, 130; vgl. auch Binding 1969, 913.

Wanderer zum Landstreicher, vom Hülfesuchenden zum Bettler, vom Bettler und Landstreicher zum Verbrecher ist es gar nicht so sehr weit."[58]

2.1.2 Bettelei

Betteln wurde gemäß § 361 Nr. 4 StGB a.F. bestraft.[59] In der Fassung von 1871 enthielt die Nr. 4 drei verschiedene Tatbestände: das Betteln, das Anleiten oder Ausschicken von Kindern zum Betteln und das Nichtabhalten vom Betteln.[60]

Der Begriff des Bettelns war ebenso wenig im Gesetz definiert wie der des Landstreichens. Das RG sah in einem Bettler denjenigen, "welcher aus – wirklicher oder vorgespielter – Dürftigkeit eine ihm fremde Privatperson um ein Almosen, eine milde Gabe für seinen oder der Seinigen Lebensunterhalt angeht, sofern dieses Angehen nicht aus besonderen Gründen den Regeln des Verkehrs entspricht."[61] Während Berner die Ansicht vertrat, die Bitte um Unterstützung aus wahrer Not wäre kein Betteln,[62] wollten einige Autoren lediglich die Grundsätze über den Notstand (§ 54 StGB a.F.) anwenden.[63]

Die Qualifizierung der Bitte um Unterstützung auch bei wirklicher Hilfsbedürftigkeit als Bettelei i.S.d. § 361 Nr. 4 StGB a.F. verdeutlicht die von der malthusianischen Theorie geprägte Auffassung, wonach das Elend der Armen selbst verschuldet sei. Sie zeigt exemplarisch die staatliche Reaktion auf Armut: Die Pflicht zur Arbeit wurde um jeden Preis propagiert und die mangelnde Armenfürsorge durch Verdächtigungen der Bettelei als Aus-

---

58 Münsterberg 1897, 130f.

59 Die jährliche Durchschnittszahl der Verurteilungen wegen Bettelns betrug von 1877 bis 1884: in Preußen 104.178; Bayern 72.693; Württemberg 21.874; Baden 14.193. Dabei entfielen Verurteilungen auf je 10.000 Einwohner/innen: in Preußen 38,2; Bayern 137,6; Württemberg 111; Baden 90,4. Vgl. Sichart, ZStW 13, 4, Fn. 1. – Siehe ferner zur Höhe der Verurteilungen wegen Bettelns und Landstreicherei Münsterberg 1887, 285f. und W. Klein 1917, 54ff.

60 Durch das 3. StrÄndG vom 4.8.1953 (BGBl. I S. 735, 724) wurde das "Nichtabhalten vom Betteln" gestrichen. Vgl. dazu Schwarz/Dreher 1968, § 361 Anm. 4.

61 RG, GA 45, 49; ähnlich auch v. Hippel 1895, 9f.; Olshausen 1910, § 361 Anm. zu Nr. 4a; Ebermayer/Lobe/Rosenberg 1929, § 361 Anm. IV.2.

62 Berner 1986, 701.

63 Köhne, ZStW 9, 295; Olshausen 1910, § 361 Anm. zu Nr. 4a; Frank 1931, § 361 Anm. IV; v. Hippel 1970, 397. Darüber hinaus war nach v. Hippel (1970, 397) gelegentliches Betteln arbeitswilliger oder arbeitsunfähiger Personen aus wirklicher Not straffreier übergesetzlicher Notstand, auch wenn die Notsituation noch nicht die Norm des § 54 StGB a.F. erfüllte oder selbstverschuldet war. Vgl. auch Rotering, MschrKrimPsych. 5, 152f.

druck der "Arbeitsscheu" verdeckt. Von der Rechtsprechung wurden schon alltägliche menschliche Verhaltensweisen dazu benutzt, um den Betteltatbestand anzuwenden. In der schon erwähnten Entscheidung des RG vom 26. Februar 1897[64] lag folgender Sachverhalt vor:

Der Angeklagte war am 30. November 1896 aus einem Krankenhaus entlassen worden und besaß keine Mittel, um seinen Lebensunterhalt zu bestreiten. Er hatte sich in eine andere Stadt begeben und hatte am 2. Dezember 1896, da seine Schuhe beschädigt waren, in einem Kaufmannsladen um einige Nägel zur Reparatur gebeten. Das RG sah in der Bitte um Nägel zur Reparatur von Schuhen den Straftatbestand der Bettelei verwirklicht. Dies geschah unter der Berücksichtigung der Persönlichkeit des Angeklagten, denn dieser war wiederholt wegen Bettelns bestraft worden.

Ebenso sollte nach der Meinung einiger Gerichte das Spielen auf einer Ziehharmonika oder auf einem ähnlichen Musikinstrument Bettelei sein, wenn es den Zweck verfolgte, auf die Person des Spielenden aufmerksam zu machen.[65]

Die Bitte um eine Gabe war dann nicht als Betteln anzusehen, wenn sie auf Gewohnheit, Sitte oder Ortsgebrauch beruhte, z.B. wenn ein reisender Geselle bei den Meistern seines Fachs um das ortsübliche Geschenk bat (sog. Fechten).[66] Ausdrücklich wurde in der Literatur betont, daß das an Behörden gerichtete Ersuchen um Unterstützung den Begriff des Bettelns nicht erfüllen würde.[67] Die Armenfürsorge wurde auf diese Weise (wieder) legitimiert.

Immerhin hatte Klein versucht, die Beziehungen zwischen Armut und Bettelei nachzuweisen. Er fand heraus, daß der starke Anstieg der Betteleidelikte während der kalten Jahreszeit daher kam, "daß durch die verringerte Arbeitsmöglichkeit mit den dadurch bedingten reduzierten Einnahmen einerseits und die erhöhten Ausgaben, die für Heizung und Kleidung u.s.w. aufgewendet werden müssen, ander(er)seits zahlreiche Menschen außerstande gesetzt sind, mit den ihnen zu Gebote stehenden Mitteln den nötigsten Lebensunterhalt zu bestreiten, und somit aus Mangel des Existenzminimums, also durch Armut, dem Bettel in die Arme getrieben werden."[68]

---

64 RG, GA 45, 49f.

65 Siehe die Rechtsprechungshinweise bei Ebermayer/Lobe/Rosenberg 1929, § 361 Anm. IV.3.

66 RGSt 20, 434ff.; Olshausen 1910, § 361 Anm. zu Nr. 4a. Für Rotering (MschrKrimPsych. 5, 147) war das Erbitten des Zehrpfennigs von "herabgesunkenen", "unzünftigen" Gesellen Bettelbetrug.

67 v. Hippel 1906, 170; Olshausen 1910, § 361 Anm. zu Nr. 4a.

68 W. Klein 1917, 61.

2.1.3 Obdachlosigkeit

Durch § 361 Nr. 8 StGB a.F. wurde der Verlust des bisherigen Unterkommens dann bestraft, wenn sich jemand in einer von der Behörde bestimmten Frist kein anderweitiges Unterkommen verschafft hatte und auch nicht den Nachweis des Bemühens darum erbringen konnte (sog. verschuldete Obdachlosigkeit).

Die Vorschrift sollte ein "arbeitsscheue(s) und regelose(s) Herumtreiben" steuern.[69] Das RG vertrat die Ansicht, daß es nicht darauf ankäme, ob die Beschaffung des Unterkommens auf ehrliche Weise geschehen war oder nicht.[70]

Die Auslegung des Begriffs "Unterkommen" war umstritten. Die überwiegende Meinung ging davon aus, daß Unterkommen sowohl eine Wohnung als auch den Lebensunterhalt bedeute.[71] Ein Zusammenwirken des Strafrechts mit der Armenfürsorge ist hier offensichtlich: § 361 Nr. 8 StGB a.F. diente als Schutz vor finanziellen Belastungen der örtlichen Armenverbände.[72] Zum Nachweis des Unterhalts genügte nämlich nicht, wenn die Person der Armenfürsorge zur Last fiel.[73]

Paradoxerweise wurde Obdachlosigkeit zumindest bis weit in die achtziger Jahre des 19. Jahrhunderts von der Armenfürsorge selbst geschaffen:

In dieser Zeit galt das Gesetz über den Unterstützungswohnsitz (UWG), welches im Fall der Hilfsbedürftigkeit öffentliche Unterstützung vorsah, bis auf Elsaß-Lothringen und Bayern in allen deutschen Staaten.[74] Den sog. Unterstützungswohnsitz konnte nach §§ 9, 10 UWG jede/r Deutsche in einem Ortarmenverband erwerben, die/der nach dem zurückgelegten 24. Lebensjahr zwei Jahre lang dort ununterbrochen den gewöhnlichen Aufenthalt gehabt hatte. Der Unterstützungswohnsitz ging erst nach ebensolanger Abwesenheit verloren (§ 22 UWG). Um die Ausgaben des Ortsarmenverbandes gering zu halten, wurde ortsfremden Personen – besonders in Gutsbezirken und kleineren Gemeinden – die Vermietung von Wohnungen dann verweigert, wenn bei ihnen eine Hilfsbedürftigkeit vermutet wurde. Der Erwerb eines Unterstützungswohnsitzes sollte damit verhindert wer-

---

69 RG, GA 52, 86.

70 RGSt, 36, 59.

71 Berner 1986, 703; v. Hippel 1895, 27f.; *a.A.:* Binding 1969, 924; Frank 1931, § 361 Anm. VIII.

72 Vgl. Ebermayer/Lobe/Rosenberg 1929, § 361 Anm. VIII.1; siehe auch die Entscheidung des Obertribunals vom 21.2.1873 in GA 21, 295.

73 Vgl. Berner 1986, 703.

74 I.d.F. vom 6.6.1870, BGBl. des Norddeutschen Bundes S. 360. Siehe Kap. II.1 (bei Fn. 14) und Kap. III.1.

den.[75] Berichte über die ländliche Armenfürsorge zeigten, daß "dieses aus der Anknüpfung der Armenlast an den Aufenthalt in einer Gemeinde mit Notwendigkeit folgende grausame und demoralisierende Verfahren im allerbedenklichsten Maß grassiert."[76] Die von der Armenfürsorge mitverursachte Obdachlosigkeit wurde u.U. an den Betroffenen mit Hilfe des § 361 Nr. 8 StGB a.F. sanktioniert. Die Vorschrift ist in der Literatur auch auf Kritik gestoßen.[77]

2.2 *Der Einsatz des Strafrechts gegen "Mißbräuche" der Armenfürsorge (§ 361 Nr. 5 und 7 StGB a.F.)*

Eine direkte Kooperation des Strafrechts mit der Armenfürsorge zeigen die Straftatbestände gegen "Spiel, Trunk, Müßiggang" und "Arbeitsscheu". Sie sollten die Armenverbände vor unberechtigter Inanspruchnahme schützen.[78]

2.2.1 "Spiel, Trunk, Müßiggang"

§ 361 Nr. 5 StGB a.F. normierte die Haftstrafe gegen Personen, die infolge "Spiel, Trunk oder Müßiggang" selbst unterstützungsbedürftig wurden oder Unterhaltsberechtigte unterstützungsbedürftig machten.

Eine Sanktionierung trat jedoch nur ein, wenn durch diese Lebensweise ein Zustand der Unfähigkeit, sich selbst oder Unterhaltsberechtigte zu ernähren, verursacht und ein Eingreifen der Behörde notwendig wurde.[79] Eine nur vorübergehende Unterstützungsbedürftigkeit reichte nicht aus.[80] Es wurde ein länger dauernder Zustand "moralischer oder physischer Verkommenheit oder ökonomischer Zerrüttung" als Voraussetzung der Strafbarkeit verlangt.[81] Allerdings wurde klassenspezifisch unterschieden, denn

---

75 Flesch 1888, 126f., 146. Vgl. zur Situation in Preußen vor 1871 Sachße/Tennstedt 1980, 200, 202.

76 Flesch 1888, 126.

77 v. Hippel, MschrKrimPsych. 7, 450 und 1906, 235f. Vgl. auch Ploß 1970, 54.

78 Vgl. v. Hippel, MschrKrimPsych. 7, 467f.; Frank 1931, § 361 Anm. V. – Die zu § 361 Nr. 5 StGB a.F. geschaffene Ergänzungsvorschrift des § 361 Nr. 10 StGB a.F. (Nichterfüllung der Unterhaltspflicht; vgl. Gesetz vom 12.3.1894, RGBl. 259, 261) bleibt außer Betracht, weil sie vom Thema dieser Arbeit nicht erfaßt wird. Außerdem waren Arbeitszwang und Arbeitshausunterbringung nach § 362 StGB a.F. hier nicht möglich. – Siehe den Gesetzestext von § 361 Nr. 5, 7 StGB a.F. oben in Fn. 48.

79 v. Hippel 1895, 23; Olshausen 1910, § 361 Anm. zu Nr. 5a.

80 Frank 1931, § 361 Anm. V; Ebermayer/Lobe/Rosenberg 1929, § 361 Anm. V.1a.

81 RG. III; 21.2.1880, R. I 366, zitiert nach v. Hippel 1895, 258, 24, Fn. 1.

der "reiche Müßiggänger, den ein unvorhergesehener Bankrott seines Bankiers an den Bettelstab bringt", konnte nicht bestraft werden, "selbst wenn er bei früherem Fleiße noch ausreichend Vermögen haben würde."[82]

Die Vorschrift hatte wenig praktische Bedeutung.[83] Es war nämlich kaum möglich nachzuweisen, daß die Unfähigkeit, für sich oder andere den Lebensunterhalt zu bestreiten, infolge von "Trunk, Spiel oder Müßiggang" entstanden war.[84] Buehl bezeichnete die Bestimmung als "notorisch ungeeignet"; sie könne dem "circulus vitiosus", dem Pendeln zwischen "Branntweinschänke, Krankenhaus und Armenhaus", kein Ende bereiten.[85] Zudem bemängelte v. Hippel, daß sie bei eintretender Bedürftigkeit lediglich Schaden anrichte.[86]

2.2.2 "Arbeitsscheu"

§ 361 Nr. 7 StGB a.F. kriminalisierte die "Arbeitsscheu" derjenigen Personen dann, wenn sie aus öffentlichen Armenmitteln unterstützt wurden und sich weigerten, ihren Fähigkeiten entsprechende Arbeiten zu verrichten.

Öffentliche Armenmittel waren nicht nur die von den Armenverbänden nach dem UWG bewilligten öffentlichen Leistungen, sondern alle von einer Behörde gewährten Armenmittel.[87]

Eine Weigerung lag nicht vor, wenn die Unterstützungsempfänger/innen die Arbeit deshalb nicht ausübten, weil sie annahmen, daß die angewiesene Arbeit ihre Fähigkeiten überstieg. Das Tatmotiv mußte die "Arbeitsscheu" sein.[88]

Verurteilungen fanden nach § 361 Nr. 7 StGB a.F. zwar nur selten statt,[89] die Norm hatte aber dennoch eine präventive Bedeutung.[90] Nach v. Hippel soll die geringe praktische Relevanz daran gelegen haben, weil die Vorschrift allein nicht imstande wäre, einen Arbeitszwang auszuüben. Die Personen, die von der Armenfürsorge lebten, bräuchten nur auf die Unterstützung verzichten, um dieser strafrechtlichen Sanktionierung zu entgehen. Nach einer Zeit des "Bummelns" würden sie wieder unterstützt, so daß der

---

82 Frank 1931, § 361 Anm. V.

83 v. Hippel 1895, 257 und 1906, 234; Steigertahl, MschrKrimPsych. 18, 370.

84 v. Hippel 1895, 258.

85 Buehl, Zs.f.d. Armenwesen 1905, 107.

86 v. Hippel 1906, 235 und MschrKrimPsych. 7, 467. Vgl. auch Ploß 1970, 52.

87 Vgl. Olshausen 1910, § 361 Anm. zu Nr. 7a.

88 Olshausen 1910 , § 361 Anm. zu Nr. 7c; Binding 1905, 921; Berner 1986, 703.

89 v. Hippel 1906, 238; Lohse 1909, 9.

90 Soltau 1910, 21.

Vorgang von neuem beginne.[91] Die mangelnde Bedeutung des § 361 Nr. 7 StGB a.F. resultierte jedoch u.a. daher, weil das Armenrecht selbst über repressive Mittel, wie die Unterbringung im Armenarbeitshaus, verfügte.[92]

2.3 Arbeitszwang und Arbeitshausunterbringung als Disziplinierungsmechanismen gemäß § 362 StGB a.F.

Während § 361 StGB a.F. eine Sanktionierung mit der einfachen Haftstrafe, d.h. mit einem Freiheitsentzug bis zu sechs Wochen, vorsah,[93] war § 362 StGB a.F.[94] das eigentliche Disziplinierungsinstrument zur "Bekämpfung von Landstreicherei, Bettelei, Obdachlosigkeit, Müßiggang und Arbeitsscheu".

§ 362 Abs.1 StGB a.F. erlaubte schon während der Haft bei den nach § 361 Nr. 3 bis 8 Verurteilten einen Arbeitszwang. Es bestand die Möglichkeit, diese Personen zu "Arbeiten, welche ihren Fähigkeiten und Verhältnis-

---

91 v. Hippel 1906, 238.

92 Vgl. Lohse 1909, 9. Siehe Kap. III.

93 Bei § 361 Nr. 9 und 10 StGB i.d.F. vom 18.2.1927 war wahlweise auch eine Geldstrafe zulässig.

94 § 362 StGB lautete i.d.F. vom 18.2.1927:

(1) Die nach Vorschrift des § 361 Nr. 3 bis 8 Verurteilten können zu Arbeiten, welche ihren Fähigkeiten und Verhältnissen angemessen sind, innerhalb und, sofern sie von anderen freien Arbeitern getrennt gehalten werden, auch außerhalb der Strafanstalt angehalten werden.

(2) Bei der Verurteilung zur Haft kann zugleich erkannt werden, daß die verurteilte Person nach verbüßter Strafe der Landespolizeibehörde zu überweisen sei. Im Falle des § 361 Nr. 4 ist dieses jedoch nur zulässig, wenn der Verurteilte in den letzten drei Jahren wegen dieser Übertretung mehrmals rechtskräftig verurteilt worden ist, oder wenn derselbe unter Drohungen oder mit Waffen gebettelt hat.

(3) Durch die Überweisung erhält die Landespolizeibehörde die Befugnis, die verurteilte Person bis zu zwei Jahren entweder in ein Arbeitshaus unterzubringen oder zu gemeinnützigen Arbeiten zu verwenden. In den Fällen des § 361 Nr. 6, 6a kann die Landespolizeibehörde die verurteilte Person statt in ein Arbeitshaus in eine Besserungs- oder Erziehungsanstalt oder in ein Asyl unterbringen; die Unterbringung in ein Arbeitshaus ist unzulässig, falls die verurteilte Person zur Zeit der Verurteilung das achtzehnte Lebensjahr noch nicht vollendet hat.

(4) Ist gegen einen Ausländer auf Überweisung an die Landespolizeibehörde erkannt, so kann neben oder an Stelle der Unterbringung Verweisung aus dem Bundesgebiet eintreten.

(Vgl. Ebermayer/Lobe/Ebermayer 1929)

§ 361 Nr. 6 und 6a StGB a.F. enthielten eine Strafandrohung bei bestimmten Formen der Prostitution.

sen angemessen waren, innerhalb und, sofern sie von freien Arbeitern getrennt gehalten" wurden, "auch außerhalb der Strafanstalt an(zu)halten. Diese sog. verschärfte Haftstrafe war somit der Gefängnisstrafe (§ 16 Abs.2 StGB a.F.) und teilweise der Zuchthausstrafe (§ 15 Abs.2 StGB a.F.) gleichgestellt.[95]

Gemäß § 362 Abs.2 StGB a.F. konnte das Gericht bei den Verurteilungen nach § 361 Nr. 3 bis 8 StGB a.F. bestimmen, daß die Personen nach verbüßter Haft an die Landespolizeibehörde zu überweisen waren.[96] Die Polizeibehörde erhielt die Befugnis, die Personen bis zu zwei Jahren entweder in einem Arbeitshaus unterzubringen oder zu gemeinnützigen Arbeiten zu "verwenden" (§ 362 Abs.3 StGB a.F.; sog. korrektionelle Nachhaft).[97] Die rechtliche Qualifizierung dieses Instituts war umstritten. Die herrschende Ansicht ging von einer Nebenstrafe aus, während eine Minderheit in der Literatur darin eine polizeiliche Maßregel sah.[98]

Bei Bettelei war die Überweisung an die Landespolizeibehörde nur zulässig, wenn wegen Verletzung des Betteltatbestandes bereits in den letzten drei Jahren mehrere Verurteilungen erfolgt waren oder wenn unter Drohungen oder mit Waffen gebettelt worden war.

Die Befugnis der "Verwendung" zu gemeinnützigen Arbeiten war praktisch ohne Bedeutung.[99] In Hessen wurde in den 1870er Jahren ein Versuch unternommen, gemeinnützige Arbeit i.S.d. § 362 StGB a.F. einzusetzen. Die Ergebnisse waren jedoch negativ, da Schwierigkeiten in der Beschaffung geeigneter Arbeiten bestanden sowie die Kosten der Beaufsichtigung, Unterbringung und Ernährung der Überwiesenen zu hoch waren.[100]

Das strafrechtlich entscheidenste und zugleich repressivste Mittel stellte die Unterbringung in einem Arbeitshaus, der sog. Korrektionsanstalt, dar.[101] Die Unterbringung in den strafrechtlichen Arbeitshäusern wurde bis Ende der achtziger Jahre des 19. Jahrhunderts in den einzelnen deutschen Staaten

---

95 Vgl. Berner 1986, 227; Olshausen 1910, § 362 Anm. 1.

96 Siehe zu der Zahl der gerichtlichen Überweisungen an die Landespolizeibehörde wegen Bettelei und Landstreicherei v. Hippel 1895, 39.

97 Vgl. zur Definition der "korrektionellen Nachhaft" Ploß 1970, 37f.

98 Ploß 1970, 41 m.w.N.; vgl. dazu auch Olshausen 1910, § 362 Anm. 2 und v. Hippel 1888, 27-46.

99 v. Hippel 1895, 170f. und 1906, 178, Fn. 3.

100 v. Hippel 1895, 171.

101 Vgl. Ploß 1970, 14. – Die Insassen wurden als "Korrigenden", nach dem Lateinischen "die zu Bessernden", bezeichnet. – Jugendliche, die noch nicht 18 Jahre alt waren, durften seit 1923 nicht mehr an die Landespolizeibehörde überwiesen und somit nicht in einem Arbeitshaus untergebracht werden (vgl. Ploß 1970, 3f. und Ebermayer/Lobe/Rosenberg 1929, § 362 Anm. 11). Siehe auch § 362 Abs.3 S.2 StGB a.F. in Fn. 94.

unterschiedlich gehandhabt.[102] Eine Vereinheitlichung führte der Bundesratsbeschluß vom 26. Juni 1889[103] herbei.

Der Ursprung der strafrechtlichen Arbeitshäuser ist umstritten. Nach einer Theorie sind sie eine gegen Ende des 18. und zu Beginn des 19. Jahrhunderts in Preußen entstandene "Neuschöpfung". Die andere Theorie geht von einer Entwicklung aus den Zucht- und Arbeitshäusern des 16. und 17. Jahrhunderts aus.[104]

Von den Korrektionsanstalten müssen die Armenarbeitshäuser, Arbeiterkolonien und Wanderarbeitsstätten unterschieden werden.[105]

2.3.1 Die Funktion der Arbeitshausunterbringung

Mit der Arbeitshausunterbringung wurde ein dreifacher Zweck verfolgt: Besserung und "Unschädlichmachung" als spezialpräventives und Abschrekkung als generalpräventives Mittel.[106] v. Hippel beschrieb den Zweck der "korrektionellen Nachhaft" folgendermaßen:

"Gerade in ihrer Anwendung auf arbeitsscheue, müßiggehende Elemente wirkt diese korrektionelle Nachhaft in hohem Maße abschreckend. Sie ist ferner geeignet, auf überhaupt noch besserungsfähige Individuen durch Gewöhnung an Ordnung und Arbeit einen erziehlichen und damit bessernden Einfluß auszuüben. Sie hält endlich dauernd eine stattliche Zahl gefährlicher Individuen der bürgerlichen Gesellschaft fern und macht dieselben so für diese unschädlich. Auf diese Weise vermag das Arbeitshaus das gewerbs- und gewohnheitsmäßige Bettler- und Vagantentum in angemessene Schranken zurückzudrängen und sein Anwachsen zur schweren, Eigentum und Person der Rechtsgenossen bedrohenden Landplage zu verhüten, wie diesselbe uns in früheren Jahrhunderten nur zu wohlbekannt war."[107]

---

102 Vgl. dazu ausführlich v. Hippel 1888, 9-27 und 1889, 78-96.

103 Abgedruckt in v. Hippel 1895, 70-72 und 1906, 183.

104 Vgl. v. Hippel 1888, 4f. und Jahn 1966, 14 m.w.N. Siehe außerdem Kap. III vor 1.

105 Vgl. Rumpelt/Luppe 1923, 742; Meixner 1936, 1. – Zu den Armenarbeitshäusern siehe Kap. III; zu den Arbeiterkolonien und Wanderarbeitsstätten siehe Kap. III.1.1.2, Fn. 78.

106 Vgl. Ploß 1970, 14. – Ähnlich auch die Motive zum Entwurf eines StGB für den Norddeutschen Bund, auf dem das StGB für das Deutsche Reich beruht. Siehe Ploß 1970, 13; v. Falken-Plachecki, ZStW 41, 725; v. Hippel 1895, 191.

107 v. Hippel 1906, 222.

Während v. Hippel die Zwecke als gleichwertig betrachtete,[108] sprach sich eine Anzahl von Autoren, z.B. v. Falken-Plachecki und Ploß, für die Besserung der Untergebrachten als primären Zweck aus.[109]

In der Praxis diente die Arbeitshausunterbringung vor allem der Abschreckung.[110] Arbeitshäuser waren gefürchteter als Zuchthäuser und Gefängnisse.[111] Die Mindestdauer der Unterbringung betrug schon bei erstmaliger Überweisung sechs Monate und steigerte sich je nach der Schwere des Falls auf die Höchstgrenze von zwei Jahren.[112] Obwohl § 361 StGB a.F. zu den Übertretungen zählte, den leichtesten Delikten nach den Vergehen und Verbrechen, war die Möglichkeit der Einweisung in ein Arbeitshaus bis zu zwei Jahren eine harte Sanktionierung, die außerdem durch einen "scharfen Arbeitsbetrieb" und eine "geregelte Ordnung" abschreckend wirkte.[113] Zudem herrschte in der Bevölkerung die Meinung vor, daß in ein Arbeitshaus nur die "verkommenen Existenzen" kämen, welche nie wieder zu einem menschenwürdigen Dasein gelängen.[114]

Die Existenz von Korrektionsanstalten wirkte auch außerhalb des Strafrechtsbereichs als Abschreckungsmittel. Sie verhinderte die Geltendmachung von Unterstützungsleistungen gegenüber der Armenfürsorge. Denn die Inanspruchnahme der Armenfürsorge konnte den Verdacht von "Müßiggang" und "Arbeitsscheu" erzeugen, was wiederum eine Unterbringung gemäß § 362 StGB a.F. zur Folge haben konnte. Die Arbeitshäuser trugen somit zu einer Entlastung der Kassen der Armenverbände bei und wirkten insofern ökonomisierend.[115]

Die im Arbeitshaus Untergebrachten konnten jedoch selbst dazu beitragen, die Dauer in der Anstalt zu verkürzen, denn "während bei der Strafe der Gesichtspunkt der Generalprävention das Minimum der Internierung bestimmt, entscheidet hier die Eigenart des Individuums und der Erfolg der Besserungsprozedur über das Ende der Haft."[116] In Nr. 5 des Bundesratsbeschlusses vom 26.6.1889 war geregelt, daß bei einem Wohlverhalten der Eingewiesenen, d.h. bei eingetretener Besserung, die Unterbringungsdauer zur Hälfte, jedoch nicht unter drei Monate, ermäßigt werden konnte. Bei

---

108 v. Hippel 1895, 60.

109 v. Falken-Plachecki, ZStW 41, 725; Ploß 1970, 14 m.w.N.

110 Vgl. Jahn 1966, 65.

111 v. Engelberg 1912, 486.

112 Vgl. Nr. 4 des Bundesratsbeschlusses vom 26.6.1889 in v. Hippel 1895, 71 und 1906, 183.

113 Vgl. v. Hippel 1895, 193.

114 v. Engelberg 1912, 490.

115 Vgl. Mahrzahn 1984, 67.

116 Exner 1914, 156.

"schlechter Führung" war aber auch eine Verlängerung der Einweisungszeit möglich.[117]

Die Zahl der strafrechtlichen Arbeitshäuser war vom Ende des 19. Jahrhunderts bis zum Ersten Weltkrieg konstant. Im Jahr 1911 gab es 48 deutsche Arbeitshäuser,[118] welche zur Unterbringung nach § 362 StGB a.F. dienten.[119] Die Korrektionsanstalten hatten zu diesem Zeitpunkt eine Durchschnittsbelegung von ca. 10.800 Personen, der Anteil der Frauen betrug knapp 10 %.[120] Während des Ersten Weltkrieges nahm die Zahl der Insassen beträchtlich ab und betrug nach Kriegsende lediglich etwa 500.[121] Viele Arbeitshäuser wurden im Krieg für andere Zwecke gebraucht (z.B. als Krankenhäuser, Kriegsgefangenenlager).[122] 1926 existierten 26 Arbeitshäuser in Deutschland, die insgesamt 3.200 Personen beherbergten.[123]

2.3.2 Arbeit als Disziplinierungsmittel

Die Insassen der Korrektionsanstalten waren einem umfassenden Disziplinierungsprozeß unterworfen.[124] Eingebettet in eine Gesamtdisziplin,[125] sollten die "Arbeitsscheuen" und "Müßiggänger" mit Hilfe des Arbeitszwanges zu geregelter Lohnarbeit erzogen werden.[126]

Die männlichen Insassen wurden überwiegend mit land- und forstwirtschaftlichen Arbeiten auf anstaltseigenen Ländereien beschäftigt.[127] Ein Teil der "Korrigenden" wurde auch an Unternehmen ausgeliehen und dort primär zu landwirtschaftlichen Tätigkeiten eingesetzt, jedoch auch zu Straßenreinigungen, Kasernenbauten, Transporten und Fabrikarbeiten.[128] Die weiblichen Insassen wurden "in einer den Lebensverhältnissen des Weibes ent-

---

117 Siehe Nr. 5 des Beschlusses in v. Hippel 1895, 71f. und 1906, 183.

118 v. Hippel 1895, 132; v. Engelberg 1912, 484.

119 Eine Anzahl der Arbeitshäuser war organisatorisch mit Armenarbeitshäusern, Armenhäusern, Zwangserziehungsanstalten und Strafanstalten verbunden. Vgl. dazu Kap. II.4.1.

120 Errechnet nach v. Engelberg 1912, 497, 499 (Tabelle I).

121 Jahn 1966, 78. Dies hing mit dem im Jahr 1918 gewährten Straferlaß zusammen (vgl. v. Falken-Plachecki, ZStW 41, 724); siehe den "Aufruf des Rates der Volksbeauftragten an das deutsche Volk" vom 18.11.1918, RGBl. S. 1303.

122 v. Falken-Plachecki, ZStW 41, 724.

123 Ploß 1970, 22, 15.

124 v. Hippel 1895, 151f; vgl. auch Foucault 1976, 173-292.

125 Vgl. Foucault 1976, 300.

126 v. Hippel 1895, 191. – Zu den Anforderungen an die Arbeitsfähigkeit siehe Kap. II.4.2 (bei Fn. 207).

127 v. Hippel 1895, 153; v. Falken-Plachecki, ZStW 41, 730.

128 v. Hippel 1895, 154.

sprechenden und sein weiteres Fortkommen fördernden Weise" mit Haus- und Handarbeiten beschäftigt.[129] Während in einigen Arbeitshäusern versucht wurde, die Untergebrachten unter Berücksichtigung ihrer beruflichen Fähigkeiten einzusetzen, blieben in vielen Anstalten die Kenntnisse unbeachtet. Die Insassen mußten monotone, unterqualfizierte Tätigkeiten, wie Holzzerkleinern, Tütenkleben und Kaffeebohnensortieren, verrichten.[130]

Nach einer Auswertung von Brusis aus dem Jahr 1938 befanden sich im Arbeitshaus St. Georgen-Bayreuth zu jeweils knapp einem Drittel Handwerker, Arbeiter/Hilfsarbeiter und landwirtschaftliche Arbeitskräfte.[131] Es fehlten also Berufsgruppen, für die eine höherqualifizierte Ausbildung notwendig war.[132] Diese Berufsschichten waren im fraglichen Zeitraum auch nicht von Arbeitslosigkeit und damit von Armut bedroht.

Die Dauer der täglichen Arbeit betrug im Sommer 11,5 bis 12 und im Winter 10,5 bis 11 Stunden.[133] Vom Lohn erhielten die "Korrigenden" je nach Arbeitshaus unter 10 % als Prämie.[134] Der darüber liegende Betrag diente als Beitrag für die Unterhaltskosten der Häuser.[135]

Die strafrechtliche Arbeitshausunterbringung entlastete auch auf diese Weise die Armenfürsorge, da die Untergebrachten ihr nicht zur Last fielen, sondern vielmehr den größten Anteil der Kosten durch Arbeit refinanzierten.

Der Erziehungsprozeß in den Korrektionsanstalten beinhaltete Disziplinarstrafen, um für die "Aufrechterhaltung der Ordnung und Erzwingung intensiver Arbeit" zu sorgen.[136] In einem Drittel der Arbeitshäuser existierte ein Klassensystem: Personen, die sich nicht in den Anstaltsprozeß einfügten, gehörten zur sog. zweiten Klasse.[137] Die Zugehörigkeit zu dieser Klasse äußerte sich im Entzug des Überverdienstes, in der Leistung eines größeren Arbeitspensums, in dem Verrichten von "schmutzigen Arbeiten", in Kost-

---

129 v. Hippel 1906, 195; vgl. Ploß 1970, 29.

130 v. Hippel 1895, 157.

131 Brusis, MschrKrimBiol. 1938, 525f.

132 Dies wurde auch in den neueren Untersuchungen festgestellt. Vgl. Büsing 1968, 69-71.

133 v. Hippel 1895, 153; v. Engelberg 1912, 512f. (Tabelle VIII); vgl. auch v. Falken-Plachecki, ZStW 41, 730; Ploß 1970, 24.

134 Berechnet nach Ploß 1970, 27 betreffend den Vollzug im Arbeitshaus Coldnitz (Sachsen): Der Lohn für die Außenarbeiten betrug durchschnittlich 2,50 Reichsmark täglich pro Insasse (dieser lag 10 bis 15 % unter dem jeweiligen Tariflohn). Je nach Arbeitszweig und Leistung betrug die Prämie 5 bis 40 Pfennig, also 22 Pfennig im Durchschnitt. Siehe ferner zur Höhe der Prämien v. Engelberg 1912, 512f. (Tabelle VIII).

135 Vgl. v. Engelberg 1912, 514f. (Tabelle IX) und v. Falken-Plachecki, ZStW 41, 728f.

136 v. Hippel 1906, 195.

137 v. Hippel 1895, 148.

schmälerungen u.s.w.[138] In schweren Fällen der Verweigerung der Disziplin wurde mit Arrest (Hell- und Dunkelarrest, u.U. bei Wasser und Brot) bis zu drei Monaten reagiert. In einigen deutschen Staaten war der Arrest durch "enge Einsperrung" bis zu zehn Tagen oder durch "Fesselung" möglich; sogar die Prügelstrafe war erlaubt.[139]

Paradoxerweise führte die Arbeitshausunterbringung zu Diskriminierungen bei der späteren Arbeitssuche. Das Mißtrauen der Arbeitgeber war noch größer als bei anderen Strafgefangenen: "Beklagenswert bleibt es, daß die aus den Arbeitshäusern Entlassenen vom Publikum mit so großem Mißtrauen angesehen werden. Das durch die lange Haft gebleichte Anlitz kennzeichnet den Mann und diese Marke ist es, – neben den Korrektionshaus-Papieren, – welche es dem Entlassenen so schwer macht, Arbeit zu finden."[140] Die staatliche Fürsorge bei der Entlassung war auch mangelhaft, denn sie unterstützte die Betroffenen bei der Erlangung einer Erwerbstätigkeit zu wenig.[141]

Der im Arbeitshaus erwirtschaftete Überverdienst, soweit dieser überhaupt gewährt wurde, reichte zur Bestreitung des Lebensunterhalts nur für kurze Zeit, so daß ein Überleben oft nur durch Bettelei möglich war.[142]

3 Die Verschärfung der Arbeitshausunterbringung durch das "Gewohnheitsverbrechergesetz" vom 24. November 1933

Im 20. Jahrhundert gab es immer wieder Bestrebungen, die Arbeitshausunterbringung zu reformieren.[143] Es existierten bis 1933 sechs Entwürfe; alle sahen eine Erhöhung der Unterbringungsdauer vor.[144] Schließlich wurde das Institut der "korrektionellen Nachhaft" durch das "Gewohnheitsverbrechergesetz" vom 24.11.1933[145] von den Regelungen der §§ 42 d ff.

---

138 v. Hippel 1895, 149f. und 1906, 195.

139 v. Hippel 1895, 162-165 und 1906, 195f. Vgl. auch Ploß 1970, 32f.: In Sachsen wurden die Prügelstrafe 1921 und der "enge Arrest" 1922 verboten.

140 Zitiert nach v. Hippel 1895, 228, Fn. 4.

141 v. Hippel 1895, 229f.

142 v. Hippel 1895, 228.

143 Die "korrektionelle Nachhaft" wurde durch die Gesetze vom 25.6.1900, RGBl. S. 301 (sog. lex Heinze) und vom 23.12.1919, RGBl. S. 2145 (Gesetz gegen das Glücksspiel) geändert. Vgl. Jahn 1966, 68.

144 Siehe die Gegenüberstellung bei Bondy, ZStW 50, 525 und Ploß 1970, 74-83.

145 Gesetz gegen gefährliche Gewohnheitsverbrecher und über Maßregeln der Sicherung und Besserung, RGBl. 1933 I S. 995.

StGB a.F.[146] abgelöst. Die Arbeitshausunterbringung wurde als Maßregel der Sicherung und Besserung in das Strafgesetzbuch eingefügt (vgl. § 42 a StGB a.F.).[147] Die Anordnung der Maßregel konnte nur neben einer Strafe verhängt werden (sog. Zweispurigkeit des Strafrechts).[148] Voraussetzung war, ähnlich wie bei der "korrektionellen Nachhaft", daß eine Verurteilung zu einer Haftstrafe nach § 361 Nr. 3 bis 5, 6a bis 8 StGB a.F. erfolgt war. Mit der neuen Regelung entfiel die gerichtliche Überweisung an die Landespolizeibehörde, welche die Befugnis zur Arbeitshausunterbringung bis zu zwei Jahren hatte. Das Gericht ordnete die Unterbringung jetzt selbst an.[149]

Eine grundlegende Änderung brachte das im Nationalsozialismus geschaffene "Gewohnheitsverbrechergesetz" jedoch hinsichtlich der Dauer der Unterbringung: § 49 f StGB a.F. bestimmte, daß die erstmalige Unterbringung nicht länger als zwei Jahre dauern durfte. Die wiederholte Einweisung war dagegen von unbestimmter Dauer. Sie dauerte so lange, wie es der Zweck erforderte.[150] Erst 1953 wurde bei wiederholter Arbeitshausunterbringung eine Frist von vier Jahren bestimmt.[151]

Trotz der §§ 42 d ff. StGB a.F. erreichte die Insassenzahl den Stand vor dem Ersten Weltkrieg bei weitem nicht mehr. 1934 waren 4.086 Personen in Arbeitshäusern untergebracht,[152] in den Jahren 1934 bis 1937 waren es

---

146 § 42 d StGB, der am 1.1.1934 in Kraft trat (RGBl. 1933 I S. 995f.), lautete unverändert bis zur Aufhebung mit Wirkung vom 1.9.1969:

(1) Wird jemand nach § 361 Nr. 3 bis 5, 6a bis 8 zu Haftstrafe verurteilt, so ordnet das Gericht neben der Strafe seine Unterbringung in einem Arbeitshaus an, wenn sie erforderlich ist, um ihn zur Arbeit anzuhalten und an ein gesetzmäßiges und geordnetes Leben zu gewöhnen

(2) Dasselbe gilt, wenn jemand, der gewohnheitsmäßig zum Erwerbe Unzucht treibt, nach § 361 Nr. 6 zu Haftstrafe verurteilt wird.

(3) Wegen Bettelns ist die Anordung nur zulässig, wenn der Täter aus Arbeitsscheu und Liederlichkeit oder gewerbsmäßig gebettelt hat.

(4) Arbeitsunfähige, deren Unterbringung in einem Arbeitshaus angeordnet ist, können in einem Asyl untergebracht werden.

147 Siehe zur Unterscheidung von Strafe und Maßregel Exner, ZStW 53, 631.

148 Vgl. Schönke/Schröder 1969, Vorbemerkung zu § 42 a Rz. 1.

149 Durch Art. 3 Nr. 21 des "Gewohnheitsverbrechergesetzes" wurden die Abs.2 bis 4 des § 362 StGB a.F. gestrichen. Vgl. Olshausen 1942, § 42 d Anm. 1.

150 Vgl. Meixner 1936, 23-25. – Nach Steigertahl (BlfGk. 69, 37) hatte sich die Unterbringungsdauer auch vier Jahre nach Inkrafttreten des "Gewohnheitsverbrechergesetzes" nicht erhöht.

151 Vgl. 3. StrÄndG vom 4.8.1953, BGBl. I S. 735, 738.

152 Meixner 1936, 35.

ca. 1.100 Personen.[153] Über die Zahlen während des Zweiten Weltkrieges ist kaum etwas bekannt.[154]

Die Verschärfung der Arbeitshausunterbringung war nur ein Mosaikstein einer grundlegenden Veränderung des Arbeitsbegriffs in der NS-Zeit. Die Arbeit wurde insgesamt in den Nutzen der "Volksgemeinschaft" gestellt ("nationale Arbeitskraft").[155] Dies äußerte sich in der Schaffung des Reichsarbeitsdienstes,[156] der 1940 in den Schutzbreich des Strafrechts gestellt wurde.[157] Diese Entwicklung eskalierte im Zweiten Weltkrieg: Die nationalsozialistische Zwangsarbeitspolitik führte zur Ausbeutung der Arbeitskraft verschiedenster Menschengruppen in Arbeits- und Konzentrationslagern für die deutsche Kriegswirtschaft.[158]

3.1 Die Arbeitshauseinweisung nach § 42 d StGB a.F. – ein Institut zur Sicherung der arbeitsamen Gesellschaft vor "Arbeitsscheuen"

§ 42 d StGB a.F. ermöglichte wie schon § 362 StGB a.F. eine Arbeitshauseinweisung für Landstreicher, Bettler, "Müßiggänger" und Obdachlose.[159] Bei Bettelei war die Anordnung nur dann zulässig, wenn aus "Arbeitsscheu oder Liederlichkeit oder gewerbsmäßig" gebettelt wurde.[160]

Beim Institut der "korrektionellen Nachhaft" war der Zweck der Unterbringung nicht gesetzlich definiert. Nach damaliger Ansicht sollte das Arbeitshaus Besserung, "Unschädlichmachung" und Abschreckung bewirken.[161]

---

153 Schönke 1952, § 42 d Anm. II.

154 Kleinkowski (1961, 194, Fn. 1) hatte in ihrer Untersuchung über die Arbeitshäuser in Nordrhein-Westfalen herausgefunden, daß ein Teil der Insassen schon vor oder in dem Zweiten Weltkrieg in Konzentrationslagern gewesen war.

155 Schinnerer, DStrR 1937, 1. – Siehe das Gesetz zur Ordnung der nationalen Arbeit vom 20.1.1934, RGBl. I S. 45.

156 Die Definition in § 1 Abs.3 des Reichsarbeitsdienstgesetzes vom 26.6.1935, RGBl. I S. 769 lautete: "Der Reichsarbeitsdienst soll die deutsche Jugend im Geiste des Nationalsozialismus zur Volksgemeinschaft und zur wahren Arbeitsauffassung, vor allem zur gebührenden Achtung der Handarbeit erziehen."

157 Verordnung zum Schutze des Reichsarbeitsdienstes vom 12.3.1940, RGBl. I S. 485. Siehe dazu Philippi, DJ 1940, 541f.

158 Siehe dazu z.B. Freund 1989 ("Arbeitslager Zement") mit Literaturhinweisen und das Kapitel "Zwangs- und Häftlingsarbeit unter dem Dreizack" in: Das Daimler-Benz Buch 1987.

159 Vgl. § 361 Nr. 3,4,5,7,8 StGB a.F. – Zur Sonderregelung bei der Anwendung von § 42 d StGB a.F. bei Jugendlichen siehe Kleinkowski 1961, 15.

160 Vgl. RG, JW 1935, 524.

161 Siehe Kap. II.2.3.1.

In § 42 d StGB a.F. dagegen war eine Zweckbestimmung formuliert. Das Gericht konnte neben der Haftstrafe eine Einweisung in das Arbeitshaus anordnen, wenn sie erforderlich war, um die Betroffenen "zur Arbeit anzuhalten und an ein gesetzmäßiges und geordnetes Leben zu gewöhnen".[162]

Obwohl die "Gefährlichkeit" der Person nicht ausdrücklich als Voraussetzung für die Arbeitshausmaßregel normiert war, wollte Exner sie aber "dem Sinne nach in das Gesetz aufgenommen" wissen. Mit der Arbeitshausunterbringung sollte seiner Meinung nach gesagt werden, "daß ohne Anwendung der Maßnahme der Mann ein gesetzmäßiges Leben nicht führen würde, daß er also "gefährlich" ist."[163]

In Literatur und Rechtsprechung entwickelte sich hierbei – wohl auch wegen der Befristung bei wiederholter Unterbringung auf vier Jahre im Jahr 1953 – die Streitfrage, ob auch "Unverbesserliche" in das Arbeitshaus eingewiesen werden durften. Die eine Ansicht, die diese Frage bejahte, sah in der ersten Unterbringung überwiegend den Zweck der Besserung und in der weiteren Unterbringung überwiegend den Sicherungszweck.[164] Sie begründete dies damit, daß das Arbeitshaus schon vor dem Erlaß des "Gewohnheitsverbrechergesetzes" eine Doppelfunktion gehabt hätte[165] bzw. daß es sich bei sämtlichen in § 42 a StGB a.F. genannten Maßregeln um solche der Sicherung und Besserung handelte.[166] Durch die Beschreibung dieser Zweckbestimmung von Jagusch im Jahr 1957 wird wieder die Auffassung von Armut als Schuld der Armen und letztlich die aus dieser Sicht notwendige Kriminalisierung deutlich. Gleichzeitig zeigt diese Äußerung noch das nationalsozialistisch gefärbte Gedankengut:

"Das Arbeitshaus (...) erfüllt eine doppelte Aufgabe. Es soll arbeitsscheue, soziale Neurastheniker (Müßiggänger, Bettler, Landstreicher, Dirnen) durch Gewöhnung an Zucht, Gehorsam und strenge Arbeit zur Seßhaftigkeit, Arbeit und geordneten Lebensführung bringen. Falls dies nicht ge-

---

162 Siehe dazu folgende Vollzugsvorschriften: die "Verordnung über den Vollzug von Freiheitsstrafen und von Maßregeln der Sicherung und Besserung, die mit Freiheitsentzug verbunden sind" vom 14.5.1934, RGBl. I S. 383; ab 1961 die "Dienst- und Vollzugsordnung" (abgedruckt in Büsing 1968, 30f.).

163 Exner, ZStW 35, 634.

164 Schönke/Schröder 1969, § 42 d Rz. 1; Kohlrausch/Lange 1959, § 42 d Anm. II; Steins, NJW 1965, 2067; Schwarz/Dreher 1968, § 42 d Anm. 2 B; OLG Koblenz vom 25.5.1965 – (2) Ss 210/65, zitiert nach Preiser/Müller, NJW 1966, 1950; vgl. auch für die Zeit vor dem 3. StrÄndG LG Cottbus, DJ 1936, 1695 mit Anm. Rietzsch, DJ 1936, 1695f.

165 Steins, NJW 1965, 2067.

166 Vgl. Preiser/Müller, NJW 1966, 1950.

lingt, soll es diese Gruppe von Asozialen[167] durch dauernde Verwahrung bei festem Arbeitszwang unschädlich machen. Auch diese s.M. (sichernde Maßregel) dient sonach dem Volkswohl, nicht dem einzelnen Asozialen. Insbesondere darf das Mitleid mit den Personen, die bisweilen durch ihre Kümmerlichkeit und Hilfsbedürftigkeit rühren, zumal wenn sie infolge ungünstiger Lebensschicksale gestrauchelt sind, nicht dazu verführen, die öffentliche Sicherheit Not leiden zu lassen."[168]

Die andere Meinung hielt dagegen aufgrund des Wortlauts des § 42 d StGB a.F. eine gewisse Besserungsfähigkeit für eine Unterbringung erforderlich.[169] Für das OLG Hamm war diese Streitfrage ohne große praktische Bedeutung, da die bloße Möglichkeit der Besserung der Angeklagten kaum jemals vom Gericht ausgeschlossen werden könnte.[170]

Eine Arbeitspflicht wurde ausdrücklich in § 42 i StGB a.F. normiert. Die Untergebrachten konnten innerhalb und außerhalb der Anstalt, wenn sie von "freien Arbeitern" getrennt gehalten wurden, zu Arbeiten "verwendet" werden.[171] Arbeit, Arbeitszeit und Hausstrafen hatten sich im Laufe der Jahrzehnte den gesellschaftlichen Verhältnissen angepaßt.[172] Während beispielsweise in der Landesarbeitsanstalt Brauweiler noch sinnvolle Tätigkeiten verrichtet wurden (Arbeitsmöglichkeiten in der Anstreicherei, Buchbinderei, Druckerei, Korbmacherei, Schlosserei, Schneiderei, Schreinerei, Landwirtschaft u.s.w.),[173] mußten im Arbeitshaus Wilhelmshaven besonders

---

[167] In den ersten Jahrzehnten des 20. Jahrhunderts tauchten verstärkt die Begriffe "asozial" und "antisozial" auf (vgl. Steigertahl, MschrKrimPsych. 18, 369 und 1938, 9f.): "Die Asozialen betteln, um zu leben, die Antisozialen stehlen, um besser zu leben." (v. Hippel, zitiert nach Stumpfl 1966, 62). Obwohl der Gebrauch des Begriffs "asozial" nicht immer einheitlich war, kristallisierte sich heraus, daß "Asoziale" nur jene Nichtseßhaften waren, die aufgrund ihres Verhaltens nach der Vorschrift des § 361 Nr. 3 bis 5, 7, 8 StGB a.F. bestraft werden konnten (Stumpfl 1966, 62; vgl. die Definitionen bei Steigertahl 1938, 11f.; Tress, BlfGk. 72, 209f.; Stumpfl 1966, 1; Maurach (1969, 547). Maurach (1969, 546) nannte das Kapitel über die Darstellung des § 361 Nr. 3 bis 5, 7, 8 StGB a.F. auch "Typisch asoziales Verhalten".

[168] Leipziger Kommentar-Jagusch 1957, § 42 d Anm. I.

[169] Meixner 1936, 13f.; Metzger, NJW 1964, 1709f.; Preiser/Müller, NJW 1966, 1949ff.; OLG Braunschweig, NJW 1965, 1541 (1543f.); für die bloße Möglichkeit einer zeitweiligen Besserung OLG Hamm, NJW 1968, 1199.

[170] OLG Hamm, NJW 1968, 1199.

[171] Zu den Anforderungen an die Arbeitsfähigkeit siehe Kap. II.4.2 (bei Fn. 208).

[172] Vgl. Kleinkowski 1961, 63ff., 77ff., 91ff. (Landesarbeitsanstalt Brauweiler), 70ff., 79f., 91ff. (Landespflegeanstalt Benninghausen); Büsing 1968 41f., 44 (Arbeitshaus Wilhelmshaven), 49f., 52 (Arbeitshausabteilung der Frauenstrafanstalt Aichbach). – Vgl. Kap. II.2.3.2.

[173] Kleinkowski 1961, 63f.

stupide und wenig erträgliche Arbeiten ausgeführt werden: Zerlegung von Schrott, Zerschneiden von Kalenderblöcken und Plastikteilen, Einschlagen von Romanheften in Schutzumschläge.[174] Diese Arbeiten waren als Erziehungsmittel wenig tauglich und sind deshalb kritisiert worden.[175]

4 Der Vollzug des strafrechtlichen Arbeitshauses als ein Kooperationsbereich mit dem Armenrecht

4.1 Die Verbundenheit der Korrektionshäuser mit anderen Anstalten

Es dienten nicht alle Arbeitshäuser ausschließlich dem Vollzug der "korrektionellen Nachhaft" nach § 362 StGB a.F.[176] Es war eine Verknüpfung mit Armenarbeitshäusern, Landarmenhäusern, Zwangserziehungsanstalten für Jugendliche und Strafanstalten vorhanden.[177] Häufig existierte in den Anstalten keine vollständige räumliche Trennung zwischen den Personengruppen.[178]

Die Verbundenheit der strafrechtlichen Arbeitshäuser mit anderen Anstalten zeigt eine Zusammenstellung aus den Jahren 1910/11 (Tabelle 1). Von den 48 Arbeitshäusern dienten lediglich 20 dem ausschließlichen Vollzug der "korrektionellen Nachhaft".

Nach der Tabelle weist das Arbeitshaus in Bremen ausdrücklich als einzige strafrechtliche Anstalt eine Verknüpfung mit einem Armenarbeitshaus auf. Personen, die dem armenrechtlichen Arbeitszwang unterlagen, wurden *jedoch auch* in Armenanstalten untergebracht.[179]

---

174 Büsing 1968, 41.

175 Vgl. Büsing 1968, 139.

176 v. Hippel 1895, 140 und 1906, 193, Fn. 6; v. Engelberg 1912, 492, 510f. (Tabelle VII); Meixner 1936, 34.

177 Münsterberg 1897, 126f.; v. Hippel 1895, 137-140; Rumpelt 1909, 1055; Ploß 1970, 22. – Eine enge Verbindung von Strafrechtspflege und Armenfürsorge hatte es in Hamburg gegeben. Von 1620 bis 1842 wurden im Hamburger Werk- und Armenhaus Personengruppen aus den Bereichen des Strafvollzugs, der Fürsorgeerziehung, der Psychiatrie und der Wohlfahrtspflege untergebracht. Die enge Zusammenarbeit blieb auch bis zum Zweiten Weltkrieg erhalten. Vgl. Steigertahl, BlfGk. 69, 33f. und MschrKrimBiol. 1937, 128ff. – Zum Begriff der "Wohlfahrtspflege" siehe unten Fn. 197.

178 v. Hippel 1895, 137f.

179 Vgl. Kap. III.1.1.2 (bei Fn. 77).

Tabelle 1: Funktionen der strafrechtlichen Arbeitshäuser (1910/11) [180]

Arbeitshaus	Vollzug der "korrektionellen Nachhaft" verbunden						
	ausschließlich Korrektionsanstalt	mit Landarmenversorgung	mit Unterbringung Pflegebedürftiger und Geisteskranker	mit Zwangserziehung	mit Unterbringung entmündigter Alkoholiker	mit Unterbringung mit armenrechtl. Arbeitszwang Belegter	mit a Zuchthaus b Gefängnis c Haft
Coswig							a und b
Kislau	*						
Rebdorf	*						
S. Georgen	*						
Niederschönenfeld							b
Speyer				*			
Wolfenbüttel	*						
Bremen					*	*	b und c
Hagenau				*			a, b, c
Pfalzburg		*					
Fuhlsbüttel							b und c
Dieburg	*						
Detmold	*						
Lübeck							c
Güstrow/ Federow		*	*				
Alt-Strelitz	*						
Vechta			*	*	*		
Rummelsburg		*					
Landsberg a.W.		*					
Prenzlau		*					
Strausberg		*		*			c
Moringen u. Oerrel	*						
Hadamar		*					
Breitenau		*					
Tapiau	*						
Neustettin		*					
Ückermünde		*					
Greifswald	*						
Stralsund	*						
Bojanowo		*					
Fraustadt		*					
Brauweiler		*			*		
Groß-Salze		*					c
Moritzburg		*			*		c
Glückstadt/ Bokelholm	*						
Breslau	*						
Schweidnitz		*					
Benninghausen		*					

180 Nach v. Engelberg 1912, 510f.

Arbeitshaus	Vollzug der "korrektionellen Nachhaft" verbunden						
	ausschließlich Korrektionsanstalt	mit Landarmenversorgung	mit Unterbringung Pflegebedürftiger und Geisteskranker	mit Zwangserziehung	mit Unterbringung entmündigter Alkoholiker	mit Unterbringung mit armenrechtl. Arbeitszwang Belegter	mit a Zuchthaus b Gefängnis c Haft
Konitz		*	*	*			
Hohnstein	*						
Grünhain	*						
Sachsenburg	*						
Borna		*	*				
Hilbersdorf		*					
Dreißigacker	*						
Eisenach	*						
Vaihingen	*						
Gotteszell	*						

Die meisten preußischen Anstalten beherbergten neben den "Korrigenden" vornehmlich Land- und Ortsarme.[181] Die Verbindung der "korrektionellen Nachhaft" mit der Armenfürsorge ergab sich aufgrund § 38 des Gesetzes zur Ausführung des Bundesgesetzes über den Unterstützungswohnsitz.[182] Danach waren die Landarmenverbände verpflichtet, "die in ihrem Bezirke festgenommenen, aufgrund der Bestimmungen des § 361 Nr. 3 bis 8 des Strafgesetzbuches (...) verurteilten und nach verbüßter Strafe der Landespolizeibehörde überwiesenen Personen, auf dahingehenden Beschluß dieser Behörde, in ein(em) Arbeitshaus unterzubringen" und auf ihre Kosten zu unterhalten. Diese Regelung galt auch weiter, nachdem das System des Unterstützungswohnsitzes 1924 durch die Verordnung über die Fürsorgepflicht abgelöst wurde.[183] Erst ab 1934 wurde der Vollzug der strafrechtlichen Arbeitshausunterbringung (§ 42 d StGB a.F.) in Preußen von der Justizverwaltung durchgeführt.[184]

---

181 Von den in Tabelle 1 aufgeführten 48 Arbeitshäusern befanden sich 22 in Preußen (vgl. v. Engelberg 1912, 496, 498). 16 preußische Arbeitshäuser dienten auch der Unterbringung von Land- und Ortsarmen: Rummelsburg, Landsberg a.W., Prenzlau, Straußberg, Hadamar, Breitenau, Neustettin, Ückermünde, Bojanowo, Fraustadt, Brauweiler, Groß-Salze, Moritzburg, Schweidnitz, Bennighausen und Konitz. Vgl. auch v. Hippel 1895, 137 und Rumpelt 1909, 1055f.

182 Gesetz vom 8.3.1871, PrGS S. 130. Vgl. zu § 38 Arnoldt 1872, 637-640 und Krech/ Baath 1922, 146-148.

183 Nach § 33 des Gesetzes vom 17.4.1924, PrGS S. 210. – Zur Verordnung über die Fürsorgepflicht siehe Kap. III.2.

184 Gemäß § 5 des Gesetzes vom 16.10.1934, PrGS S. 403f. Vgl. Meixner 1936, 33.

Die Verknüpfung der strafrechtlichen Arbeitshäuser mit anderen Anstalten blieb in Deutschland auch in den folgenden Jahren erhalten.[185] In den 1930er und 1940er Jahren befanden sich beispielsweise im Arbeits- und Bewahrungshaus Berlin-Rummelsberg Personengruppen, welche strafrechtlich nach § 42 d StGB a.F. und fürsorgerechtlich nach § 20 RFV[186] ins Arbeitshaus eingewiesen wurden. Es existierten keine getrennten Abteilungen für beide Gruppen.[187]

Nach dem Zweiten Weltkrieg fand der Vollzug des Arbeitshauses zwar verstärkt in besonderen Abteilungen von Strafanstalten statt,[188] dennoch dienten die Anstalten, welche organisatorisch unabhängig von Strafanstalten waren,[189] zum Teil zugleich der fürsorge- bzw. sozialhilferechtlichen und strafrechtlichen Arbeitshausunterbringung:

Von 1963 bis 1965 war in der Landespflegeanstalt Benninghausen neben den Abteilungen für "Korrigenden" und sonstigen Personengruppen[190] eine Sonderabteilung zur sozialhilferechtlichen Arbeitshausunterbringung "arbeitsscheuer" Frauen nach § 26 BSHG a.F.[191] eingerichtet.[192] Auch in der Landesarbeitsanstalt Brauweiler befanden sich unter den "Korrigenden" Personen, die gemäß § 20 RFV[193] und ab 1962 nach § 26 BSHG a.F.[194] eingewiesen worden waren.[195] Zwischen dem Vollzug der Unterbringung nach dem Bundessozialhilfegesetz und dem Strafgesetzbuch war nicht unterschieden worden. Eine Unterscheidung zwischen beiden Gruppen wäre, so meinte der Abgeordnete Schafheutle im Sonderausschuß für die Strafrechtsreform im Jahr 1966, praktisch nicht möglich und auch sinnlos.[196]

---

185 Vgl. Meixner 1936, 34.

186 Zur Arbeitshauseinweisung gemäß § 20 RFV siehe Kap. III.2.

187 Haeckel, DJ 1936, 1729; Tress, BlfGk. 72, 170f.

188 Vgl. Büsing 1968, 32-37.

189 Organisatorisch unabhängig waren: die Landespflegeanstalt Benninghausen, die bis 1960 Personen nach § 42 d StGB a.F. unterbrachte; die Landesarbeitsanstalt Brauweiler; die Anstalt Birkhausen (ab 1965) und das Arbeitshaus Wilhelmshaven (ab 1966). Vgl. Kleinkowski 1966, 22f.,32f., 38; Jahn 1966, 1, Fn. 2; Büsing 1968, 32; Herzog, in: Prot. Sonderausschuß V, S. 436.

190 Vgl. die genauen Abteilungen bei Kleinkowski 1961, 36.

191 Zur Arbeitshauseinweisung gemäß § 26 BSHG a.F. siehe Kap. III.3.

192 Siehe den Bericht "Arbeitshaus für Frauen/Hess.", in: Soziale Arbeit 1965, 394.

193 Siehe oben Fn. 186.

194 Siehe oben Fn. 191.

195 Herzog, in: Prot. Sonderausschuß IV, S. 576; Büsing 1968, 80.

196 Schafheutle, in: Prot. Sonderausschuß V, S. 437.

4.2 *Die strafrechtlichen Arbeitshäuser als Funktionsträger des Armenrechts*

Die strafrechtlichen Arbeitshäuser übernahmen Funktionen der Armenfürsorge bzw. der Sozialhilfe.[197] Die psychische und physische Verfassung eines Teils der Insassen belegt, daß die Korrektionsanstalten auch Versorgungsinstitute für hilfsbedürftige und kranke Menschen waren.

Bei dem hier behandelten Arbeitshausvollzug im Zeitraum von fast 100 Jahren[198] ist festzustellen, daß während der gesamten Dauer mindestens 10 bis 20 % der Insassen – trotz aller Vorbehalte gegen die damaligen psychiatrischen Kenntnisse – als psychisch oder physisch krank bezeichnet werden können.[199] Schon v. Hippel fand im Jahr 1895 heraus, daß 10 % der Untergebrachten "mit wesentlichen körperlichen oder geistigen Defekten behaftet und demgemäß nur (...) sehr beschränkt arbeitsfähig oder völlig arbeitsunfähig" waren.[200]

Auch Psychiater wie Bonhoeffer und Wilmanns hielten einen Großteil der Bettler und Landstreicher für geisteskrank. Während Bonhoeffer festgestellt hatte, daß von 404 der wegen Bettelei und Obdachlosigkeit (§ 361 Nr. 4 und 8 StGB a.F.) Verurteilten ein Drittel an "angeborenem Schwachsinn und Epilepsie" litt,[201] hatte Wilmanns bei 10 % der Arbeitshausinsassen eine "fortschreitende Verblödung" diagnostiziert.[202] Nach einem Bericht des Medizinalrats Brusis aus dem Jahr 1938 soll nahezu ein Drittel der Insassen, die das Arbeitshaus St. Georgen-Bayreuth beherbergte, "schwachsinnig" gewesen sein, von den Rückfälligen sogar die Hälfte.[203] Auch die neueren

---

[197] Seit etwa den 1920er Jahren wurde auch der Begriff "öffentliche Wohlfahrtspflege" verstärkt als Sammelname für alle Fürsorgeleistungen der öffentlichen Hand gebraucht. Eine klare Begriffsbestimmung existierte nicht. Vgl. Klumker 1923, 936; Wolfram 1930, 88ff. – Siehe z.B. dazu die Kapitelbenennungen bei Zeck 1930: "Die wirtschaftliche Fürsorge", "Erziehungsfürsorge oder Jugendwohlfahrtspflege", "Wohnungsfürsorge, Heimstätten- und Siedlungswesen".

[198] Die §§ 361, 362 StGB a.F. waren am 1.1.1872 in Kraft getreten (vgl. Kap. II.2); § 42 d StGB a.F. ist durch das 1. StrRG vom 25.6.1969 (BGBl. I S. 645, 649, 680) mit Wirkung vom 1.9.1969 aufgehoben worden.

[199] Bei den männlichen Insassen handelte es sich überwiegend um Bettler und Landstreicher, während bei den weiblichen Insassen die Prostituierten überwogen. Vgl. Ploß 1970, 16; Büsing 1968, 76, 80f.

[200] v. Hippel 1895, 181, 276 (Tabelle V).

[201] Bonhoeffer, ZStW 21, 1, 44. Er hielt lediglich 15 % für psychisch normal (ebenda, S. 3).

[202] Vgl. Bondy, ZStW 50, 533. – Siehe auch W. Roscher 1906, 16f.; v. Frankenberg/Drechsler 1912, 70; Klumker 1918, 46 f. und v. Falken-Plachecki, ZStW 41, 738f.

[203] Brusis, MschrKrimBiol. 1938, 513, 518, 520.

Untersuchungen von Kleinkowski und Büsing aus den 1960er Jahren zeigen, daß mindestens 20 % der Untergebrachten geisteskrank und die meisten anderen unterdurchschnittlich intelligent waren.[204]

Tabelle 2: Arbeitsfähigkeit der Zugänge der Jahre 1910/11 in Arbeitshäusern, die dem ausschließlichen Vollzug der "korrektionellen Nachhaft" dienten [205]

Arbeitshäuser	Zugänge 1910/11	völlige Arbeitsunfähigkeit
Rebdorf	617	433 = 70,2 %
St. Georgen	119	89 = 74,8 %
Wolfenbüttel	59	75,0 %
Dieburg	187	164 = 87,7 %
Alt-Strelitz	28	21 = 75,0 %
Moritzburg	546	382 = 70,0 %
Hohnstein	325	283 = 87,1 %
Sachsenburg	254	233 = 91,7 %
Eisenach	176	159 = 90,3 %
Vaihingen	147	141 = 95,9 %
Gotteszell	19	17 = 89,5 %

Trotz der bekannten Untersuchungsergebnisse wurde – wie Springorum bei Verfahren nach § 42 d StGB a.F. herausfand – nur in einzelnen Fällen ein Gutachten übei die Zurechnungsfähigkeit der Täter eingeholt.[206]

Die Unterbringung Arbeitsunfähiger wurde allerdings formal bereits bei der "korrektionellen Nachhaft" (§ 362 StGB a.F.) ausgeschlossen. Im Bundesratsbeschluß vom 26.6.1889 war in Nr. 3 festgelegt worden, daß die Einweisung ins Arbeitshaus nicht stattfinden sollte, "wenn besondere individuelle Verhältnisse, insbesondere durch ärztliche Untersuchung festgestellte Unfähigkeit zur Verrichtung selbst leichter Haus-, Gärten- und Feldarbeit infolge körperlicher oder geistiger Gebrechen oder vorgeschrittenen Alters, die Aufnahme (...) unangemessen erscheinen lassen."[207] Auch bei der Anwendung der Arbeitshausmaßregel nach § 42 d StGB a.F. wurde eine bestimmte Arbeitsfähigkeit verlangt.[208] Die Anforderungen an die Arbeitsfä-

---

204 Kleinkowski 1966, 109; Büsing 1968, 73; vgl. auch Bock 1953, 21-25 und Stumpfl 1966, 64-67.

205 Nach v. Engelberg 1912, 516f. sowie eigene Berechnungen.

206 Springorum, NJW 1967, 1015. Vgl. auch Tress, BlfGk. 72, 168.

207 Abgedruckt in v. Hippel 1895, 71 und 1906, 183.

208 Büsing 1968, 10; Schönke/Schröder 1969, § 42 d Rz. 5; Schwarz/Dreher 1968, § 42 d Anm. 2 B.

higkeit waren jedoch gering.[209] Bei Arbeitsunfähigkeit konnte nach § 42 d Abs.4 StGB a.F. die Unterbringung in einem Asyl angeordnet werden, wobei teilweise die Ansicht vertreten wurde, daß eine Asylunterbringung erst bei einer nach der Maßregelanordnung eingetretenen Arbeitsunfähigkeit in Betracht kommen könnte.[210]

Zusammenfassend hatte v. Falkenberg-Plachecki im Jahr 1919 die Feststellung gemacht, "daß die Arbeitsanstalten (...) ein Sammelpunkt vielfältigen Elends sind und ein großer Teil der Korrigenden geistig oder körperlich kranke Menschen sind, die wahrscheinlich in einer Irrenanstalt oder einem Armen- und Siechenhause Aufnahme gefunden hätten, wenn sie zuerst einem wohlwollenden Arzte, statt einem strengen Richter in die Hände gefallen wären."[211]

5 Die Abschaffung des Arbeitshauses im Strafrecht

Die Daseinsberechtigung der Institution des Arbeitshauses und deren Erziehungserfolge waren besonders nach dem Zweiten Weltkrieg umstritten. Mit Wirkung vom 1.4.1949 wurde die Arbeitshausunterbringung i.S.d. § 42 d StGB a.F. zunächst in der amerikanischen Zone aufgehoben[212] und erst durch das 3. StrÄndG vom 4.8.1953 wieder eingeführt.[213] Nach Inkrafttreten des Grundgesetzes waren außerdem verfassungsrechtliche Bedenken vor allem wegen der Verletzung des Grundsatzes der Verhältnismäßigkeit geltend gemacht worden.[214] Besonders Schaffstein kritisierte die "Internierung" bloß "gemeinlästiger" Kleinkrimineller in geschlossenen Anstalten,[215] zumal

209 Vgl. LG Berlin, DJ 1936, 1694f. mit Anm. Rietzsch, DJ 1936, 1695f.; Schönke/Schröder 1969, § 42 d Rz. 5.

210 Siehe Dalcke/Fuhrmann/Schäfer 1961, 44; Schwarz/Dreher 1968, § 42 d Anm. 2 B. Z.B. dienten die Landesarbeitsanstalt Brauweiler und die Landespflegeanstalt Benninghausen auch als Unterbringungsmöglichkeit für Asyle. Allerdings waren keine besonderen Abteilungen in den Anstalten dafür eingerichtet (Kleinkowski 1961, 37).

211 v. Falken-Plachecki, ZStW 41, 738f.; vgl. auch Steigertahl, MschrKrimBiol. 1937, 132.

212 Durch Gesetz Nr. 14 der Militärregierung. Vgl. Jehle 1958, § 20 RFV Anm. 1. Dies betraf die Länder Bayern, Hessen, Württemberg-Baden und Bremen.

213 BGBl. 1953 I S. 735, 748. Vgl. Dreher, JZ 1953, 424.

214 Vgl. Schaffstein 1969, 644ff.; Baumann 1966, 77; Büsing 1968, 150ff. – § 42 d StGB a.F. wurde jedoch überwiegend für verfassungskonform gehalten. Vgl. Schönke/Schröder 1969, § 42 d Rz. 1; LG Düsseldorf, MDR 1962, 151f.; OLG Hamburg, NJW 1968, 1150.

215 Schaffstein 1969, 659. – Der Begriff "Gemeinlästigkeit" wurde von Steigertahl, (MschrKrim. 38, 1ff.: "Die gemeinlästigen Leute") ins Leben gerufen. Er faßte die Per-

der Vollzug seit den 1950er Jahren zum größten Teil in besonderen Abteilungen von Strafanstalten stattfand.[216] Die These, daß ein Bettler- und Landstreicherleben zu echter Kriminalität führt,[217] wurde zudem nie bestätigt.[218] Grünwald bemängelte, daß der Vollzug nach 42 d StGB a.F. als Besserungsmaßregel etikettiert wäre, jedoch in der Praxis eine Sicherungsmaßregel darstelle.[219] Die Befürworter der Institution betonten die generalpräventive Wirkung des Arbeitshauses und deren Erfolge.[220]

Überwiegend wurden aber die Besserungserfolge des Arbeitshauses gering eingeschätzt.[221] Die neueren Untersuchungen von Kleinkowski und Büsing zeigen, daß der Anteil der Untergebrachten, der nach der Entlassung "in ein geordnetes Leben zurückkehrte", lediglich 5 bis 10 % betrug.[222] Die mangelnde Wirksamkeit des Arbeitshauses lag nicht nur an dem praktizierten Vollzug, an der Fehleinschätzung der subjektiven Fähigkeiten der Untergebrachten und an dem Zuständigkeitsbereich des Strafrechts überhaupt,[223] sondern auch an dem zu hohen Alter der Insassen. Das Durchschnittsalter betrug bei den männlichen Insassen, die sich überwiegend aus Bettlern und Landstreichern zusammensetzten,[224] mehr als 40 Jahre.[225] Die Zahl der In-

---

sonengruppe der "Asozialen, Sozialschwierigen und Gefährderten" darunter. In den 1930/40er Jahren wurde auch der Begriff "gemeinschädliches Verhalten" gebraucht (vgl. Eiserhardt, ZStW 52, 14, 21). "Asozialität", "Gemeinschädlichkeit" und "Gemeinlästigkeit" bedeuteten diejenigen Verhaltensweisen, welche durch § 361 Nr. 3 bis 5,7,8 StGB a.F. sanktioniert werden konnten. Siehe Kap. II.3.1, Fn. 167.

216 Vgl. Büsing 1968, 32-37. Es wurde daher der Vorwurf des "Etikettenschwindels" erhoben (Schaffstein 1969, 651).

217 Vgl. Müller/Preiser, ZStW 79, 305.

218 Grünwald, ZStW 76, 648; Schaffstein 1969, 647f.

219 Grünwald, ZStW 76, 650.

220 Vgl. v. Hippel 1895, 191-196; Müller/Preiser, ZStW 79, 306f.

221 v. Engelberg 1912, 483; v. Frankenberg/Drechsler 1912, 70; Ploß 1970, 52; Meixner 1936, 84; Schaffstein 1969, 649. Vgl. die Zusammenstellung einiger Ansichten bei v. Falken-Plachecki, ZStW 41, 732-735.

222 Kleinkowski 1961, 223f.; Büsing 1968, 129; vgl. auch den Ersten Schriftlichen Bericht des Sonderausschusses für die Strafrechtsreform, BT-Drucks. V/4094, S. 18.

223 Vgl. Kap. II.4.

224 Vgl. oben Fn. 199.

225 Siehe für die "korrektionelle Nachhaft" v. Engelberg 1912, 484 und für § 42 d StGB a.F. Büsing 1968, 57 (Zwei Drittel der Probanden hatten das 40. Lebensjahr überschritten.).

sassen hatte außerdem seit den 1950er Jahren ständig abgenommen. Sie betrug im Jahr 1952 3.200[226], 1957 1.260[227] und 1967 850[228].

Trotz alledem war im Entwurf eines Strafgesetzbuchs – E 1962 – in § 84 noch eine beträchtliche Erweiterung vorgesehen, indem der Anwendungsbereich der Maßregel alle Täter/innen neben Bettlern, Landstreichern und Prostituierten einbezog, die "aus Arbeitsscheu oder aus Hang zu einem unsteten oder ungeordneten Leben" wegen einer Straftat Gefängnis bis zu neun Monaten verwirkt hatten und erneut straffällig werden würden.[229] Der § 84 E 62 wurde im Sonderausschuß für die Strafrechtsreform kontrovers diskutiert.[230] Immer wieder wurde auf den Zuständigkeitsbereich des Sozialhilferechts hingewiesen.[231]

Die Arbeitshausunterbringung wurde schließlich durch das 1. StrRG vom 25. Juni 1969 aufgehoben.[232] Einen erheblichen Einfluß auf die Abschaffung

---

226 Steigertahl, MschrKrim 1955, 7.

227 Kleinkowski 1966, 21f., 193.

228 Büsing 1968, 32.

229 § 84 E 62 lautete:

(1) Hat jemand

1. wegen einer Straftat Gefängnis bis zu neun Monaten oder

2. wegen gewerbsmäßiger Unzucht (§ 223),
Anlockens zur Unzucht (§ 224),
Bettelei (§ 354) oder
Landstreicherei (§ 356) Strafhaft

verwirkt und die Tat aus Arbeitsscheu oder aus Hang zu einem unsteten oder ungeordneten Leben begangen, so ordnet das Gericht neben der Strafe seine Unterbringung in einem Arbeitshaus an, wenn die Gefahr besteht, daß er infolge seiner Arbeitsscheu oder seines Hanges weitere Straftaten begehen wird.

(2) Der Verurteilte wird, solange er arbeitsfähig ist, in einem Arbeitshaus, sonst in einem Heim für Arbeitsunfähige untergebracht.

(3) Die Anordnung unterbleibt, wenn die Voraussetzungen der Sicherungsverwahrung oder der vorbeugenden Verwahrung erfüllt sind.

(Vgl. BT-Drucks. IV/650, S. 23 mit Begründung S. 212f.; siehe die Kritik dazu von Grünwald, ZStW 76, 694f. und Noll, ZStW 76, 714).

230 Vgl. Prot. Sonderausschuß IV, S. 361-372, 461-468, 469-477, 575-580, 943-945; V, S. 432-444, 2313-2318. – Siehe auch § 66 des Alternativentwurfs eines Strafgesetzbuchs (Allgemeiner Teil), der die Arbeitshausunterbringung nicht enthielt (Alternativentwurf 1969, 128f.).

231 Siehe Kap. III.3.2.

232 Art. 1 Nr. 17, BGBl. 1969 I S. 645, 649. § 42 d StGB wurde gemäß Art. 105 Nr. 1b mit Wirkung vom 1.9.1969 aufgehoben. – Ebenfalls durch das 1. StrRG wurde § 362 StGB a.F., der noch einen Arbeitszwang bei den gemäß § 361 Nr. 3 bis 8 Verurteilten normierte, mit Wirkung vom 1.4.1970 gestrichen (Art. 1 Nr. 99, Art. 105 Nr. 2;

hatte neben rechtsstaatlichen und kriminalpolitischen Bedenken die Entscheidung des BVerfG vom 18. Juli 1967[233] im Rahmen der Gefährdetenhilfe.[234] Das BVerfG hatte § 73 Abs.2 und 3 BSHG a.F., wonach eine Anstalts- oder Heimunterbringung gefährdeter Erwachsener zur Gewöhnung an ein geordnetes Leben und an regelmäßige Arbeit zwangsweise möglich war, für verfassungswidrig erklärt:[235]

"Der Staat hat (...) nicht die Aufgabe, seine Bürger zu "bessern" und auch nicht das Recht, ihnen die Freiheit zu entziehen, nur um sie zu "bessern", ohne daß sie sich selbst oder andere gefährdeten, wenn sie in Freiheit blieben."[236]

6 Ergebnisse

Die im 19. Jahrhundert vorherrschende und noch weit bis ins 20. Jahrhundert hineinreichende Auffassung von Armut als die Schuld der Armen erklärt deren strafrechtliche Disziplinierung.

Das Strafrecht wurde komplementär zur Armenfürsorge eingesetzt, indem Armutszustände wie Landstreicherei, Bettelei und Obdachlosigkeit, aber auch Verhaltensweisen wie "Spiel, Trunk und Müßiggang" und "Arbeitsscheu" durch das Reichsstrafgesetzbuch von 1871 kriminalisiert wurden (§ 361 Nr. 3 bis 5, 7, 8 StGB a.F.). Das Verhalten, das diese Sanktionen auslösen konnte, wurde auch als "Asozialität", "Gemeinschädlichkeit" oder "Gemeinlästigkeit" bezeichnet.

Mit Hilfe dieser strafrechtlichen Steuerungsmechanismen sollte gleichzeitig die mangelnde staatliche Armenfürsorge verdeckt werden. Betteln war, da die behördlichen Unterstützungsleistungen gering waren, besonders im 19. Jahrhundert eine von wenigen Möglichkeiten, um überleben zu kön-

---

BGBl. I S. 657, 680). – Die Übertretungstatbestände nach § 361 StGB a.F. (Landstreicherei, Bettelei, "Arbeitscheu", Obdachlosigkeit) wurden dagegen durch das EGStGB vom 2.3.1974 mit Wirkung vom 1.1.1975 gestrichen (Art. 18 Nr. 206, Art. 326 Abs.1, BGBl. I S. 469, 500, 648). Vgl. zur Begründung der Aufhebung BT-Drucks. V/4095, S. 48f.

233 BVerfGE 22, 180 ff. = NJW 1967, 1795 ff.

234 Vgl. Prot. Sonderausschuß V, S. 2315. Die Streichung wurde vom Sonderausschuß für die Strafrechtsreform einstimmig beschlossen (Erster Schriftlicher Bericht des Sonderausschusses für die Strafrechtsreform, BT-Drucks. V/4094, S. 18). – Vgl. auch Leipziger Kommentar-Hanack 1985, § 61 Rz. 7.

235 Siehe Kap. III.3.2 (bei Fn. 191).

236 BVerfGE 22, (180) 219f.

nen. Vielmehr wurde die Pflicht zur (kapitalistischen Lohn-)Arbeit propagiert; jeder Armutszustand implizierte den Verdacht auf "Arbeitsscheu".

Die strafrechtliche Sanktionierung von Obdachlosigkeit zeigt deutlich das Ineinandergreifen von Fürsorge und Strafrecht: Zum Nachweis des Unterkommens i.S.d. § 361 Nr. 8 StGB a.F. reichte neben der Wohnung die Unterstützungsleistung der Armenverbände nicht aus. Die Armenfürsorge trug – jedenfalls bis weit in die 1880er Jahre – sogar zur Obdachlosigkeit bei, weil an ortsfremde Personen keine Wohnungen vermietet wurden, um zu verhindern, daß der sog. Unterstützungswohnsitz (§§ 9 f. UWG) erworben werden konnte.

Eine direkte Kooperation des Strafrechts mit der Armenfürsorge verdeutlichen die Straftatbestände gegen "Spiel, Trunk und Müßiggang" (§ 361 Nr. 5 StGB a.F.) und "Arbeitsscheu" (d.h. die Ablehnung der von der Armenbehörde zugewiesenen Arbeit, § 361 Nr. 7 StGB a.F.). Die Vorschriften hatten zwar, was die Verurteilungen betraf, wenig Bedeutung, trugen aber trotzdem zur Abschreckung bei.

Zur Sanktionierung des "asozialen" Verhaltens war in § 361 StGB a.F. zunächst eine Haftstrafe bis zu sechs Wochen vorgesehen, die nach § 362 Abs.1 StGB a.F. mit einem Arbeitszwang verbunden werden konnte. Nach verbüßter Haft bestand gemäß § 362 Abs.2, 3 StGB a.F. die Möglichkeit, die Betroffenen bis zu zwei Jahren in einem Arbeitshaus unterzubringen (sog. korrektionelle Nachhaft). Die Dauer der wiederholten Arbeitshausunterbringung war bei der ab 1933 geltenden Maßregel nach § 42 d StGB a.F. bis 1953 an keine Frist gebunden (§ 42 f StGB a.F.).

Eingebettet in eine strenge Gesamtdisziplin sollten alle "Arbeitsscheuen" mit Hilfe eines institutionalisierten Zwanges zu geregelter (Lohn-)Arbeit erzogen werden.

In der Praxis dienten die Arbeitshäuser als generalpräventives Mittel: Arbeitshäuser waren gefürchteter als Gefängnisse. Auf der spezialpräventiven Ebene war die Funktionalität der Korrektionsanstalten gering. Der Anteil der Untergebrachten, der nach der Entlassung "in ein geordnetes Leben zurückkehrte", betrug lediglich 5 bis 10 %.

Besonders im 19. Jahrhundert war die staatliche Fürsorge nach der Entlassung aus dem Arbeitshaus so unzureichend, daß ein kriminelles Verhalten i.S.d. § 361 Nr. 3, 4, 8 StGB a.F. (Landstreicherei, Bettelei und Obdachlosigkeit) oft unvermeidlich war.

Die Korrektionsanstalten kooperierten auch mit der Armenfürsorge, weil sie die Geltendmachung von Unterstützungsleistungen verhinderten und somit zu einer Entlastung der Armenkassen beitrugen.

Eine Kooperation zeigt sich jedoch auch auf andere Weise: Es bestand zum Teil eine Verknüpfung der Korrektionsanstalten mit Armenarbeitshäusern und anderen Anstalten. Nur 20 von den im Jahr 1910 existierenden 48 strafrechtlichen Arbeitshäusern dienten ausschließlich dem Vollzug der "korrektionellen Nachhaft". Besonders in Preußen war bis 1934 eine Verbindung des Strafrechts mit der Armenfürsorge u.a. deswegen vorhanden, da die Landarmenverbände die zur "korrektionellen Nachhaft" Verurteilten auf ihre Kosten in einem Arbeitshaus unterbringen mußten.

Eine Verknüpfung der strafrechtlichen Arbeitshäuser mit denen der Armenfürsorge bzw. des Sozialhilferechts blieb punktuell bis zur Abschaffung der Arbeitshausunterbringung im Strafrecht 1969 erhalten.

Die strafrechtlichen Arbeitshäuser waren auch Funktionsträger des Armenrechts. Sie fungierten als Versorgungsinstitute für hilfsbedürftige und kranke Menschen: Während des Bestehens der Arbeitshausinstitution in dem hier behandelten Zeitraum von fast 100 Jahren in Deutschland litten 10 bis 20 % der "Korrigenden" an Krankheiten, wodurch sie nur sehr eingeschränkt arbeitsfähig oder völlig arbeitsunfähig waren.

Die Ansicht im Rahmen des § 42 d StGB a.F., daß auch Besserungsunfähige in das Arbeitshaus eingewiesen werden konnten, verdeutlicht die gesellschaftliche Überreaktion auf (mutmaßliche) Arbeitsunwilligkeit: Die Öffentlichkeit sollte vor ihnen gesichert werden.

III Das Arbeitshaus im Armenrecht als kooperative Institution zum Strafrecht 1871 bis 1974

Die Unterbringung in Armenarbeitshäusern als institutionalisierte Arbeitsdisziplinierung entwickelte sich in Deutschland nach dem Vorbild des Amsterdamer Zucht- und Arbeitshauses (gegründet 1595/96) zuerst in den Hansestädten.[1] Eine Besonderheit der Arbeitshäuser lag darin, daß sie (wohl größtenteils) mit Zuchthäusern verbunden waren,[2] so daß schon in den Ursprüngen eine Verquickung von Armenfürsorge und Strafrecht zu finden ist. Das erste deutsche Zucht- und Arbeitshaus wurde zwischen 1609 und 1613 in Bremen gegründet,[3] wobei es aber erst 1645 zu einer "Verbindung von Armen- und Zuchthaus" kam.[4] Die Häuser wurden als "Arbeitshaus", "Werkhaus", "Corrections-Anstalt", "Raspel"- oder "Spinnhaus" bezeichnet.[5]

In Deutschland begann die Verbreitung von Zucht- und Arbeitshäusern in der zweiten Hälfte des 17. Jahrhunderts.[6] Die meisten Gründungen erfolgten im 18. Jahrhundert; es wurden in den 1780er Jahren mindestens 60 Zucht- und Arbeitshäuser gezählt.[7] Eine Differenzierung in Zuchthäuser und Armenarbeitshäuser kristallisierte sich im 19. Jahrhundert heraus.[8] Eine Verknüpfung von Strafrecht (§§ 362, 42 d StGB a.F.) und Armenfürsorge bzw. Sozialhilferecht blieb – wie im letzten Kapitel dargestellt – punktuell erhalten.[9]

Die Rechtsgrundlagen für die Errichtung von Armenarbeitshäusern bildeten seit den 1870er Jahren das Gesetz über den Unterstützungswohnsitz (mit den Verordnungen der Länder), seit 1924 die Verordnung über die Fürsorgepflicht und seit 1962 das Bundessozialhilfegesetz.

---

1 v. Hippel, ZStW 18, 648f.; Mahrzahn 1984, 16, 18.

2 Vgl. v. Hippel, ZStW 18, 653f.

3 Mahrzahn 1984, 18.

4 v. Hippel, ZStW 18, 654.

5 Mahrzahn 1984, 15. – Siehe zu den Zucht- und Arbeitshäusern im 17. und 18. Jahrhundert Stekl 1986, 119 ff.

6 Sachße/Tennstedt 1980, 113; vgl. auch Mahrzahn 1984, 18 zu weiteren Gründungsdaten.

7 Sachße/Tennstedt 1980, 113.

8 Vgl. Sachße/Tennstedt 1980, 117.

9 Siehe Kap. II.4.

1 Der armenpolizeiliche Arbeitszwang – das Regulativ bei Hilfsbedürftigkeit 1871 bis 1924

Im Bereich der Armenfürsorge galt seit den 1870er Jahren in den meisten deutschen Staaten das Gesetz über den Unterstützungswohnsitz (UWG).[10] Der sog. Unterstützungswohnsitz konnte durch Aufenthalt, Heirat oder Abstammung erworben werden (§ 9 UWG).[11] Ein Erwerb durch Aufenthalt war nach § 10 UWG möglich, wenn ein/e Deutsche/r in einem Ortsarmenverband nach zurückgelegtem 24. Lebensjahr zwei Jahre ununterbrochen den Lebensmittelpunkt gehabt hatte. Der Verlust des Unterstützungswohnsitzes trat durch ebensolange Abwesenheit ein (§ 22 UWG).[12] Diese öffentliche Hilfeleistung korrespondierte mit der Verpflichtung der Hilfesuchenden, ihre Arbeitskraft entsprechend ihren Fähigkeiten einzusetzen. Die Arbeitspflicht war ein "billiges Äquivalent zur staatlichen Fürsorgepflicht".[13] Soltau definierte Aufgabe und Sinn der Armenfürsorge wie folgt:

"Die Armenunterstützung ist nicht Selbstzweck, sie will den Armen nicht dauernd zum Pensionär des Staates machen, sondern sie will ihm nur behülflich sein, die gegenwärtige Notlage zu überwinden, und ihm die Möglichkeit geben, wieder einen eigenen Erwerb zu selbständigem Fortkommen zu begründen. Dazu ist die Arbeit das geeignetste Mittel. Sie verhütet Müßiggang und ähnliche Laster, sie hält an zu fleißiger und nützlicher Anwendung der Zeit, sie erzeugt Fähigkeiten und Vertrauen und lehrt ihren eigenen sittlichen Wert und ihre soziale Notwendigkeit erkennen."[14]

Bei Nichterfüllung der Arbeitspflicht, d.h. bei "Arbeitsscheu", konnten die Armen – zwangsweise – in einem Arbeitshaus untergebracht werden.

---

[10] Vom 6.6.1870, BGBl. des Norddeutschen Bundes S. 360. Vgl. Kap. II.1 (bei Fn. 14). Das UWG war zunächst für das Gebiet des Norddeutschen Bundes gültig und wurde mit der Verfassungsregelung vom 16.4.1871 (BGBl. des Deutschen Bundes S. 63) Reichsgesetz. Seit 1871 galt es in fast allen deutschen Staaten mit Ausnahme von Württemberg, Baden, Elsaß-Lothringen und Bayern. In Württemberg und Baden trat das UWG mit Wirkung vom 1.1.1873 in Kraft. Erst seit dem 1.4.1910 galt es auch in Bayern (Krech/Baath 1922, 12f.; Wolfram 1930, 28). Lange Zeit bestanden daher in Deutschland drei Systeme der Armenfürsorge: das System des UWG, das französische System der fakultativen öffentlichen Armenfürsorge in Elsaß-Lothringen und das bayerische System der Heimatgesetzgebung (Diefenbach 1923, 970).

[11] Vgl. Eger 1909, 75ff.; Graeffner/Simm 1914, 49ff.

[12] Mit Gesetz vom 12.3.1894, RGBl. S. 259 wurde das Lebensjahr auf 18, mit Gesetz vom 30.5.1908, RGBl. S. 377 dann auf 16 und die Aufenthaltsdauer um ein Jahr herabgesetzt. Vgl. zum System des UWG Diefenbach 1923, 969ff.

[13] Soltau 1910, 13; vgl. auch Münsterberg 1887, 509f. und Jendis 1927, 112-114.

[14] Soltau 1910, 11. – Siehe ferner zu den Aufgaben der Armenfürsorge Klumker 1923, 931-935.

Dieser polizeiliche Gesichtspunkt der Armenfürsorge diente zur "Aufrechterhaltung der öffentlichen Ordnung durch Bekämpfung der Armut."[15] Es wurde der Begriff "Zwangsarmenpflege" geprägt.[16] Die gesetzliche Grundlage dieses sog. armenpolizeilichen Arbeitszwangs[17] wurde in § 8 UWG gesehen, wonach "die Art und das Maß der im Falle der Hilfsbedürftigkeit zu gewährenden öffentlichen Unterstützung" der Landesregierung überlassen wurde.[18] Die landesrechtlichen Bestimmungen bestanden neben den Regelungen der "korrektionellen Nachhaft" (§ 362 StGB a.F.) im Strafrecht.

1.1 Die Ausgestaltung der landesrechtlichen Regelungen über den armenpolizeilichen Arbeitszwang als "Strafe"

Während des Bestehens des UWG bis zum 30.3.1924 hatten 12 Bundesstaaten bzw. deutsche Länder und Elsaß-Lothringen den armenpolizeilichen Arbeitszwang eingeführt:[19]

Sachsen durch "Armenordnung für das Königreich Sachsen (AO Sachsen) vom 22.10.1840" (§§ 2, 27), ergänzt durch das "Abgeänderte Regulativ für die städtische Arbeitsanstalt Leipzig vom 15.4.1896"; die "Verwaltungsordnung für die städtische Arbeitsan-

---

15 Soltau 1910, 7; vgl. auch Buehl, Zs.f.d. Armenwesen 1905, 106f. und Klumker 1918, 42.

16 Lohse 1909, 3.

17 Vgl. zur Definition Lohse 1909, 10; Samter 1909, 63f.

18 Vgl. Lohse 1909, 34; Rumpelt 1909, 1055; Schlosser 1912, 3.

19 Zum Gebiet Deutschlands gehörten von 1871 bis 1918 22 monarchische, 3 republikanische Staaten und das "Reichsland" Elsaß-Lothringen: *Königreiche*: Preußen, Bayern, Württemberg, Sachsen; *Großherzogtümer*: Baden, Hessen, Mecklenburg-Schwerin, Sachsen-Weimar-Eisenach, Mecklenburg-Strelitz, Oldenburg; *Herzogtümer*: Braunschweig, Sachsen-Meiningen, Sachsen-Altenburg, Sachsen-Coburg und Gotha, Anhalt; *Fürstentümer*: Schwarzburg-Sondershausen, Schwarzburg-Rudolstadt, Waldeck, Reuß (ältere Linie), Reuß (jüngere Linie), Schaumburg-Lippe, Lippe; *Freie Städte*: Lübeck, Bremen, Hamburg; "*Reichsland*" Elsaß-Lothringen.
Während der Weimarer Republik umfaßte Deutschland 18 Länder: Preußen, Bayern, Sachsen, Württemberg, Baden, Thüringen, Hessen, Hamburg, Mecklenburg-Schwerin (1933/34 mit Mecklenburg-Strelitz zu Mecklenburg vereinigt), Oldenburg, Braunschweig, Anhalt, Bremen, Lippe, Lübeck, Mecklenburg-Strelitz, Waldeck (bis 1929), Schaumburg-Lippe. – (Brockhaus Enzyklopädie, 5. Bd., 17. Aufl. 1968, 584).

stalt in Dresden vom 17.12.1889" (abgeändert und ergänzt am 22.3.1892) und das "Regulativ für die städtische Arbeitsanstalt zu Chemnitz vom 28.2.1905";[20]

Oldenburg durch "Gesetz für das Herzogtum Oldenburg vom 14.3.1870 betreffend die Zwangsarbeitsanstalt zu Vechta";[21]

Mecklenburg-Schwerin durch "Verordnung vom 20.2.1871 zur Ausführung des Unterstützungswohnsitzes" (§ 4), ergänzt durch die "Landesverordnung, betreffend die Unterbringung von Ortsarmen im Landesarbeitshause zu Güstrow, vom 18.5.1890";[22]

Württemberg durch "Gesetz, betreffend die Abänderung einiger Bestimmungen des Gesetzes vom 17.4.1873 zur Ausführung des Reichsgesetzes vom 6.6.1870 über den Unterstützungswohnsitz. Vom 2.7.1889" (§ 14);[23]

Anhalt durch "Gesetz, betreffend die Abänderung des Ausführungsgesetzes zum Reichsgesetze über den Unterstützungswohnsitz, vom 27.4.1904" (Art. 1);[24]

Hamburg durch "Gesetz über das Armenwesen vom 11.9.1907" (§ 21);[25]

Elsaß-Lothringen durch "Gesetz vom 8.11.1909 zur Ausführung des Gesetzes über den Unterstützungswohnsitz vom 30.5.1908" (§ 37);[26]

Bremen durch "Gesetz betreffend den armenpolizeilichen Arbeitszwang vom 21.1.1911";[27]

Lübeck durch "Armenordnung für die Stadtgemeinde Lübeck vom 9.12.1911" (§ 18);[28]

Preußen durch "Gesetz über die Abänderung und Ergänzung der Ausführungsgesetze über den Unterstützungswohnsitz vom 23.7.1912" (Art. 1 §§ 1 a - 1 i);[29]

Schaumburg-Lippe durch "Gesetz über die Ausübung der Armenpflege bei Arbeitsscheuen und säumigen Nährpflichtigen vom 18.3.1913";[30]

---

20 Die AO Sachsen wurde mit Erläuterungen 1841 in Grimma veröffentlicht. §§ 2, 27 abgedruckt in: Lohse 1909, 45-48 (mit Regelungen für die Arbeitsanstalten Leipzig, Dresden und Chemnitz); Schlosser 1912, 58.

21 Abgedruckt in: Lohse 1909, 49 (nur Art. 4 unvollständig); Schlosser 1912, 62-69.

22 Abgedruckt in: Lohse 1909, 51 (mit Landesverordnung für das Landesarbeitshaus Güstrow); Schlosser 1912, 60-62 (nur Landesverordnung für Güstrow); Krech/Baath 1922, 109f.

23 Abgedruckt in: Lohse 1909, 49-51 (mit Verfügung des Ministeriums des Innern vom 2.7.1889); Schlosser 1912, 58-60 (mit Verfügung des Ministeriums); Krech/Baath 1922, 91.

24 Abgedruckt in: Lohse 1909, 52-54 (mit Regelung für die Arbeitszwangsanstalt in Dessau vom 15.6.1904); Schlosser 1912, 69; Krech/Baath 1922, 113f.

25 Lohse 1909, 54-58 (mit Geschäftsordnung der Kommission für das Armenarbeitswesen); Schlosser 1912, 70-72; Krech/Baath 1922, 109.

26 Abgedruckt in: Schlosser 1912, 72f.; Sperling 1913, 84f.

27 Abgedruckt in: Schlosser 1912, 73-75; Sperling 1913, 85-88; Krech/Baath 1922, 116-118.

28 Abgedruckt in: Sperling 1913, 88-90.

29 Abgedruckt in: Schlosser 1912, 7-10 (mit Ausführungsbestimmungen S. 29ff.); Sperling 1913, 90-93; Krech/Baath 1922, 72-77.

30 Das Gesetz stimmte mit dem preußischen Gesetz vom 23.7.1912 überein. Vgl. Krech/Baath 1922, 122.

Baden durch "Gesetz vom 8.7.1914, betreffend die Abänderung des Gesetzes vom 5.5.1870, die öffentliche Armenpflege betreffend" (§§ 18 a - 18 k);[31]
Bayern durch "Armengesetz vom 21.8.1914" (Art. 76-86).[32]

In verschiedenen parlamentarischen Erörterungen und in der Literatur wurden Bedenken gegen die Zulässigkeit des armenpolizeilichen Arbeitszwangs auf der Ebene des landesrechtlichen Verwaltungsverfahrens geäußert.[33] Von den Regelungen war derselbe Personenkreis betroffen, welcher auch strafrechtlich durch § 361 Nr. 5, 7 und 10 StGB a.F.[34] mit Haftstrafe sowie durch § 362 StGB a.F. mit Arbeitszwang und Arbeitshausunterbringung sanktioniert werden konnte.[35] Gemäß § 2 Abs.1 EGStGB a.F.[36] waren mit Inkrafttreten des Strafgesetzbuchs für das Deutsche Reich landesrechtliche Strafvorschriften, die denselben Regelungsgegenstand betrafen, ausgeschlossen.[37] Die herrschende Meinung ging jedoch von der Zulässigkeit des armenpolizeilichen Arbeitszwangs der Landesgesetzgebung aus.[38] Die Einführung von Arbeitszwang und Arbeitshauseinweisung auf der Verwaltungsebene war u.a. auch mit der mangelnden Wirksamkeit der Strafbestimmungen begründet worden.[39]

---

31 Abgedruckt in: Krech/Baath 1922, 96-100.

32 Abgedruckt in: Krech/Baath 1922, 81-85.

33 Vgl. die Darstellungen in: Buehl, Zs.f.d. Armenwesen 1905, 111ff.; Lohse 1909, 31ff.; Samter 1909, 63ff.; Soltau 1910, 51ff.; Stein, FischersZ 1917, 252ff. (betrifft Sachsen).

34 § 361 Nr. 10 StGB a.F., der die Unterhaltspflichtverletzung sanktionierte, ist in Kap. II.2 nicht behandelt worden. Vgl. dort Fn. 78.

35 Bei § 361 Nr. 10 StGB a.F. konnte § 362 StGB a.F. nicht angewendet werden.

36 Vom 31.5.1870, BGBl. des Norddeutschen Bundes S. 195. Vgl. zum Geltungszeitpunkt des StGB in den einzelnen deutschen Ländern Olshausen 1900, § 1 EGStGB Anm. 2.

37 Siehe Ebermayer/Lobe/Rosenberg 1922, § 2 EGStGB Anm. V.

38 Vgl. Buehl, Zs.f.d. Armenwesen 1905, 115. Siehe auch die Entscheidung des OLG Rostock vom 28.9.1900 bei Buehl, Zs.f.d. Armenwesen 1905, 115f.

39 Vgl. Lohse 1909, 3-9 (u.a. parlamentarische Auseinandersetzungen Ende des 19. Jahrhunderts); Schlosser 1912, 46f. – Der Deutsche Verein für Armenpflege und Wohltätigkeit beschäftigte sich 1881 zum ersten Mal mit der Frage von "Zwangsmaßregeln" im Bereich der Armenfürsorge. Dies geschah in erster Linie wegen der großen Zahl der Unterhaltspflichtverletzungen von Männern gegenüber ihren Ehefrauen und Kindern. Vgl. Lohse 1909, 3f.

1.1.1 Die gesetzliche Parallelität von armenrechtlicher und strafrechtlicher Arbeitshauseinweisung [40]

Die sächsischen Regelungen für die städtischen Arbeitshäuser Leipzig, Dresden und Chemnitz sowie Art. 4 § 1 Nr. 5 des Oldenburger Gesetzes wiesen, was die Gründe für eine Arbeitshausunterbringung betraf, Ähnlichkeiten mit § 361 Nr. 5 StGB a.F. i.V.m. § 362 StGB a.F. auf. § 361 Nr. 5 StGB a.F. kriminalisierte das Herbeiführen der Unterstützungsbedürftigkeit infolge von "Spiel, Trunk und Müßiggang", wobei eine Haftstrafe mit anschließendem Arbeitshausvollzug nur erfolgen konnte,[41] wenn durch die Bedürftigkeit ein Eingreifen der Armenbehörde notwendig wurde.[42] Die genannten armenrechtlichen Vorschriften enthielten ebenfalls den Konnex von "arbeitsscheuem" und "verwerflichem" Lebenswandel und öffentlicher Hilfeleistung. Zum Beispiel bestimmte das "Regulativ für die städtische Arbeitsanstalt Leipzig" gemäß § 1 a:

"Die Zwangsarbeitsanstalt St. Georg dient zur Unterbringung, angemessenen Beschäftigung und sittlichen Besserung arbeitsscheuer, der Trunksucht oder liederlichem Lebenswandel ergebener Personen, welche die Gewährung öffentlicher Armenunterstützung (...) notwendig machen (...)."

Andere landesrechtliche Bestimmungen sahen eine Arbeitshausunterbringung bei Ablehnung bzw. Verweigerung der von der Armenbehörde zugewiesenen Arbeit vor, so Oldenburg (Art. 4 § 1 Nr. 3), Hamburg (§ 21), Elsaß-Lothringen (§ 37), Bremen (§ 1), Lübeck (§ 18), Baden (§ 18 a) und Bayern (Art. 76). Die badische Regelung lautete:

"Wer selbst oder in der Person seiner Ehefrau oder seiner noch nicht 16 Jahre alten Kinder aus öffentlichen Armenmitteln unterstützt wird, kann, wenn er die ihm von der Armenbehörde gemäß § 18 angesonnene Arbeit ablehnt oder nicht gewissenhaft vollzieht, auf Antrag des unterstützenden oder des erstattungspflichtigen Armenverbandes durch Beschluß des Bezirksrats dem antragstellenden Armenverbande zur zwangsweisen Arbeitsleistung überwiesen werden. (...)."[43]

Diese Vorschriften korrespondierten mit den Tatbeständen der §§ 361 Nr. 7, 362 StGB a.F., welche die "Arbeitsscheu", d.h. die Verweigerung der

---

40 Die Fundstellen der landesrechtlichen Regelungen über den armenpolizeilichen Arbeitszwang werden nachfolgend nicht mehr angeführt. Vgl. Kap. III.1.1.

41 Der Arbeitshausvollzug i.S.d. § 362 StGB a.F. galt als Nebenstrafe. Siehe Kap. II.2.3 (bei Fn. 98).

42 Vgl. Kap. II.2.2.1 und II.2.3 sowie die Gesetzestexte in Fn. 48 und 94.

43 Nach § 18 e der badischen Regelung war eine Unterbringung in einem Arbeitshaus i.S.d. § 362 StGB a.F. unzulässig.

von der Behörde zugewiesenen Arbeit bei öffentlicher Armenunterstützung, mit der "korrektionellen Nachhaft" sanktionierten.[44]

In der Diskussion um die Zulässigkeit des armenpolizeilichen Arbeitszwangs wurde betont, daß bei der Festlegung der Bestimmungen der Arbeitszwang nicht von einem Verschulden der Betreffenden abhängig gemacht werden dürfte, um "auch rein äußerlich jeden Anklang an Schuld und Strafe zu vermeiden".[45] Eine Verknüpfung eines schuldhaften Verhaltens und der armenrechtlichen Bedürftigkeit wurde in der literarischen Auseinandersetzung von den Befürwortern der Arbeitshausunterbringung negiert, um die Abgrenzung zu den strafrechtlichen Vorschriften nicht in Frage zu stellen. Das Schuldmoment ist jedoch auch in den landesrechtlichen Vorschriften über den Arbeitszwang zu finden.[46] Wenn einige Länder als Grund für die mögliche Arbeitshauseinweisung die Weigerung der Verrichtung von angewiesener Arbeit festgelegt hatten, so konnte die Voraussetzung ohne ein "vorsätzliches Verhalten" der Betroffenen gar nicht verwirklicht werden. Soltau wollte dagegen die Nichterfüllung der Arbeitsverpflichtung als "Verwaltungswidrigkeit" qualifizieren, was der Rechtswidrigkeit einer strafbaren Handlung entspräche. Seiner Ansicht nach sollte "das subjektive Moment des Verschuldens" beim verwaltungsrechtlichen Arbeitszwang zurücktreten.[47] Diese Argumentation macht die Strategie der Verschuldensvermeidung in der formalen Auseinandersetzung sichtbar.

Zum Beispiel zeigt die Intention des preußischen Gesetzes über den armenpolizeilichen Arbeitszwang das Bestehen eines Schuldzusammenhangs. Der Personenkreis, auf den das Gesetz Anwendung finden sollte, umfaßte u. a. "die Arbeitsscheuen, welche wegen Müßiggangs, Leichtsinns oder Trunksucht und dergl(eichen) der Armenpflege anheimfallen" (...).[48]

Die sächsischen armenpolizeilichen Regelungen, welche als Unterbringungsgrund die Gewährung von öffentlicher Unterstützungsleistung – verur-

---

44 Vgl. Kap. II.2.2.2 und II.2.3 sowie die Gesetzestexte in Fn. 48 und 94.

45 Buehl, Zs.f.d. Armenwesen 1905, 117; vgl. auch Lohse 1909, 34; Samter 1909, 69; Sperling 1913, 70.

46 Vgl. Samter 1909, 69.

47 Soltau 1910, 58.

48 Siehe die Ausführungsbestimmungen in Schlosser 1912, 29. Ähnlich lautete auch der Zweck des Hamburger Gesetzes: Die Vorschrift war gegen Personen gerichtet, "welche durch Arbeitsscheu oder Trunksucht ihre eigene Hilfsbedürftigkeit herbeigeführt" hatten (Buehl, Zs.f.d. Armenwesen 1904, 356).

sacht durch "Arbeitsscheu, Trunksucht oder liederlichen Lebenswandel" – vorsahen, implizierten ebenfalls ein subjektives Verschulden.[49]

In den übrigen landesrechtlichen Regelungen – Mecklenburg-Schwerins (§ 4 der VO vom 20.2.1871, § 2 der VO für das Arbeitshaus Güstrow), Württembergs (§ 14), Anhalts (Art. 1), Preußens (§ 1 a), Schaumburg-Lippes – wurde eine Einweisung in das Arbeitshaus lediglich von dem Empfang der Armenfürsorge abhängig gemacht. Diese polizeilichen Maßregeln wurden offiziell als "Korrelat des Genusses öffentlicher Unterstützung" verstanden.[50] Die Mißbrauchsgefahr war jedoch bei den Regelungen um so größer, da sie im Verhältnis zu den oben genannten Bestimmungen kein "Fehlverhalten" der Betroffenen voraussetzten und daher zu einer leichteren Einweisung führen konnten.

Auch hinsichtlich der Unterbringungsdauer wiesen einige Vorschriften der Armenfürsorge Ähnlichkeiten zur "korrektionellen Nachhaft" auf. In § 362 Abs.3 StGB a.F. wurde eine Dauer bis zu zwei Jahren bestimmt,[51] wobei durch den Bundesratsbeschluß vom 26.6.1889 bei erstmaliger Unterbringung sechs Monate vorgesehen waren.[52] Diesem System nahezu angelegt waren die Oldenburger Regelung und die sächsische Vorschrift für das Arbeitshaus Dresden: Die Oldenburger Vorschrift sah in Art. 10 § 1 bei der ersten Einweisung zwei, bei der zweiten und mehrmaligen Einweisung drei Jahre vor. Die "Verwaltungsordnung für die städtische Arbeitsanstalt in Dresden" verfügte in § 60 bei der erstmaligen Unterbringung sechs Monate, wobei die Unterbringung bis auf zwei Jahre ausgedehnt werden konnte. In den armenpolizeilichen Bestimmungen Badens (§ 18 a), Bremens (§ 7) und Bayerns (Art. 81) wurde die Unterbringung auf höchstens ein Jahr begrenzt; bei Wegfall der Unterstützungsvoraussetzungen endete sie jedoch entsprechend früher.

Das Hamburger Gesetz (§ 21 Abs 5) ging zwar von einer unbestimmten Dauer aus, sah aber nach einem Jahr eine Unterbrechung der Arbeitshausunterbringung von mindestens sechs Monaten vor.[53]

---

49 Vgl. auch Sperling (1913, 80), der den polizeilichen Arbeitszwang in dem geplanten "Reichsarmengesetz" von einem schuldhaften Verhalten der Betroffenen abhängig machen wollte.

50 Vgl. die Begründung des Württemberger Gesetzes in Sperling 1913, 73; Lohse 1909, 12; siehe auch Schlosser 1912, 48.

51 Vgl. Kap. II.2.3 (bei Fn. 97).

52 Vgl. Kap. II.2.3.1 (bei Fn. 112).

53 Das Reichsjustizamt hatte den Entwurf zum Hamburger Gesetz gebilligt und dabei aber in bezug auf die §§ 361, 362 StGB a.F. betont, daß der Arbeitszwang nicht "von irgendeinem Verschulden oder bösen Vorsatze des Betreffenden abhängig gemacht und die Dauer des Zwanges nicht auf bestimmte Zeit befristet" werden dürfte (zitiert nach

In den anderen landesrechtlichen Bestimmungen war die Unterbringungsdauer unbestimmt und in Preußen (§§ 1 a, 1 e)[54], Mecklenburg-Schwerin (§ 6 der VO für das Arbeitshaus Güstrow), Anhalt (Art. 1), Schaumburg-Lippe an die Unterstützungsbedürftigkeit oder in Elsaß-Lothringen (§ 37) und Lübeck (§ 18) an die Notwendigkeit des Arbeitszwangs oder in der Regelung der sächsischen Arbeitsanstalten Leipzig (§ 3) und Chemnitz (§ 3) an das Eintreten der Besserung der Betroffenen gekoppelt.

Auch wenn in den Vorschriften die Unterbringung zeitlich unbestimmt war, so lag die Bemessung der Dauer bei den Behörden, da die Betroffenen während des Aufenthalts im Arbeitshaus eine Veränderung ihrer ökonomischen Situation nicht herbeiführen konnten.[55]

1.1.2 Die Unterbringung in Armenarbeitshäusern in der Praxis: Besserung und Abschreckung

Mit der "korrektionellen Nachhaft" nach § 362 StGB a.F. wurde nach überwiegender Meinung eine Besserung der Untergebrachten, d.h. ein spezialpräventiver Zweck, verfolgt.[56] Von den Befürwortern des Armenarbeitshauses wurde die Besserung der "Arbeitsscheuen" als Zweck der Unterbringung weitgehend bestritten, um eine Kollision mit der "korrektionellen Nachhaft" zu vermeiden.[57] Nach Soltau war der armenpolizeiliche Arbeitszwang "hauptsächlich eine Kontrollmaßregel zur Beaufsichtigung und Bewahrung des Empfängers von öffentlicher Unterstützung (...) und erst in zweiter Linie (...) Erziehungsmittel."[58] Die Rechtfertigung der armenpoli-

---

Lohse 1909, 34). – Vgl. zum Hamburger Gesetz Buehl, Zs.f.d. Armenwesen 1904, 354ff.

54 Allerdings sahen die Ausführungsbestimmungen zum preußischen Gesetz eine Entlassung der Untergebrachten auch vor, wenn die Unterbringung ein Jahr gedauert hatte. Vgl. Schlosser 1912, 38.

55 Vgl. Buehl, Zs.f.d. Armenwesen 1905, 116f.

56 Vgl. Kap. II.2.3.1.

57 In Preußen konnten bereits durch Art. 12 des Gesetzes vom 21.5.1855 Personen, die sich weigerten, "für die gewährte Unterstützung, die ihnen von der Obrigkeit, sei es im Orte oder auswärts, angewiesene, ihren Kräften angemessene Arbeit ordnungsgemäß zu verrichten (...) in einer Arbeitsanstalt untergebracht werden." (PrGS 1855 S. 314; abgedruckt in: Lohse 1909, 45; Schlosser 1912, 57f.; Sachße/Tennstedt 1980, 281). Diese Vorschrift wurde jedoch durch das preußische Ausführungsgesetz zum UWG vom 8.3.1871 gestrichen, da sie in der Praxis die Identität der "korrektionellen Nachhaft" nach § 362 StGB a.F. annahm (vgl. Arnoldt 1872, 473f.; Lohse 1909, 31).

58 Soltau 1910, 54.

zeilichen Bestimmungen dürfte nach der Ansicht Lohses nicht in dem "erziehlichen und korrektionellen Charakter der Maßregel" gesucht werden;[59] auch wäre die ähnliche praktische Ausgestaltung beider Institute, die Besserung und Abschreckung, wegen der grundsätzlichen Verschiedenheit bedeutungslos.[60]

In den Regelungen für die sächsischen Arbeitshäuser Leipzig und Chemnitz wurde allerdings der Besserungszweck ausdrücklich definiert. So hieß es in § 3 des "Regulativs für die städtische Arbeitsanstalt zu Chemnitz":

"Der Hauptzweck bei der Unterbringung besteht darin, die Personen zu bessern, das heißt sie an Arbeit und an eine ordentliche geregelte Lebensweise zu gewöhnen, in sittlicher Beziehung auf sie erzieherisch einzuwirken und sie fähig und willig zu machen, nach der Entlassung sich und ihre Angehörigen durch Arbeit selbständig zu erhalten."

Auch das Oldenburger Gesetz bestimmte in Art. 10 § 3 eine Verkürzung der "Detentionszeit", "wenn der Verwiesene bei fortdauernder guter Aufführung durch sein ganzes Verhalten gegründete Hoffnung gegeben hat, daß die Ursachen, welche seine Verweisung herbeigeführt haben, nicht wieder eintreten werden (...)." Der "spezialpräventive" Charakter des armenpolizeilichen Arbeitszwangs ist hier also offensichtlich.

Die Arbeitshausunterbringung hatte in der Praxis nicht die Funktion von "Hilfe" seitens der Behörden, sondern überwiegend die der "Abschreckung" und kann daher wie die strafrechtliche "Korrektionshaft" als "generalpräventives" Mittel bezeichnet werden. Über die abschreckende Wirkung der Armenarbeitshäuser wurde in der Literatur immer wieder berichtet.[61] Die strenge Durchführung des Arbeitshausprinzips führte zu einer Verminderung der Ausgaben der Armenfürsorge:

Die Einrichtung eines Armenarbeitshauses der Stadt Oldenburg im Jahr 1882 hatte z.B. zur Folge, daß die Hälfte der bis dahin in offener Pflege unterstützten Personen auf die öffentlichen Hilfeleistungen verzichteten.[62] Auch die damalige bremische Stadt Vegesack hatte mit dem für 150 Personen geschaffenen Arbeitshaus im Jahr 1890 die abschreckende Wirkung erzielt: Von den 120 Unterstützten nahmen sogleich 70 öffentliche Leistungen nicht mehr in Anspruch.[63]

---

59 Lohse 1909, 35.

60 Lohse 1909, 36.

61 Beseler in: Osthoff 1882, 9; vgl. Münsterberg 1887, 521f.; Buehl 1903, 7f.; Soltau 1910, 38f.; Schlosser 1912, 43.

62 Münsterberg 1887, 521f. mit weiteren Berichten.

63 Buehl 1903, 7f.

Die tatsächliche Wirkung des Arbeitshauses in der Armenfürsorge und im Strafrecht war, wie Münsterberg ausdrücklich herausstellte, die gleiche.[64] Außerdem ermöglichte der Vollzug für die Betroffenen durch die teilweise Verbundenheit beider Anstaltssysteme[65] noch nicht einmal eine Trennung zwischen der strafrechtlichen Sanktion und der armenrechtlichen Maßnahme.[66]

Beide Anstaltssysteme kooperierten auch insofern miteinander, als in den Städten, in denen der armenpolizeiliche Arbeitszwang eingeführt wurde, nur noch sehr selten eine strafrechtliche Verfolgung stattfand.[67]

Durch die landesgesetzliche Ausgestaltung konnte sich in Deutschland ein englisches Arbeitshausprinzip ("workhouse-test")[68] einheitlich nicht entwickeln. Eine starke Anlehnung an das englische System war vor allem in Sachsen (um 1850) zu finden; auch in Württemberg und Oldenberg wurden dahingehende Versuche unternommen.[69]

Im Jahr 1903 existierten, wie die nachfolgende Tabelle zeigt, 54 Armen- und Arbeitshäuser mit einer Insassenzahl von insgesamt 8.327. Die Zahl der Armenarbeitshäuser, die explizit als solche ausgewiesen, aber zum Teil noch mit anderen Anstalten verbunden waren, betrug 22, deren Belegungszahl 4.243.

---

64 Münsterberg 1887, 529; vgl. auch Lohse 1909, 36.

65 Vgl. Kap. II.4.1.

66 Siehe auch oben Fn. 57.

67 Dies ergab eine Untersuchung des DV für die Zeit vom 1.7.1896 bis zum 1.7.1897. Siehe Lohse 1909, 16, 25.

68 Vgl. Münsterberg 1897, 122. – England gilt als das klassische Land des Arbeitshauses. Das Armengesetz der Königin Elisabeth von 1601 erlegte arbeitsfähigen Armen eine Pflicht zum Einsatz der Arbeitskraft auf. Aber erst 1697 wurde in Bristol das erste "work-house" errichtet. Im Jahr 1723 wurde die Errichtung von Arbeitshäusern gesetzlich legitimiert: Arme, die eine Unterbringung in einem Arbeitshaus ablehnten, verloren jeden Anspruch auf Unterstützung. Im 18. Jahrhundert kam es verstärkt zur Errichtung von Arbeitshäusern; die Reform der Armengesetzgebung von 1834 führte dann zu einer Gründungswelle. (Vgl. Münsterberg 1887, 519f.; Buehl 1903, 3-5; Mahrzahn 1984, 18). "Das Armenrecht, sagte Disraeli kurz nach Inkrafttreten der neuen Gesetze, verkündete der Welt, daß Armut in England ein Verbrechen ist." (Zitiert nach D. Schäfer 1966, 65).

69 Siehe Buehl 1903, 5f.; Rumpelt/Luppe 1923, 744.

Tabelle 3: Armen- und Arbeitshäuser im Jahr 1903 [70]

Gemeinde/Armenverband	Bezeichnung der Anstalt	Insassenzahl
Altenssen	Armenhaus	53
Altona	Armenhaus	314
Barmen	Reformiertes Armenhaus	41
Bernburg	Armenhaus	12
Brandenburg a.H.	*Armenarbeitsanstalt*	47
Braunschweig	Pflege- und Armenhaus	145
Bremen	*Armenhaus/freiwillige Arbeitsanstalt*	150 [71]
Breslau	Armenhaus	377
Cottbus	Armenhaus	27
Danzig	*Arbeits- und Siechenhaus*	300
	Armenanstalt Pelonken	435
Darmstadt	Armenhaus	56
Dresden	*Arbeitsanstalt*	796 [72]
Duisburg	*Armen- und Arbeitshaus am Grunewald*	36
	Armenhaus am Kuhlenwall	31
Essen	Armenhaus	70
Flensburg	*Armen- und Arbeitsanstalt*	69
Frankfurt a.M.	Armen- und Siechenhaus	861
Freiburg i.S.	Armenhaus	47
Gelsenkirchen	Armenhaus	100
Gleiwitz	Armenhaus	15
Göttingen	*Armenarbeitshaus*	25
Gotha	Armenhaus	118
Greifswald	*Armenarbeits- und Siechenhaus*	60
Guben	Armenhaus	57
Halberstadt	Armenhaus	27
Hamburg	*Werk- und Armenhaus*	1597
Hannover	Armenhaus	197
Harburg	*Armenarbeitshaus*	40
Heilbronn a.N.	*Armenbeschäftigungsanstalt Neckarau*	29
Hildesheim	Armenanstalt	70
Kiel	Armenhaus	117

70 Im wesentlichen nach Buehl 1903, 36-40; vgl. auch Böhmert 1886 und Rumpelt 1909.

71 Bremen hatte jedenfalls bis Anfang des 20. Jahrhunderts eine mit der Armenfürsorge verbundene Arbeitsanstalt ohne Zwangscharakter (der armenpolizeiliche Arbeitszwang wurde erst 1911 eingeführt; siehe Kap. III.1.1). Vgl. den Bericht bei Böhmert 1886, 125f. und Rumpelt 1909, 1057.

72 Siehe den ausführlichen Bericht über die Errichtung und Organisation des Armenarbeitshauses in Dresden bei Böhmert 1886, 63-67.

Gemeinde/Armenverband	Bezeichnung der Anstalt	Insassenzahl
Leipzig	Armenhaus Leipzig-Connewitz	160
	Armenhaus Leipzig-Lindenau	72
	Zwangsarbeitsanstalt St. Georg	318
Liegnitz	Armenarbeits- und Siechenhaus	60
Linden	Armenhaus	140
Lübeck	*freiwilliges Armenarbeitshaus*	124 [73]
Magdeburg	*Armen- und Arbeitsanstalt*	211 [74]
Meiningen	Armenhaus mit Sarterstift	37
Mühlheim a.Rh.	Armenhaus	33
Neumünster	Armenhaus	21
Nürnberg	*Freiwillige Armenbeschäftigungsanstalt*	27
Oldenburg i.Gr.	*Armenarbeitshaus*	57 [75]
Osnabrück	*Armenarbeits- und Verpflegungsanstalt*	52
Plauen i.B.	*Armen- und Arbeitsanstalt m. Siechenabteilung*	99
Recklingshausen	Armenhaus (St. Vincenzhaus)	34
Remscheid	Armenhaus (Stockderstiftung)	77
Rirdorf	Armen- und Siechenhaus	45
Rostock	*Armenarbeitshaus*	89
Schweidnitz	Armenhaus	107
Spandau	Armenhaus	33
Stargard	Armenhaus	12
Stolp	*Armen- und Arbeitshaus*	36
Stuttgart	*Armenbeschäftigungsanstalt*	66
Wandsbek	Armenhaus	12
Weimar	*Armen- und Arbeitshaus*	15
Zeitz	Armenhaus	29
Zittau	Männerarmenhaus	14
	Frauenarmenhaus	28

Zu beachten ist, daß der armenpolizeiliche Arbeitszwang nicht nur in Armenarbeitshäusern[76], sondern auch in Armenanstalten vollzogen wurde.[77] In Preußen konnten Personen, die dem Arbeitszwang unterlagen, außerdem in Arbeiterkolonien und Wanderarbeitsstätten untergebracht werden.[78]

---

[73] Vgl. Böhmert 1886, 170f. Lübeck hatte den armenpolizeilichen Arbeitszwang wie Bremen erst im Jahr 1911 eingeführt.

[74] Siehe Böhmert 1886, 133f.

[75] Siehe Böhmert 1886, 223.

[76] Siehe zur baulichen Konstruktion von Armenarbeitshäusern Osthoff 1882.

[77] Vgl. Schlosser 1912, 16, Fn. 8.

[78] Siehe die Erläuterungen zu § 1 a des preußischen Gesetzes vom 23.7.1912 bei Schlosser 1912, 16f. – Arbeiterkolonien und Wanderarbeitsstätten waren eine Reaktion auf die Wanderbettelei im 19. Jahrhundert:

Die Armenarbeitshäuser wurden in "Zwangsarbeitshäuser" und "freiwillige Arbeitshäuser" unterschieden.[79] In den Ländern, in denen noch kein armenpolzeilicher Arbeitszwang eingeführt worden war, beispielsweise in Preußen in der Zeit von 1871 bis 1912, war der Eintritt und Austritt in der Regel "freiwillig".[80] Das Kriterium der Freiwilligkeit muß jedoch angezweifelt werden, da den Hilfesuchenden oft keine andere Wahl blieb, als sich in ein Arbeitshaus zu begeben, wenn sie nicht betteln oder verhungern wollten.

Bei den in den Armenarbeitshäusern auszuführenden Arbeiten handelte es sich – wie bei denen der "korrektionellen Nachhaft"[81] – um landwirtschaftliche Beschäftigungen auf anstaltseigenen Ländereien,[82] um handwerkliche Tätigkeiten in Schlossereien, Schuhmachereien, Tischlereien, Schneidereien, aber auch um stupide Arbeiten, wie z.B. Tütenkleben, Federreißen, Holzspalten, Garnspulen, Kaffeebohnensortieren.[83] Die Untergebrachten wurden auch an Unternehmen zur Verrichtung von landwirtschaftlichen Arbeiten, Erdarbeiten, zum Kohlentransport u.s.w. ausgeliehen. Auf eventuelle Wünsche und Neigungen des Insassen wurde aus ökonomischen Aspekten keine Rücksicht genommen.[84] Denn dies hieße, "ihn besser stellen als den außerhalb der Armenpflege stehenden Arbeiter."[85] Die Arbeitszeit betrug

---

Arbeiterkolonien wurden von Pastor v. Bodelschwing 1882 in Westfalen gegründet. Die Einrichtungen wurden durch private Vereine unterhalten und beruhten auf dem Grundsatz "Arbeit statt Almosen". Unter dem Aspekt der christlichen Fürsorge und Erziehung wurde arbeitsfähigen, arbeitslosen Männern in den Arbeiterkolonien Unterkunft und Verpflegung gegen die Verrichtung von Arbeit geboten. (Vgl. Münsterberg/Elster 1911, 568; Krug v. Nidda 1955, 332f.; Bock 1953, 733ff.). 1910 existierten 35 Arbeiterkolonien, die über 4.888 Plätze verfügten (Münsterberg/Elster 1911, 568).
Wanderarbeitsstätten waren im Vergleich zu den Arbeiterkolonien auf eine kürzere Beschäftigungsdauer ausgerichtet. Sie wurden aus der mangelnden Funktionalität der sog. Naturalverpflegungsstationen entwickelt. (Vgl. Krug v.Nidda 1955, 334f.). Preußen erließ am 29.6.1907 ein Wanderarbeitsstättengesetz (PrGS S. 205, abgedruckt in Münsterberg/Elster 1911, 565f.). In Württemberg wurde die Einführung von Wanderarbeitsstätten nicht gesetzlich manifestiert, sondern ein "Verein zur Förderung der Wanderarbeitsstätten" gegründet (Krug v. Nidda 1955, 335f.).

79 Vgl. W. Roscher 1906, 232. Die Arbeitshäuser in Bremen, Lübeck und Nürnberg hatten z.B. bis 1903 keinen Zwangscharakter (siehe Tabelle 3 und Fn. 71).

80 Vgl. Rumpelt 1909, 1055f. und Rumpelt/Luppe 1923, 744f.

81 Vgl. Kap. II.2.3.2.

82 Buehl 1903, 80f.

83 Siehe die tabellarische Zusammenstellung in Buehl 1903, 84-89.

84 Buehl 1903, 79.

85 Buehl 1903, 79.

ähnlich wie in den Korrektionsanstalten zwischen 9 und 12 Stunden täglich.[86]

Die Gewährung von Arbeitsprämien wurde unterschiedlich gehandhabt. In einigen Arbeitshäusern wurde die Leistung der Insassen überhaupt nicht honoriert, z.B. in der Hälfte der sächsischen Bezirksanstalten.[87] Sieben der landesrechtlichen Bestimmungen über den armenpolizeilichen Arbeitszwang sahen vor, daß aus dem Arbeitsverdienst die Kosten der Unterbringung finanziert wurden; ein Überschuß diente zur Unterstützung der Angehörigen und ein eventueller Rest wurde bei der Entlassung ausgezahlt.[88] Teilweise wurde in den Arbeitshäusern auch ein bestimmter Prozentsatz des Arbeitsverdienstes als Prämie zugesprochen.[89]

Zur Aufrechterhaltung des Anstaltsbetriebes wurden Disziplinarstrafen verhängt, die mit denen der strafrechtlichen Arbeitshäuser fast identisch waren: Entziehung der Arbeitsprämie, Sprechverbot, Isolierung bei der Arbeit, Verrichtung von schwerer Arbeit, Versetzung in eine Strafklasse und verschärfter Arrest bei Wasser und Brot.[90] In Sachsen war bis 1921 sogar die Prügelstrafe erlaubt.[91]

1.2 Landesrechtliche Strafvorschriften gegen Arme [92]

Der Empfang von Leistungen nach dem UWG konnte nicht nur zu einer Arbeitshausunterbringung führen, sondern war auch noch mit Rechtsnachteilen verbunden. Bis zur "Novemberrevolution" 1918 enthielten die Wahlgesetze des Reichs und der Länder Bestimmungen, wonach Arme, welche Unterstützungsleistungen erhielten, das aktive und passive Wahlrecht verloren.[93]

---

86 Vgl. Buehl 1903, 63.

87 Vgl. Buehl 1903, 92. – In der Landesverordnung für das Arbeitshaus Güstrow (Meckling-Schwerin) wurde festgelegt, daß der Arbeitsverdienst ausschließlich für die Unterbringung in der Anstalt diente (§ 5).

88 Siehe Hamburg (§ 21); Elsaß-Lothringen (§ 37); Bremen (§ 8); Lübeck (§ 18); Preußen (§ 1 g, vgl. dazu Schlosser 1912, 26f.); Baden (§ 18 h); Bayern (Art. 84).

89 Vgl. Buehl 1903, 90-93.

90 Buehl 1903, 65. Siehe speziell für Sachsen Rumpelt 1909, 1056f. und für Preußen Schlosser 1912, 36f.

91 Rumpelt 1909, 1057; vgl. auch Kap. II.2.3.2, Fn. 139.

92 Mit der Darstellung wird kein Anspruch auf Vollständigkeit erhoben.

93 Vgl. Aschrott 1896, 37ff.; Klumker 1918, 43; Diefenbach 1923, 983; Sachße/Tennstedt 1980, 212f. – § 3 Nr. 3 des Wahlgesetzes für den Reichstag vom 31.5.1869 (BGBl. des Norddeutschen Bundes S. 145; es wurde mit dem 16.5.1871 Reichsgesetz) lautete: "Von der Berechtigung zum Wählen sind ausgeschlossen: Personen, welche eine Armenunterstützung aus öffentlichen oder Gemeinde-Mitteln beziehen, oder im letzten der

Außerdem waren Personen, die sich nicht aus eigenen Kräften "den notdürftigen Lebensunterhalt (...) verschaffen" konnten, in ihrer persönlichen Freiheit eingeschränkt: Die Gemeinden hatten das Recht, in diesem Fall "neu Anziehende" abzuweisen (§ 4 Abs.1 des Gesetzes über die Freizügigkeit).[94] Bettlern und Landstreichern, die innerhalb der letzten 12 Monate wiederholt bestraft worden waren, konnte ebenfalls der Aufenthalt in jedem anderen Bundesstaat verweigert werden (§ 3 Abs.2 des Gesetzes über die Freizügigkeit).[95]

Einige Armen- und Polizeistrafgesetze der Länder enthielten ebenfalls Strafbestimmungen gegen Arme. Bestanden diese Bestimmungen schon vor dem Inkrafttreten des Reichsstrafgesetzbuchs am 1.1.1872, so blieben sie weiterhin in Kraft, wenn sie sich nicht mit dem Regelungsinhalt des Reichsgesetzes deckten (§ 2 EGStGB a.F.).[96] Es sprach eine Vermutung für die Fortdauer von Strafvorschriften, insbesondere in Polizeistrafgesetzen, die bisher schon neben den allgemeinen Landesstrafgesetzbüchern bestanden.[97]

1.2.1 Sachsen

Die sächsische Armenordnung vom 22.10.1840 enthielt in den §§ 119 bis 122 und §§ 126 bis 128 Strafandrohungen gegen verschiedene Formen der Bettelei. Diese Bestimmungen traten durch die Übernahme des Betteltatbestandes in das Reichsstrafgesetzbuch (§§ 361 Nr. 4, 362 StGB a.F.) außer Kraft.[98] Auch war § 31 AO Sachsen insofern aufgehoben, als sich dieser mit dem Regelungsinhalt des § 361 Nr. 7 StGB a.F. deckte, d.h. die Verweigerung der von der Armenbehörde angewiesenen Arbeit unter Strafe stellte.[99]

Jedoch blieben nach Inkrafttreten des Reichsstrafgesetzbuchs einige Strafbestimmungen in der Armenordnung bestehen. Durch § 63 AO Sachsen war die Veräußerung oder Verpfändung der von der Armenbehörde emp-

---

Wahl vorhergegangenen Jahre bezogen haben." Der Ausschluß wurde durch das Reichswahlgesetz vom 30.11.1918 (RGBl. S. 1345) aufgehoben.

94 Vom 1.11.1867, BGBl. des Norddeutschen Bundes S. 55, abgedruckt in Eger 1909, 449ff. und Krech/Baath 1922, 483ff. Vgl. zum Gesetzgebungsverfahren Arnoldt 1872, 40-53.

95 Siehe zum Gesetzgebungsverfahren Arnoldt 1872, 35-40.

96 Siehe Ebermayer/Lobe/Rosenberg 1922, § 2 EGStGB Anm. V. Vgl. Kap. III.1.1 (bei Fn. 36).

97 Ebermayer/Lobe/Rosenberg 1922, § 2 EGStGB Anm. V.4.

98 Siehe Stein, FischersZ 1917, 253.

99 Stein, FischersZ 1917, 254.

fangenen Sachen verboten und wurde mit Gefängnis- oder Handarbeitsstrafe sanktioniert. Auch der "Besuch öffentlicher Vergnügungsorte und überhaupt die Verwendung der empfangenen öffentlichen Unterstützung zu entbehrlichen Genüssen und Ausgaben aller Art" konnte nach § 64 AO Sachsen eine polizeiliche Strafe nach sich ziehen.[100]

1.2.2 Württemberg

Nach dem Polizeistrafrecht Württembergs waren Empfänger/innen von Hilfeleistungen der Armenfürsorge den Sanktionen einer Haftstrafe und des Arbeitszwanges u.a. dann ausgesetzt, wenn sie sich aus "Mutwillen oder Bosheit" hilfsbedürftig machten, sich Mittel erschlichen oder die erhaltene Unterstützung "mißbrauchten oder vergeudeten".[101] Diese Regelung war den §§ 361 Nr. 5 und 7, 362 Abs.1 StGB a.F. nachgebildet. Auf landesrechtlicher Ebene wurden somit ergänzend zum Reichsstrafgesetzbuch bestimmte Verhaltensweisen von Armen kriminalisiert.

Durch Art. 2 der Polizeistrafnovelle vom 12.8.1879[102] wurde der Strafenkatalog noch erweitert, indem generell "der Ungehorsam gegen die von einer Behörde (...) getroffenen (...) Anordnungen" mit Geldstrafe bis zu 100 Mark oder mit Haftstrafe bis zu acht Tagen sanktioniert werden konnte.

1.2.3 Bayern

Das bayerische Armengesetz vom 21.8.1914 enthielt Strafbestimmungen zum Schutz der Armenbehörde: Art. 87 sah, sofern nicht durch andere Vorschriften eine höhere Strafe angedroht war, bei Empfänger/innen öffentlicher Armenunterstützung eine Geldstrafe bis zu 150 Mark oder Haft vor, wenn sie "durch ungeziemendes Benehmen die Achtung" von Mitgliedern der Armenbehörde verletzt hatten oder wenn sie von einem Armenverband empfangene Gegenstände unbefugt veräußerten oder mutwillig unbrauchbar machten. Mit gleicher Strafe wurden nach Art. 88 Personen sanktioniert, welche sich "mutwilligerweise in hilfsbedürftige Lage" brachten und dadurch das Eingreifen der Armenfürsorge notwendig wurde.[103]

---

100 Vgl. Stein, FischersZ 1917, 257.

101 Art. 10 Abs.1 Nr.2 bis 4 des "Gesetzes, betreffend Änderungen des Polizeistrafrechts bei Einführung des Strafgesetzbuchs für das Deutsche Reich" vom 27.12.1871, Regierungs-Blatt für das Königreich Württemberg S. 391. Vgl. auch Diefenbach 1923, 985.

102 Abgedruckt in Lohse 1909, 51 und Schlosser 1912, 60.

103 Art. 87, 88 abgedruckt in Krech/Baath 1922, 85f. – Zum bayerischen Armengesetz vom 29.4.1869 vgl. Sachße/Tennstedt 1980, 213.

2 Die Arbeitshauseinweisung im Fürsorgerecht 1924 bis 1962 – die Beibehaltung des Strafcharakters

Durch die Folgen des Ersten Weltkriegs setzte innerhalb der Armenfürsorge eine neue Entwicklung ein. Einzelne Bereiche der "sozialen Fürsorge" wurden aus dem Armenwesen herausgetrennt; es wurde ein System der Sonderfürsorge für "Familien und Kriegsteilnehmer, Kriegsbeschädigte und Kriegshinterbliebene, Kriegsgefangene und Flüchtlinge, Sozialrentner, Kleinrentner und Erwerbslose" geschaffen.[104]

Mit der Verordnung über die Fürsorgepflicht (RFV) vom 13.2.1924[105] wurde das Armenrecht neu strukturiert. Die sondergesetzlich geregelten Bereiche wurden wieder in ein Gesetz integriert und zugleich Mängel an dem bisher geltenden UWG beseitigt.[106] Noch im selben Jahr ergingen aufgrund von § 6 RFV die Reichsgrundsätze über Voraussetzung, Art und Maß der öffentlichen Fürsorge (RGr.).[107]

Die Verordnung über die Fürsorgepflicht ersetzte das Prinzip des Unterstützungswohnsitzes durch das des "gewöhnlichen Aufenthalts" (vgl. § 7 RFV). Ein Rechtsanspruch auf Fürsorgeleistungen bestand für die Betroffenen wie beim UWG nicht. Ausnahmen existierten lediglich auf dem Gebiet der Kriegsopferfürsorge.[108]

---

104 Schoen 1985, 18f.; ausführlich Sachße/Tennstedt 1988, 88ff. – Die Erwerbslosenfürsorge war in der Verordnung vom 13.11.1918 geregelt und wurde bis 1927 achtzehnmal geändert und viermal neu verkündet, bis sie schließlich durch das am 1.10.1927 in Kraft getretene Gesetz über Arbeitsvermittlung und Arbeitslosenversicherung (AVAVG) in den Bereich der Sozialversicherung überführt wurde. Siehe Sachße/Tennstedt 1988, 94-99; Preller 1978, 363-376.

105 RGBl. I S. 100. Die Verordnung trat am 1.4.1924 in Kraft.

106 Zur Entstehungsgeschichte der RFV siehe Sachße/Tennstedt 1988, 142ff.

107 Vom 4.12.1924, RGBl. I S. 765. Die Grundsätze traten am 1.1.1925 in Kraft.

108 Vgl. Senhold/Schlüsche, ZfF 1974, 99; Schoen 1985, 31.

2.1 *§ 20 RFV* [109] *im Kontext der allgemeinen fürsorgerechtlichen Arbeitspflicht*

Die Arbeitspflicht wurde im Vergleich zum UWG, wonach Art und Maß der öffentlichen Unterstützung den Länderregierungen überlassen worden war, reichsrechtlich geregelt.[110] Abschnitt E der RFV war mit dem Titel "Arbeitspflicht und Unterhaltspflicht" überschrieben.[111] Dort war in § 19 RFV vorgesehen, daß die Unterstützung "durch Anweisung angemessener Arbeit gemeinnütziger Art gewährt" (sog. Fürsorgearbeit) oder "von der Leistung solcher Arbeit abhängig gemacht" werden konnte (sog. Pflichtarbeit).[112] § 19 RFV stand im Zeichen einer "Arbeitsfürsorge"[113] für die Personen-

---

109 § 20 RFV lautete bis zu seiner Aufhebung mit Wirkung vom 1.6.1962 (RGBl. 1924 I S. 100, 104):

(1) Wer obwohl arbeitsfähig infolge seines sittlichen Verschuldens der öffentlichen Fürsorge selbst anheimfällt oder einen Unterhaltsberechtigten anheimfallen läßt, kann von der Verwaltungsbehörde auf Antrag des vorläufig oder endgültig verpflichteten Fürsorgeverbandes oder desjenigen, der dem Fürsorgeverbande die Kosten der Unterstützung zu ersetzen hat, in einer vom Lande als geeignet anerkannten Anstalt oder sonstigen Arbeitseinrichtung untergebracht werden, wenn er Arbeit beharrlich ablehnt oder sich der Unterhaltspflicht beharrlich entzieht.

(2) Als unterhaltsberechtigt im Sinne dieser Vorschrift gilt auch ein nichteheliches Kind demjenigen gegenüber, der in öffentlicher Urkunde sich zur Unterhaltszahlung verpflichtet hat oder rechtskräftig dazu verurteilt ist.

(3) Die Unterbringung ist unzulässig, wenn sie eine außergewöhnliche Härte bedeuten würde; sie darf nicht in einer Strafanstalt erfolgen.

(4) Die Länder können Vorschriften über weitere Voraussetzungen und Dauer der Unterbringung, über die Zuständigkeit und das Verfahren erlassen.

110 Bereits vor dem Ersten Weltkrieg wurde eine einheitliche reichsrechtliche Regelung des armenpolizeilichen Arbeitszwangs u.a. vom Deutschen Verein für Armenpflege und Wohltätigkeit gefordert:
"Der Deutsche Verein erachtet die Überweisung in eine geschlossene Anstalt mit Arbeitszwang im Wege eines gegen Mißbrauch zu schützenden Verwaltungsverfahrens als das geeignete Zwangsmittel gegen Arbeitsscheue (...) und empfiehlt deshalb dringend, daß reichsrechtlich (...) der armenpolizeiliche Arbeitszwang (...) zur Einführung gelange." (Zitiert nach Sperling 1913, 67). – Siehe auch die Abhandlung "Der polizeiliche Arbeitszwang" von Sperling 1913, 67ff., die als Grundlage für ein "Reichsarmengesetz" dienen sollte.

111 Die fürsorgerechtliche Arbeitspflicht wurde zum Teil als besondere Ausgestaltung der nach Art. 163 der Weimarer Reichsverfassung bestehenden "allgemeinen Arbeitspflicht" gesehen. Vgl. Muthesius 1928, 162f.; *a.A.* Schatter 1931, 11; Mertens 1964, 232 m.w.N.

112 Siehe Schatter 1931, 10.

113 Vgl. Schatter 1931, 10; Zeck 1930, 33-36. – Ein umfassender Begriff der "Arbeitsfürsorge" wurde von Link (1927, 35ff.) verwendet. Auf dem 40. Deutschen Fürsorgetag

gruppe, welche einen Anspruch auf Leistungen nach dem Gesetz über Arbeitsvermittlung und Arbeitslosenversicherung[114] noch nicht oder nicht mehr hatte (sog. Wohlfahrtserwerbslose).[115] Bei Ablehnung der Pflichtarbeit konnte die Fürsorgeunterstützung auch in vollem Umfang versagt werden.[116] Während auf diese Weise mittelbar auf eine Arbeitsaufnahme Einfluß genommen wurde, war nach § 20 RFV ein institutionalisierter Arbeitszwang in einer "als geeignet anerkannten Anstalt oder sonstigen Einrichtung" möglich.

§ 7 Abs.1 RGr. erwähnte ausdrücklich den Einsatz der Arbeitskraft: "Jeder Hilfsbedürftige, auch der nicht voll arbeitsfähige, muß seine Arbeitskraft zur Beschaffung des notwendigen Lebensbedarfs (...) einsetzen." Während eine Ansicht in § 7 RGr. eine "Wiederholung" der in § 19 RFV statuierten Arbeitspflicht sah,[117] hat das BVerwG den Einsatz der Arbeitskraft weniger als Pflicht nach § 7 RGr., sondern vielmehr als Voraussetzung der Hilfsbedürftigkeit i.S.d. § 5 RGr. angesehen.[118] § 13 Abs.2 RGr. sah bei "Arbeitsscheu oder offenbar unwirtschaftlichem Verhalten" eine Beschränkung der Hilfe auf "Anstaltspflege" vor.[119] Im Gegensatz zu § 20 RFV konnte nach § 13 RGr. keine zwangsmäßige Unterbringung in einer Anstalt erfolgen.[120]

2.2 *Die Einführung des "sittlichen Verschuldens" als Voraussetzung für den fürsorgerechtlichen Arbeitszwang*

Das verwaltungsrechtliche Verfahren zur Arbeitshausunterbringung nach § 20 RFV konnte gegen "Arbeitsscheue" und "säumige Unterhaltspflich-

---

wurde der Begriff "Arbeitsfürsorge" nicht abschließend geklärt, darunter wohl aber die Aufgabe der Fürsorge für die "Pflege", "Aufrechterhaltung" und "Wiederherstellung" der menschlichen Arbeitskraft verstanden. Vgl. "Arbeitsfürsorge" 1927, 207-209; T. Marx, NDV 1952, 372.

114 Siehe Kap. III.2, Fn. 104.

115 Zeck 1930, 33; Schatter 1931, 7f.

116 BVerwGE 11, 252ff.

117 Schatter 1931, 10.

118 BVerwGE 12, 129 (130); ähnlich auch Baath/Kneip 1937, § 5 RGr. Anm. 1 (S. 345 oben).

119 Nach § 13 Abs.1 RGr. konnten bei "Arbeitsscheu oder offenbar unwirtschaftlichem Verhalten" die Fürsorgeleistungen "auf das zur Fristung des Lebens Unerläßliche" beschränkt werden, aber auch in vollem Umfang versagt werden. Vgl. BVerwGE 12, 129ff.

120 Muthesius 1928, 164; Steigertahl 1938, 29.

tige"[121] eingeleitet werden.[122] Voraussetzungen des Arbeitszwangs bei "Arbeitsscheu" waren die Notwendigkeit des Eingreifens der Armenfürsorge, Arbeitsfähigkeit, beharrliche Ablehnung von Arbeit und sittliches Verschulden.

Arbeitsfähigkeit bedeutete die Fähigkeit, Arbeit zu verrichten, deren Einkünfte geeignet waren, den Lebensbedarf ganz oder teilweise zu dekken.[123] Nach Möglichkeit wurde versucht, die Untergebrachten zu Arbeiten einzusetzen, die ihrer Berufsausbildung entsprachen. Jedoch bestand nach herrschender Ansicht keine Berechtigung, "bei der Auswahl oder Annahme von Arbeit wählerisch oder empfindlich zu sein oder solche etwa als nicht standesgemäß oder unwürdig abzulehnen, wenn (...) die Arbeit nach vernünftigem unvoreingenommenen Ermessen billigerweise zugemutet werden" konnte.[124]

Eine "beharrliche" Ablehnung von Arbeit lag vor, wenn eine zumutbare Tätigkeit wiederholt, d.h. mindestens zweimal angeboten und verweigert worden war.[125]

Bemerkenswert war die Einführung des "sittlichen Verschuldens". Während der Geltung des UWG war immer hervorgehoben worden, daß bei der Formulierung der landesrechtlichen Bestimmungen der armenpolizeiliche Arbeitszwang nicht an ein Verschulden geknüpft werden dürfte, um "jeden Anklang an Schuld und Strafe zu vermeiden".[126] Der Strafcharakter der fürsorgerechtlichen Arbeitshausmaßnahme i.S.d. § 20 RFV kam dagegen ausdrücklich zum Vorschein. Steigertahl sprach in diesem Zusammenhang von "geradezu strafrechtliche(n) Befugnisse(n)" der Verwaltungsbehörden.[127]

Die nach § 20 Abs.4 RFV erlassenen Länderregelungen[128] wiederholten zum Teil den § 20 Abs.1 RFV,[129] wodurch das "Schuldprinzip" und damit der Strafcharakter der Maßnahme nochmals betont wurde.

---

121 Vgl. Kap. III.1.1, Fn. 39.

122 Muthesius 1955, 38; Peterson, NDV 1957, 168.

123 Jehle 1958, § 20 RFV Anm. 3a.

124 Jehle 1958, § 20 RFV Anm. 3a; vgl. auch BVerwG, DÖV 1963, 148 (149).

125 Jehle 1958, § 20 RFV Anm. 3d; "Unterbringung im Arbeitshause", ZfF 1956, 359.

126 Siehe Kap. II.1.1.1, Fn. 45.

127 Steigertahl, MschrKrimBiol. 1937, 131; vgl. auch Jendis 1927, 125.

128 Alle Länder bis auf Waldeck erließen entsprechende Ausführungsbestimmungen. Sie sind z.B. abgedruckt in Baath 1930, 430ff. und Fleischmann/Jaeger/Jehle 1939, 574ff. (Bayern), 988ff. (übrige Länder):
- Preußen: "Preußische AVO zur RFV vom 17.4.1924" (§§ 21-29) (Baath 1930, 430, 455-457);
- Bayern: "Fürsorgegesetz – Bayerisches Ausführungsgesetz zur RFV vom 14.3.1930 –" (Art. 38-45) (Baath 1930, 497, 510f);

Der Begriff des "sittlichen Verschuldens" wurde während der 38jährigen Geltungsdauer des § 20 RFV gleich ausgelegt. Ein sittliches Verschulden wurde insbesondere bei "Arbeitsscheu", "Trunksucht", "Spielsucht", "Verschwendung" oder "geschlechtlicher Ausschreitung mit ihren Folgen" angenommen.[130] Durch die notwendige Kausalität von "arbeitsscheuem" und "unsittlichem, verwerflichem" Lebenswandel und Unterstützungsbedürftigkeit wurde wie schon bei den armenpolizeilichen Länderregelungen i.S.d. § 8 UWG eine gesetzliche Parallelität zu § 361 Nr. 5 und 7 StGB a.F. geschaffen.[131]

- Sachsen: "AVO zum Wohlfahrtsgesetz vom 20.3.1926" (§§ 7-12) (Baath 1930, 547f.);
- Württemberg: "VO des Staatsministeriums zur Ausführung der RFV (Landesfürsorgeverordnung) vom 31.3.1924" (Art. 36-39) (Baath 1930, 568, 575f.);
- Baden: "AVO zur RFV vom 29.3.1924" (§ 22 Abs.2) (Baath 1930, 594, 600);
- Thüringen: "AVO zur RFV vom 20.2.1930" (§§ 17-24) (Baath 1930, 604, 607f.);
- Hessen: "Gesetz zur Ausführung der RFV vom 17.6.1926" (Art. 27-33) (Baath 1930, 613, 620f.);
- Hamburg: "VO zur Ausführung der RFV vom 28.3.1924" (§ 14) (Baath 1930, 623, 625f.);
- Mecklenburg-Schwerin: "AVO vom 3.4.1924 zur RFV i.d.F. vom 21.2.1929" (§§ 10-16) (Baath 1930, 627, 630f.);
- Braunschweig: "Erste AVO zur RFV vom 29.3.1924" (§ 15 Abs.3 nebst weiterer Ausführungsbestimmungen) (Baath 1930, 636, 638f.);
- Oldenburg: "Gesetz über den Freistaat Oldenburg vom 7.7.1924 zur Ausführung der RFV" (§ 14) (Baath 1930, 643, 646);
- Anhalt: "AVO zur RFV vom 20.8.1924" (§§ 34-41) (Baath 1930, 653, 658-660);
- Bremen: "VO zur Ausführung der RFV vom 20.7.1924" (§ 14) (Baath 1930, 667, 669);
- Lippe-Detmold: "Ausführungsgesetz vom 1.3.1926 zur RFV i.d.F. des Abänderungsgesetzes vom 7.5.1928 und des Gesetzes vom 31.10.1929" (§§ 10-13) (Baath 1930, 673, 676f.);
- Lübeck: "Gesetz über die öffentliche Wohlfahrtspflege vom 22.3.1929" (§ 14) (Baath 1930, 683, 688f.);
- Mecklenburg-Strelitz: "AVO vom 27.3.1924 zur RFV" (Art. VIII) (Baath 1930, 694, 696);
- Waldeck: seit 1929 mit Preußen vereinigt (Baath 1930, 701);
- Schaumburg-Lippe: "AVO zur RFV vom 28.5.1924" (§§ 13-20) (Baath 1930, 702, 704-706).

129 Preußen (§ 21), Bayern (Art. 38), Thüringen (§ 17), Anhalt (§ 34), Lübeck (§ 14), Schaumburg-Lippe (§ 13).

130 Sillam, Zs.f.d. Heimatwesen 1925, 329; Jendis 1927, 125; Fleischmann/Jaeger/Jehle 1939, § 20 RFV Anm. 4b; Jehle 1958, § 20 RFV Anm. 3b; Mertens 1964, 211f.

131 Vgl. Kap. III.1.1.1.

Auch in der Festlegung einer bestimmten Unterbringungszeit ähnelten die Länderbestimmungen von Bayern[132], Sachsen[133], Baden[134], Thüringen[135], Hessen[136], Oldenburg[137] und Bremen[138] den strafrechtlichen Vorschriften. Die meisten dieser fürsorgerechtlichen Ausführungsvorschriften sahen bei der ersten Unterbringung eine Dauer bis zu bzw. von einem Jahr vor. Am höchsten war die Unterbringungszeit in Oldenburg; sie dauerte zwei Jahre. Im Wiederholungsfall betrug sie sogar wie in Bayern drei Jahre. Die Unterbringung i.S.d. § 362 StGB a.F. konnte bis zu zwei Jahren betragen.[139] Bei der ab dem 1.1.1934 geltenden Arbeitshausmaßregel i.S.d. § 42 d StGB a.F. war bei erstmaliger Einweisung eine Höchstgrenze von ebenfalls zwei Jahren bestimmt; die wiederholte Unterbringung war dagegen zunächst von unbestimmter Dauer und wurde erst 1953 auf vier Jahre befristet.[140]

Eine Unterbringung war gemäß § 20 Abs.3 RFV bei Vorliegen einer "außergewöhnlichen Härte" ausgeschlossen. Die mit der Einweisung verbundenen Umstände wie "Zwang, Übel, Bloßstellung" u.s.w. mußten hinge-

---

132 Art. 38 Abs.2 bayerische AVO: "(...) Im Beschluß ist die Dauer der Unterbringung festzusetzen; sie darf bei erstmaliger Unterbringung ein Jahr, bei wiederholter Unterbringung drei Jahre nicht überschreiten." (Baath 1930, 510).

133 § 11 sächsische AVO: "Die Unterbringung kann höchstens auf die Dauer eines Jahres erfolgen." (Baath 1930, 548).

134 § 22 Abs.2 badische AVO verwies auf die davor geltenden Bestimmungen (Baath 1930, 600), d.h. u.a. auf § 18 a des Gesetzes vom 8.7.1914: "(...) der Überwiesene (kann) für die Dauer eines Jahres, jedoch innerhalb dieses Jahres nur für die jeweilige Dauer der Unterstützungsbedürftigkeit" eingewiesen werden. (Krech/Baath 1922, 96). Vgl. auch Kap. III.1.1.1 (bei Fn. 52).

135 § 21 thüringische AVO: "Die Unterbringung darf erstmalig bis zur Dauer von sechs Monaten, im Wiederholungsfalle bis zu einem Jahre verfügt werden." (Baath 1930, 608).

136 Art. 31 hessische AVO: "Die Unterbringung im Verwaltungswege darf erstmalig nicht für längere Zeit als 3 Monate und im Wiederholungsfalle nicht für eine längere Zeit als 1 Jahr angeordnet werden." (Baath 1930, 620).

137 § 14 oldenburgische AVO verwies auf die davor geltenden Bestimmungen (Baath 1930, 646), d.h. u.a. auf auf Art. 10 § 1 des Gesetzes vom 14.3.1870: "(...) ist die Dauer des Verwiesenen in der Zwangsarbeitsanstalt bei ersten Verweisung auf zwei Jahre, bei der zweiten und entfernteren Verweisung auf drei Jahre zu bestimmen." (Schlosser 1912, 66). Vgl. auch Kap. III.1.1.1 (bei. Fn. 52).

138 § 14 bremische AVO verwies auf die davor geltenden Regelungen (Baath 1930, 669), d.h. u.a. auf § 7 des Gesetzes vom 21.1.1911: "Gegen den Willen des in der Arbeitsanstalt Untergebrachten darf die Unterbringung nicht länger als ein Jahr dauern." (Schlosser 1912, 75; Krech/Baath 1922, 117). Vgl. auch Kap. III.1.1.1 (bei Fn. 52).

139 Vgl. Kap. III.1.1.1 (bei Fn. 51).

140 Siehe Kap. II.3.

nommen werden und begründeten keine außergewöhnliche Härte.[141] Durch § 20 Abs.3 RFV wurde auch der Vollzug des Arbeitszwangs in Strafanstalten ausgeschlossen. Fleischmann u.a. wollten auch die strafrechtlichen Arbeitshäuser vom Vollzug ausschließen.[142] Neben den eigentlichen Armenarbeitshäusern konnten auch "Erziehungs- und (Trinker-)Heilanstalten", in denen eine angemessene Beschäftigung möglich war, als Unterbringungsmöglichkeit dienen.[143]

2.3 Die praktische Anwendung von § 20 RFV

Nach dem Ersten Weltkrieg begann die Arbeitsfürsorge im Verhältnis zum Arbeitszwang einen breiteren Raum einzunehmen. Die Verschiebung vom "Zwang" zur "Hilfe" ist u.a. mit der immer größer werdenden Arbeitslosigkeit seit den 1920er Jahren zu erklären. 1926 galt mit 2 Millionen Erwerbslosen als Krisenjahr der Arbeitslosigkeit.[144] 1927 und 1928 sanken die Arbeitslosenzahlen; sie blieben aber immer über 1 Million.[145] Die Arbeitslosigkeit stieg dann in den Wintern 1928/29 bis über 2,5 Millionen, 1929/30 auf 3, 1930/31 auf knapp 5 und 1931/32 bis auf über 6 Millionen.[146] Armut galt nicht mehr wie noch im 19. Jahrhundert primär als individuelle Schuld der Armen,[147] sondern wurde im Zuge der "Proletarisierung" (auch) als Ergebnis des kapitalistischen Wirtschaftssystems betrachtet.[148]

Die Entwicklung zur Arbeitsfürsorge wurde auch durch die auf dem 40. Deutschen Fürsorgetag vom 23. bis 25.5.1927 behandelten Themen sichtbar.[149]

---

141 Jehle 1958, § 20 RFV Anm. 3e.

142 Fleischmann/Jaeger/Jehle 1939, § 20 Anm. 8. Vgl. aber Kap. II.4.1.

143 Fleischmann/Jaeger/Jehle 1939, § 20 Anm. 8.– So ausdrücklich bestimmt in Preußen, Bayern, Thüringen, Braunschweig, Anhalt, Lippe-Detmold und Schaumburg-Lippe. Über die Hälfte der landesrechtlichen Vorschriften enthielt außerdem Tatbestände, nach denen eine Arbeitshausunterbringung nicht erfolgen konnte, z.B. bei nur vorübergehender Hilfsbedürftigkeit, bei fehlender Arbeits- und Erwerbsfähigkeit, bei Überschreiten von Altersgrenzen,bei erheblichen Nachteilen für das Fortkommen der Untergebrachten.

144 Vgl. Sachße/Tennstedt 1988, 75.

145 Sachße/Tennstedt 1988, 75; Preller 1978, 394.

146 Preller 1978, 394; siehe auch Schatter 1931, 8, Fn.l.

147 Siehe Siehe Kap. II.1 (bei Fn. 27).

148 Vgl. D. Schäfer 1966, 46ff. (53). – Auf die zahlreiche Literatur zur "Arbeiterfrage" kann hier nicht eingegangen werden.

149 Die Berichte sind veröffentlicht in "Arbeitsfürsorge" 1927. Schwerpunktmäßig wurden drei Themenkomplexe behandelt: "Arbeitsfürsorge für Arbeitsfähige und Erwerbsbeschränkte", "Berufsfürsorge für berufsschwache und erwerbslose Jugendliche" und

Dennoch war das Arbeitshaus immer noch ein Mittel zur Lösung des "Asozialenproblems".[150] Im Strafrecht wurde die Beibehaltung trotz der praktischen Mängel konsequent gefordert und zeigte sich letztlich an der Verschärfung durch das "Gewohnheitsverbrechergesetz" vom 24.11.1933.[151] Dagegen wurde die Arbeitshauseinweisung im Fürsorgerecht lediglich als "ultima ratio" betrachtet:

Es "wird (...) in der Regel nur eine kleine Minderzahl von Arbeitslosen sein", bei der "zur Durchführung des Arbeitszwanges geschritten werden" muß.[152]

Die sich im Nationalsozialismus ändernde Auffassung von Arbeit ("nationale Arbeitskraft")[153] führte allerdings in den 1930er Jahren zu einer schärferen Handhabung des Arbeitszwangs i.S.d. § 20 RFV.[154] In der bayerischen Vollzugsvorschrift vom 16.10.1934 zu § 20 RFV war sogar vorgesehen, daß männliche Personen im Alter von mindestens 18 Jahren zur Ausführung des Arbeitszwangs im Konzentrationslager Dachau untergebracht werden konnten (§ 1).[155]

Nach dem Zweiten Weltkrieg hob die amerikanische Militärregierung neben § 42 d StGB a.F.[156] auch die Arbeitshausunterbringung nach § 20

"Die Verwendung der Arbeitskraft in den Anstalten der öffentlichen und freien Wohlfahrtspflege", wobei nicht auf bestimmte Anstaltstypen eingegangen wurde.

150 Innerhalb der Wohlfahrtspflege gab es seit den 1920er Jahren eine Initiative zur Schaffung eines "Bewahrungsgesetzes", um bestimmte "gefährdete" Personengruppen vor der "Verwahrlosung" zu schützen. Unter "Bewahrung" wurde "eine von Fürsorgern, medizinischen und anderen Sachververständigen empfohlende, vom Vormundschaftsgericht angeordnete Freiheitsentziehung im System der Fürsorge mit sozialpädagogischen Zielen verstanden, die vorwiegend dem Wohle des Bewahrten, sekundär auch dem Bedürfnis der Allgemeinheit diente." (Steigertahl, MschrKrim 1955, 9). Vgl. auch Bondy, ZStW 50, 530ff.; Polligkeit-Eiserhardt, NDV 1952. 113ff.: Bock 1953, 86ff.

151 Vgl. Kap. II.3.

152 Link 1927, 41. Vgl. auch "Arbeitszwang ...", BWD 1957, 29.

153 Vgl. Kap. II.3 (bei Fn. 155). – Zur Wohlfahrtspolitik in der NS-Zeit siehe Hansen 1991.

154 Eiserhardt 1938, 31. Detaillierte Praxisberichte liegen, soweit ersichtlich, nicht vor. – Siehe auch zur Behandlung der "Asozialenfrage" während der NS-Zeit Haeckel, DJ 1936, 1724ff. und Tress, BlfGk. 72, 163ff.

155 Vgl. Mallia, Bl.f.ö.F. 1936, 2. Die Vollzugsvorschrift ist abgedruckt in Fleischmann/Jaeger/Jehle 1939, 713f. Siehe auch Kap. II.3, Fn. 154.

156 Vgl. Kap. II.5 (bei Fn. 212).

RFV mit Wirkung vom 1.4.1949 auf.[157] In den übrigen Ländern der Bundesrepublik war § 20 RFV nach Inkrafttreten des Grundgesetzes im Hinblick auf Art. 12 Abs.2 und 3 GG und besonders im Hinblick auf Art. 104 Abs.1 GG nicht mehr angewandt worden.[158] Erst mit dem "Gesetz über das gerichtliche Verfahren bei Freiheitsentziehungen" vom 29.6.1956[159] wurde die Arbeitshauseinweisung im Fürsorgerecht wieder ermöglicht: Gemäß § 17 Abs.1 FEVG wurde § 20 RFV in der amerikanischen Zone wieder in Kraft gesetzt; in § 17 Abs.2 FEVG wurde zudem bestimmt, daß § 20 RFV bis zu einer anderweitigen Regelung als förmliches Gesetz i.S.d. Art. 104 Abs.1 GG galt. Eine Unterbringung konnte nach § 3 FEVG nur noch durch ein Gericht auf Antrag der zuständigen Verwaltungsbehörde und nicht mehr durch die Behörde selbst angeordnet werden. Das FEVG schränkte insofern auch die Kompetenz der Länder ein, in den Ausführungsbestimmungen zu § 20 RFV die Einweisungsdauer zu regeln. Nach § 9 Abs.1 FEVG konnte vom Gericht zunächst eine Höchstdauer von einem Jahr bestimmt werden; vor Ablauf des Jahres war über die Notwendigkeit der Fortdauer der Unterbringung zu entscheiden (§ 9 Abs.2 FEVG).

Die Vertreter der Fürsorgeverbände befürworteten die Wiedereinführung der Arbeitshausunterbringung.[160] § 20 RFV wurde zwar in der Praxis nur eingeschränkt angewendet,[161] dennoch war die "generalpräventive" Funktion weitgehend unbestritten:[162]

"Der inneren Einstellung (...) asozialer Elemente entspricht es von vornherein, daß die Hauptwirkung des Arbeitszwanges schon in seiner gesetzlichen Möglichkeit allein liegt."[163]

Soweit ersichtlich, fehlen bis 1960 Unterbringungs-/Einweisungszahlen für das gesamte Reichs- bzw. Bundesgebiet. In der Literatur sind lediglich

---

157 Durch Gesetz Nr. 14 der Militärregierung. Vgl. H. Klein, DÖV 1956, 488; "Arbeitszwang ...", BWD 1957, 29; Jehle 1958, § 20 RFV Anm. 1. Dies betraf die Länder Bayern, Hessen, Württemberg-Baden und Bremen.

158 Vgl. H. Klein, DÖV 1956, 488; Peterson, NDV 1957, 167; Jehle 1958, § 20 RFV Anm. 1; Mertens 1964, 224f.

159 BGBl. 1956 I S. 599. Es trat am 1.7.1956 in Kraft.

160 Vgl. "Unterbringung im Arbeitshause", ZfF 1956, 358; H. Klein, DÖV 1956, 488; Peterson, NDV 1957, 168.

161 Vgl. Steigertahl, MschrKrim 1955, 11. – Der Arbeitszwang wurde überwiegend bei Unterhaltspflichtverletzungen eingesetzt. Siehe Sillam, Zs.f.d. Heimatwesen 1925, 328; Steigertahl 1938, 29f.; Peterson, NDV 1957, 168.

162 Vgl. Zeck 1930, 14; Steigertahl 1938, 30 und MschrKrimBiol. 1937, 131; Peterson, NDV 1957, 169f.

163 Fleischmann/Jaeger/Jehle 1939, § 20 Anm. 2.

Zahlen über einzelne Länder[164] und Arbeitshäuser[165] erwähnt, wobei zu bedenken ist, daß die Unterbringungen auch in Versorgungsheimen[166] und Wanderarbeitsstätten[167] vollzogen wurden. Für die Jahre 1960, 1961 und 1962 (bis 31.5.) sind bundesweit (ohne die Länder Hamburg und Saarland) insgesamt 80 Verfahren nach § 20 RFV angeordnet worden.[168]

3 Die Übernahme des Instituts des Arbeitshauses in das Bundesozialhilfegesetz

Mit dem Bundessozialhilfegesetz vom 30.6.1961[169] wurde das über 35 Jahre geltende Fürsorgerecht an die damaligen sozialen Verhältnisse angepaßt.[170] In das Gesetz wurde ein Rechtsanspruch auf Sozialhilfe verankert (§ 4 Abs.1 BSHG). Das BVerwG hatte bereits 1954 einen Rechtsanspruch auf Armenfürsorge statuiert.[171] Der Rechtsanspruch korrespondiert(e) mit einer Arbeitsverpflichtung der Hilfesuchenden (§ 18 Abs.1 BSHG).[172] Die im Unterabschnitt 2 des Abschnitts "Hilfe zum Lebensunterhalt" als "Hilfe zur Arbeit" auch heute noch enthaltenen §§ 18 bis 20 BSHG sind die Nachfolge-

---

164 In Hamburg gab es 1948 sechs Zuführungen nach § 20 RFV (Peterson, NDV 1957, 169).

165 Im Arbeits- und Bewahrungshaus Berlin waren 1936 drei Personen nach § 20 RFV eingewiesen, nach § 42 d StGB a.F. dagegen 226 (Haeckel, DJ 1936, 1729).

166 Die Zahl der nach § 20 RFV Untergebrachten betrug in den Hamburger Versorgungsheimen im Jahr 1932 2,3 % (von insgesamt 922 Personen). Siehe Steigertahl, MschrKrimBiol. 1937, 137.

167 In den Wanderhöfen und Wanderarbeitsstätten Bayerns (siehe Kap. III.1.1.2, Fn. 78) betrug der Anteil der nach § 20 RFV Untergebrachten 15,6 % (von insgesamt 948 Personen). Siehe Tress, BlfGk. 72, 195.

168 Prot. Sonderausschuß IV, S. 948 (Anlage 2). – Im Rahmen der Arbeitshausmaßregel i.S.d. § 42 d StGB a.F. erfolgten in den Jahren 1960: 610, 1961: 549 und 1962: 547 Anordnungen (insgesamt 1.706 Anordnungen). Siehe Prot. Sonderausschuß V, S. 432.

169 BGBl. 1961 I S. 815. Das Gesetz ist am 1.6.1962 in Kraft getreten. – In § 153 Abs.2 Nr.2 und Nr.3 BSHG (dieser Fassung) waren die außer Kraft getretenen fürsorgerechtlichen Bestimmungen – RFV und RGr. – ausdrücklich genannt.

170 Vgl. die amtliche Begründung, BT-Drucks. III/1799, S. 31f.; Matthes 1964, 1.

171 BVerwGE 1, 159ff. = NJW 1954, 1541f. – Vor dem BVerwG hatten bereits der Bayerische Gerichtshof und die meisten Oberverwaltungsgerichte in diesem Sinn entschieden. Siehe Matthes 1964, 3, Fn. 7 und Oestreicher, ZfSH 1972, 97f.

172 In der amtlichen Begründung (BT-Drucks. III/1799, S. 33) heißt es: "Dem Rechtsanspruch müssen auch gewisse Verpflichtungen des Hilfesuchenden entsprechen, um so mehr, als die Kosten der Hilfe aus Mitteln der Allgemeinheit aufgebracht werden."

bestimmungen von § 19 RFV und § 7 RGr.[173] Die "Folgen bei Arbeitsscheu und unwirtschaftlichem Verhalten" wurden in Unterabschnitt 4 geregelt: Während § 25 BSHG den "Ausschluß des Anspruchs auf Hilfe" bzw. die "Einschränkung der Hilfe" behandelt(e),[174] regelte § 26 BSHG a.F. die "Unterbringung in einer Arbeitseinrichtung". Die Bundesregierung übernahm die Arbeitshausunterbringung in das BSHG, weil sich die Regelung des § 20 RFV in der Praxis bewährt hatte.[175]

3.1 § 26 BSHG a.F. – die Nachfolgeregelung von § 20 RFV

§ 26 BSHG a.F.[176] entsprach zwar weitgehend dem § 20 RFV,[177] dennoch gab es Unterschiede in einigen wesentlichen Punkten. Der Begriff des "sittli-

---

173 Vgl. Kap. III.2.1. – Die Vorschriften werden an dieser Stelle nicht näher dargestellt, da sie Gegenstand des IV. Kapitels sind.

174 § 25 BSHG besteht in ähnlicher Fassung heute noch und wird wie die Bestimmungen – §§ 18 bis 20 BSHG – in Kapitel IV behandelt.

175 Vgl. BT-Drucks. III/1799, S. 42.

176 § 26 BSHG a.F. lautete (BGBl. I 1961 S. 815, 819):

(1) Weigert sich jemand trotz wiederholter Aufforderung beharrlich, zumutbare Arbeit zu leisten, und ist es deshalb notwendig, ihm oder einem Unterhaltsberechtigten laufende Hilfe zum Lebensunterhalt zu gewähren, so kann seine Unterbringung zur Arbeitsleistung in einer von der zuständigen Landesbehörde als geeignet anerkannten abgeschlossenen Anstalt nach den Bestimmungen des Gesetzes über das gerichtliche Verfahren bei Freiheitsentziehungen vom 29. Juni 1956 (Bundesgesetzbl. I S. 599), geändert durch das Gesetz zur Änderung und Ergänzung kostenrechtlicher Vorschriften vom 26. Juli 1957 (Bundesgesetzbl. I S. 861, 937), angeordnet werden. Er ist vor der Einleitung des gerichtlichen Verfahrens auf die Möglichkeit der gerichtlichen Anordnung schriftlich hinzuweisen. Das Grundrecht der Freiheit der Person nach Artikel 2 Abs.2 Satz 2 des Grundgesetzes wird insoweit eingeschränkt.

(2) Die Unterbringung in einer Anstalt ist nicht zulässig bei Personen unter zwanzig Jahren oder wenn die Anstaltsunterbringung eine außergewöhnliche Härte bedeuten würde.

(3) Während des Aufenthalts in der Anstalt ist auf die Bereitschaft des Untergebrachten hinzuwirken, den Lebensunterhalt für sich und seine Unterhaltsberechtigten durch Arbeit zu beschaffen. In geeigneten Fällen soll die Ausbildung zu einem angemessenen Beruf oder zu einer sonstigen angemessenen Tätigkeit erstrebt werden.

(4) Die Vollstreckung einer Freiheitsstrafe oder einer mit Freiheitsentziehung verbundenen Maßregel der Sicherung und Besserung geht der Unterbringung in einer Anstalt nach Absatz 1 vor.

chen Verschuldens" wurde nicht mehr in das Gesetz übernommen. Auch wenn explizit ein Verschulden nicht mehr als Voraussetzung formuliert worden war, so war eine Unterbringung nach § 26 BSHG a.F. ohne ein schuldhaftes Verhalten nicht möglich.[178] Durch die Nichtaufnahme des Begriffs wurde allerdings auf der formalen Ebene eine moralische Stigmatisierung der Unterzubringenden vermieden.

Im Vergleich zu § 20 RFV konnte die Unterbringung bei Unterhaltspflichtigen nicht schon bei beharrlichem Sichentziehen von der Unterhaltsleistung erfolgen, sondern es war auch hier eine beharrliche Verweigerung zumutbarer Arbeit[179] notwendig.[180] Ferner wurde in § 26 BSHG a.F. ein Vorbehalt landesrechtlicher Vorschriften i.S.d. § 20 Abs.4 RFV nicht übernommen.

Nach § 26 Abs.1 S.2 BSHG a.F. mußten die Betroffenen auf die Möglichkeit der gerichtlichen Unterbringungsanordnung schriftlich hingewiesen werden.[181] Dieser schriftliche Hinweis war nach § 20 RFV nicht erforderlich, jedoch legten die Länder Hessen, Mecklenburg-Schwerin, Braunschweig und Lippe-Detmold in ihren Ausführungsbestimmungen eine schriftliche "Verwarnung" mit dem Hinweis auf das "sittliche Verschulden" und dessen Folgen entweder als Soll- oder Mußvorschrift fest.[182] Neu war gegenüber § 20 RFV die Festsetzung einer Altersgrenze von 20 Jahren in § 26 Abs.2 BSHG a.F. Allerdings bestimmten schon die Länder Bayern und Mecklenburg-Schwerin in den Ausführungsregelungen zu § 20 Abs.4 RFV eine bestimmte Altersgrenze.[183]

In § 26 Abs.3 BSHG a.F. wurde das Ziel der Unterbringung definiert, nämlich auf die Untergebrachten hinzuwirken, sich den Lebensunterhalt durch Arbeit zu beschaffen. Die Vorschrift ähnelte in diesem Punkt der Arbeitshausmaßregel nach § 42 d StGB a.F., während § 20 RFV mit der

---

(Nach Art. XII Nr. 1 des "Gesetzes zur Änderung und Ergänzung des Reichsjugendwohlfahrtsgesetzes vom 11.8.1961 (BGBl. I S. 1193, 1204) wurde in § 26 Abs.2 das Wort "achtzehn" durch das Wort "zwanzig" mit Wirkung vom 1.7.1962 ersetzt.).

177 Mertens 1964, 204; Schellhorn/Jirasek/Seipp 1971, § 26 Anm. II.

178 Mertens 1964, 211; Büsing 1968, 26.

179 Zum Begriff der "zumutbaren Arbeit" in §§ 18 ff. BSHG siehe Kap. IV.1.1.1.

180 Vgl. Baumann 1966, 157; Gottschick/Giese 1970, § 26 Anm. 1.

181 Vgl. dazu Mertens 1964, 215; Gottschick/Giese 1970, § 26 Anm. 2c.

182 Hessen (Art. 28); Mecklenburg-Schwerin (§ 11); Braunschweig (§ 15 mit § 1 der Ausführungsbestimmung); Lippe-Detmold (§ 10 Abs.6). Zu den entsprechenden Ausführungsbestimmungen und deren Fundstellen siehe Kap. III.2.2, Fn. 128.

183 Bayern (Art. 38 Abs.1); Mecklenburg-Schwerin (§ 10 Abs.1). Zu den entsprechenden Ausführungsbestimmungen und deren Fundstellen siehe Kap. III.2.2, Fn. 128.

"korrektionellen Nachhaft" i.S.d. § 362 StGB a.F. übereinstimmte. Bei den zuletzt genannten Instituten war der Unterbringungszweck gesetzlich nicht formuliert.[184]

3.2 Die sozialhilferechtliche und die strafrechtliche Arbeitshausunterbringung im Spannungsverhältnis

Eine Konkurrenzregelung mit den Maßregeln des Strafrechts wurde in § 26 Abs.4 BSHG a.F. getroffen. Nicht nur das Arbeitshaus gemäß § 42 d StGB a.F., sondern auch eine Freiheitsstrafe oder die sonstigen freiheitsentziehenden Maßregeln gingen der Arbeitshausunterbringung nach § 26 BSHG a.F. vor. Die sozialhilferechtliche Unterbringung konnte zwar verhängt, aber nicht vollzogen werden, solange die strafrechtlichen Maßnahmen vollstreckt wurden.[185] Die Vorgängerbestimmungen von § 26 BSHG a.F. enthielten eine derartige Regelung nicht.

§ 26 BSHG a.F. korrespondierte mit den §§ 361 Nr. 5, 42 d StGB a.F.[186] In einem Kommentar zum BSHG wurde ausdrücklich darauf hingewiesen, daß die sozialhilferechtliche Arbeitshauseinweisung keine strafrechtliche Maßnahme wäre.[187] Ebenso könnte ein etwaiger Strafcharakter – dem Wesen der Sozialhilfe entsprechend – nicht im Vordergrund stehen.[188]

Während der Erörterung um die Arbeitshausunterbringung nach § 84 des Entwurfs eines StGB – E 1962 – wurde im Ausschuß für die Strafrechtsreform auch die Ansicht vertreten, das strafrechtliche Arbeitshaus auch wegen der Existenz von § 26 BSHG a.F. abzuschaffen.[189] Dem wurde entgegengehalten, daß § 26 BSHG a.F. erst im Hinblick darauf geschaffen worden wäre, daß auch eine strafrechtliche Unterbringung erfolgen könnte.[190]

Eine bemerkenswerte weitere Entwicklung zeichnete sich ab. Für die Aufhebung der strafrechtlichen Arbeitshausmaßregel im Jahr 1969 war u.a. entscheidend, daß das BVerfG die Anstalts- und Heimunterbringung nach

---

184 Vgl. Kap. II.3.1 (bei Fn. 161).

185 Vgl. Baumann 1966, 157; Jehle 1968, § 26 Anm. 9.

186 Vgl. Müller/Preiser, ZStW 79, 308; Baumann 1966, 76, 157. – Siehe auch für § 84 des Entwurfs eines StGB – E 1962 (Kap. II.5, bei Fn. 229) Prot. Sonderausschuß IV, S. 365, 473 und V, S. 439.

187 Schellhorn/Jirasek/Seipp 1971, § 26 Anm. III.6.

188 Schellhorn/Jirasek/Seipp 1971, § 26 Anm. I.

189 Prot. Sonderausschuß IV, S. 361, 367, 467, 473f., 944; V, S. 436, 443. Vgl. auch Noll, ZStW 76, 714; Baumann 1966, 76; Müller/Preiser, ZStW 79, 307.

190 Prot. Sonderausschuß IV, S. 576f.; Müller/Preiser, ZStW 79, 38.

§ 73 Abs.2 und 3 BSHG a.F. für verfassungswidrig erklärte.[191] Das BVerfG führte aus, daß die Freiheit der Person ein so hohes Rechtsgut wäre, so daß sie nur aus ganz besonders gewichtigen Gründen eingeschränkt werden dürfte. Gewichtige Gründe, die eine zwangsweise Unterbringung rechtfertigten, sah das BVerfG in dem "Schutz der Allgemeinheit" und dem "Schutz des Betroffenen". Ein alleiniger Zweck zur "Besserung der Betroffenen" wurde vom BVerfG nicht anerkannt.[192] Im Gegensatz dazu hatte das BVerfG die Unterbringung nach § 26 Abs.1 BSHG a.F. durch Beschluß vom 15. Dezember 1970 für verfassungskonform erklärt.[193] Allerdings betraf die Entscheidung den Fall, daß durch "beharrliche" Arbeitsverweigerung des Betroffenen an die unterhaltsberechtigten Familienangehörigen laufende Hilfe zum Lebensunterhalt gezahlt werden mußte. Das BVerfG begründete die Entscheidung wie folgt:

"Die Unterbringung einer Person nach § 26 Abs.1 BSHG dient (...), jedenfalls soweit Hilfe zum Lebensunterhalt an ihre Unterhaltsberechtigten geleistet werden muß, dem Schutz der Allgemeinheit. Denn wenn ein Familienvater sich beharrlich weigert zu arbeiten und deshalb seine unterhaltsberechtigten Familienangehörigen aus öffentlichen Mitteln unterstützt werden müssen, so wird die Allgemeinheit mit vermeidbaren Kosten belastet."[194]

Die Argumentation des BVerfG ist wenig stichhaltig, da durch die Arbeitshauseinweisung die Allgemeinheit nicht ohne weiteres vor den Sozialhilfeausgaben geschützt werden konnte. Denn in den meisten Fällen konnten durch die Arbeitsleistungen der Eingewiesenen nur die Unterbringungskosten gedeckt werden, die Kosten für die Hilfe zum Lebensunterhalt der Angehörigen dagegen nicht oder nur zu einem geringen Teil. Letztlich mußte die Unterbringung auf eine "Besserung" der Betroffenen zielen, damit ein Erfolg, d.h. der Schutz der Allgemeinheit vor finanziellen Belastungen, eintreten konnte.[195] Wie das BVerfG bei alleinstehenden "Arbeitsscheuen" entschieden hätte, muß offen bleiben.

---

[191] BVerfGE 22, 180 (218ff.); vgl. dazu Preiser, ZStW 80, 582ff; "Aktuelle Probleme der Gefährdetenhilfe", NDV 1969, 45-47. – § 73 BSHG a.F. wurde als Vorstoß in Richtung des seit den 1920er Jahren geforderten "Bewahrungsgesetzes" gesehen (vgl. Ehrhardt 1977, 395; siehe Kap. III.2.3, Fn. 150). Siehe auch Kap. II.5 (bei Fn. 233).

[192] BVerfGE 22, 180 (219f.).

[193] BVerfGE 30, 47ff. = NJW 1971, 419 = DÖV 1971, 129f. = NDV 1971, 78f. – Von § 73 BSHG a.F. (Unterbringung von "Gefährdeten") wurde ein anderer Personenkreis als von § 26 BSHG a.F. (Unterbringung von "Arbeitsscheuen") erfaßt (amtliche Begründung, BT-Drucks. III/1799, S. 51). Siehe zur Unterscheidung auch Baumann 1966, 159 und Gottschick 1966, § 73 Anm. 6-10.

[194] BVerfGE 30, 47 (53).

[195] Vgl. "Abschaffung ...", NDV 1970, 100f.

Auch in der Literatur wurde die Unterbringung nach § 26 BSHG a.F. überwiegend für verfassungskonform gehalten.[196] Vereinzelt war zwischen alleinstehenden "Arbeitsscheuen" und unterhaltssäumigen "Arbeitsscheuen" unterschieden und nur die Einweisung der Unterhaltssäumigen mit der Verfassung vereinbar gehalten worden.[197]

3.3 Die Aufhebung von § 26 BSHG a.F.

Die gerichtlichen Anordnungen[198] nach § 26 BSHG a.F. waren gering.[199] Die Unterbringung wurde in der Zeit vom 1.6.1962 bis zum 1.7.1964 in 52 Fällen angeordnet.[200] Als Grund für die seltene praktische Anwendung wurden u.a. die Unterbringungskosten gesehen.[201] § 26 BSHG a.F. hatte zwar wie § 20 RFV eine gewisse "generalpräventive" Wirkung,[202] wurde aber auch wegen der mangelnden Unterbringungsmöglichkeiten als "Papierregelung" bezeichnet.[203]

§ 26 BSHG a.F. wurde durch das "Dritte Gesetz zur Änderung des BSHG" vom 25.3.1974 aufgehoben.[204] In der amtlichen Begründung heißt es:

"Es besteht kein Bedürfnis für die Aufrechterhaltung dieser Vorschrift. Einmal sind hierfür geeignete Einrichtungen in den Ländern nicht vorhanden. Ihre Schaffung würde zudem im Hinblick auf die nur geringe Anzahl der Fälle, in denen § 26 zur Anwendung kommen könnte, dem für die Verwaltung maßgebenden Grundsatz der Verhältnismäßigkeit der Mittel nicht entsprechen. Dem für die Aufrechterhaltung der Vorschrift vielfach vorgebrachten Gesichtspunkt, ihr Vorhandensein genüge bereits, den mit ihr erstrebten Erfolg – Aufnahme einer Arbeit – zu erreichen, kann, wenn die

---

196 Siehe Krasney, DÖV 1968, 826 mit Literaturnachweisen in Fn. 1.

197 Mertens 1964, 224-236 = NDV 1965, 127ff.; Büsing 1968, 177-182; vgl. auch "Abschaffung ...", NDV 1970, 100f. Krasney (DÖV 1968, 826ff.) hielt dagegen beide Alternativen des § 26 Abs.1 S.1 BSHG a.F. für nichtig.

198 Gemäß § 3 FEVG; vgl. Kap. III.2.3 (bei Fn. 159).

199 Aufgrund der geringen praktischen Anwendung existieren keine umfangreichen Untersuchungen wie im Strafrecht.

200 Prot. Sonderausschuß IV, S. 948 (Anlage 2).

201 Müller/Preiser, ZStW 79, 308; Schaffstein 1969, 645, Fn. 5.

202 Jehle 1968, § 26 Anm. 2d; Prot. Sonderausschuß IV, S. 467, 577. – Siehe Kap. III.2.3 (bei Fn. 162).

203 Prot. Sonderausschuß IV, S. 473.

204 Art. 1 Nr. 8, BGBl. 1974 I S. 777f. § 26 BSHG a.F. wurde gemäß Art. 3 § 4 mit Wirkung vom 1.4.1974 aufgehoben.

Vorschrift mangels geeigneter Einrichtungen nicht durchführbar ist, keine entscheidende Bedeutung beigemessen werden. Bei dem Vorschlag, § 26 aufzuheben, ist auch berücksichtigt worden, daß für den Bereich des Strafrechts die Unterbringung in einem Arbeitshaus als Maßregel der Sicherung und Besserung entfallen ist."[205]

4 Ergebnisse

Das Arbeitshaus bestand im Fürsorge- bzw. Sozialhilferecht fast zeitgleich als kooperative Institution zum Strafrecht.

Die Disziplinierung bzw. "Sozialisierung" der Personengruppe der "Arbeitsscheuen und Müßiggänger" mittels Arbeit und Arbeitshausunterbringung stand im Spannungsfeld von Strafrecht und Armenrecht.

Die Rechtsgrundlagen für die Errichtung von Armenarbeitshäusern bildeten seit den 1870er Jahren das Gesetz über den Unterstützungswohnsitz (mit den Verordnungen der Länder), seit 1924 die Verordnung über die Fürsorgepflicht und seit 1962 das Bundessozialhilfegesetz.

Im normativen Aufbau wiesen die armenrechtlichen Vorschriften Parallelen zur "korrektionellen Nachhaft" nach § 362 StGB a.F. bzw. zur Maßregel i.S.d. § 42 d StGB a.F. auf. Von den Vorschriften war derselbe Personenkreis betroffen, der auch strafrechtlich mit Haftstrafe und Arbeitshausunterbringung sanktioniert werden konnte:

Etwa zwei Drittel der seit 1870 geltenden Regelungen der Länder über den armenpolizeilichen Arbeitszwang ähnelten den Tatbestandsmerkmalen des § 361 Nr. 5 StGB a.F. ("Spiel, Trunk und Müßiggang") und des § 361 Nr. 7 StGB a.F. ("Arbeitsscheu") i.V.m. § 362 StGB a.F. Um eine Kollision mit dem Reichsrecht zu vermeiden (§ 2 EGStGB a.F.), wurde von der Formulierung eines Verschuldens in den verwaltungsrechtlichen Bestimmungen abgesehen. Jedoch konnten die normativen Voraussetzungen ohne ein "Verschulden" der Unterzubringenden nicht realisiert werden. In einigen Länderregelungen wurde außerdem eine bestimmte Unterbringungsdauer festgelegt, wodurch der Strafcharakter noch manifestiert wurde.

Voraussetzungen für die Einweisung in das fürsorgerechtliche Arbeitshaus nach § 20 RFV waren u.a. die "Arbeitsscheu" und das "sittliche Verschulden". Durch das Erfordernis des "sittlichen Verschuldens" kam der Strafcharakter ausdrücklich zum Vorschein.

In der Nachfolgevorschrift zu § 20 RFV – § 26 BSHG a.F. – entfiel das "sittliche Verschulden" als Voraussetzung für eine Unterbringung wieder.

---

205 BT-Drucks. 7/308, S. 11f. – Vgl. auch Knopp/Fichtner 1974, § 25 Anm. 1.

Zum ersten Mal wurde eine Konkurrenzregelung zum Strafrecht in der Form getroffen, daß eine Freiheitsstrafe und alle Maßregeln der Sicherung und Besserung, d.h. auch § 42 d StGB a.F., der Vollstreckung nach § 26 BSHG a.F. vorgingen.

Eine Kooperation zwischen Strafrecht und Armenrecht fand nicht nur durch den oftmals gemeinsamen Arbeitshausvollzug statt, sondern die gesamte praktische Ausgestaltung der Institute war – jedenfalls bis zum Zweiten Weltkrieg – weitgehend identisch.

Beide Anstaltssysteme kooperierten auch insofern miteinander, als in den Städten, in denen der armenpolizeiliche Arbeitszwang eingeführt wurde, nur noch selten eine strafrechtliche Verfolgung stattfand.

Alle drei armenrechtlichen Arbeitshausinstitute hatten wie das strafrechtliche Arbeitshaus in erster Linie eine Abschreckungswirkung ("generalpräventives" Mittel).

Wie die Korrektionsanstalten hatten die Armenarbeitshäuser – besonders bezogen auf die Länder Sachsen, Württemberg und Oldenburg – bis zum Ersten Weltkrieg ihre Hochphase. Es existierten im Armenrecht während dieser Zeit jedoch nur halb so viele Arbeitshäuser wie im Strafrecht (Armenrecht 1903: 22 Häuser mit ca. 4.200 Insassen/Strafrecht 1911: 48 Häuser mit ca. 10.800 Insassen).

Die fürsorgerechtliche Arbeitshausunterbringung begann sich nach dem Ersten Weltkrieg stärker als die strafrechtliche zurückzuentwickeln. Innerhalb des Armenrechts wurde der Bereich der "Arbeitsfürsorge" stärker in den Vordergrund gestellt.

Nach dem Zweiten Weltkrieg nahm die Bedeutung beider Arbeitshausinstitute aufgrund der veränderten sozialpolitischen Verhältnisse ab. Während für die Abschaffung des Arbeitshauses im Strafrecht u.a. die Entscheidung des BVerfG vom 18.7.1967 hinsichtlich der Anstaltsunterbringung im Rahmen der Gefährdetenhilfe (§ 73 BSHG a.F.) maßgeblich war, wurde das Arbeitshaus im Sozialhilferecht 1974 u.a. auch wegen des Wegfalls der strafrechtlichen Institution aufgehoben.

IV Die Heranziehung zu gemeinnütziger Arbeit nach dem Bundessozialhilfegesetz (§ 19 Abs.2 S.1 2.Alt. BSHG) als strafrechtliche Disziplinierung

Die Heranziehung zur gemeinnützigen Arbeit, bei der lediglich die Hilfe zum Lebensunterhalt und eine Mehraufwandsentschädigung gewährt wird (§ 19 Abs.2 S.1 2.Alt. BSHG)[1], hat sich zu einem wichtigen "ambulanten" Disziplinierungsinstrument bei Massenarbeitslosigkeit entwickelt. Diese Entwicklung wurde durch die Rechtsprechung des BVerwG begünstigt, weil sie die Anwendbarkeit des § 25 Abs.1 BSHG auf § 19 Abs.2 S.1 2.Alt. BSHG bejahte und somit den Sozialhilfeträgern ermöglichte, bei Verweigerung dieser Arbeit die Hilfeleistungen zu kürzen oder zu entziehen. Inzwischen hat der Gesetzgeber die Anwendung des § 25 Abs.1 BSHG auf mehraufwandsentschädigte gemeinnützige Arbeit ausdrücklich normiert.

In diesem Kapitel soll der Frage nachgegangen werden, inwieweit das sozialhilferechtliche Instrumentarium der §§ 19 Abs.2 S.1 2.Alt., 25 Abs.1 BSHG strafrechtliche Tendenzen in sich birgt, d.h. eine Kooperation mit einzelnen Strukturen des Strafrechts stattfindet.

Zunächst erfolgt eine Darstellung der gemeinnützigen Arbeit im Zusammenhang mit den anderen Vorschriften der "Hilfe zur Arbeit" und eine Ausführung zum möglichen Ausschluß der Sozialhilfe nach § 25 Abs.1 BSHG bei Verweigerung der Arbeit i.S.d. § 19 Abs.2 S.1 2.Alt BSHG.

1 Die gemeinnützige Arbeit gemäß § 19 Abs.2 S.1 2.Alt. BSHG im System der "Hilfe zur Arbeit"

Die Heranziehung von Sozialhilfeempfänger/innen zu gemeinnütziger Arbeit ist Teil der sozialhilferechtlichen "Hilfe zur Arbeit" gemäß §§ 18 bis 20 BSHG. Vom Inkrafttreten des BSHG[2], der Zeit des "Wirtschaftswunders"[3], bis Anfang der 1980er Jahre machten die Sozialhilfeträger kaum Gebrauch von der Vorschrift des § 19 BSHG.[4] Dies änderte sich im Zuge der immer größer werdenden Sozialhilfebedürftigkeit.

---

1 Juristisch genau muß es heißen: § 19 Abs.2 S.1 1.Halbsatz 2.Alt. BSHG. Aus Vereinfachungsgründen wird der "Halbsatz" weggelassen.

2 Vgl. Kap. III.3. Das BSHG ist am 1.6.1962 in Kraft getreten.

3 Vgl. Friehe, DuR 1984, 188.

4 Vgl. Hartmann 1984, 1.

Die Sozialhilfeausgaben steigen seit 1980 kontinuierlich stark an. Allein in den Jahren 1970 bis 1982 wuchsen die Kosten von 3,4 Milliarden auf 16,3 Milliarden DM.[5] Arbeitslosigkeit ist die wesentliche Ursache für den Bezug von Sozialhilfeleistungen. Während im Laufe des Jahres 1980 ca. 80.000 Haushalte im Zusammenhang mit Arbeitslosigkeit auf Sozialhilfe angewiesen waren (10 % der Empfänger/innen laufender Hilfe zum Lebensunterhalt), betrug die Zahl der Haushalte im Laufe des Jahres 1988 schon 476.000 (34 %).[6]

Seit 1982/83 wenden die Sozialhilfeträger die Arbeitshilfevorschriften, vornehmlich die gemeinnützige Arbeit i.S.d. § 19 Abs.2 BSHG, verstärkt an.[7] 1983 führten 88 % der Sozialhilfeträger Maßnahmen nach § 19 Abs.2 S.1 2.Alt. BSHG ("Mehraufwandsvariante") durch.[8] Die Varianten, bei denen ein befristetes Arbeitsverhältnis begründet wird (§ 19 Abs.1 und Abs.2 S.1 1.Alt. BSHG), spielten eine untergeordnete Rolle.[9] Eine Untersuchung für das Jahr 1988 ergab jedoch eine Verschiebung zu den Entgeltvarianten. Insgesamt wurden 42.537 Sozialhilfeempfänger/innen in Maßnahmen der "Hilfe zur Arbeit" beschäftigt: 18,2 % nach § 19 Abs.1 BSHG, 35,5 % nach § 19 Abs.2 S.1 1.Alt. BSHG, 40,3 % nach § 19 Abs.2 S.1 2.Alt. BSHG und 6,4 % nach § 20 BSHG.[10] Die Mehrheit (53,7 %) der Sozialhilfeempfänger/innen verfügte 1988 über ein reguläres Arbeitsverhältnis.[11]

Die Arbeitshilfevorschriften und andere sozialhilferechtliche Bestimmungen sind durch Art. 7 des "Gesetzes zur Umsetzung des Föderalen Konsolidierungsprogramms" (FKPG) vom 23.6.1993[12] geändert worden. Das

---

5 Siehe Burdenski 1987, 1.

6 "Arbeitslosigkeit und Sozialhilfebezug", MittAB 1991, 158; vgl. auch Reis 1988, 91ff.

7 Siehe die Berichte über die Fachtagung des Deutschen Vereins vom Dezember 1983 in "Gemeinnützige und zusätzliche Arbeit in der Sozialhilfe" 1984.

8 Hartmann 1984, 27.

9 7 % der Träger führten die Beschäftigungsvariante des § 19 Abs.1 BSHG durch, 9 % die Variante nach § 19 Abs.2 S.1 1.Alt. BSHG. Vgl. Hartmann 1984, 27.

10 BBJ Consult 1990, 11.

11 Zu den Landesprogrammen siehe: für *Hamburg* Tschoepe in "Gemeinnützige und zusätzliche Arbeit ..." 1984, 82ff.; für *Nordrhein-Westfalen* Münder/Hofmann, ZfSH/SGB 1987, 58ff.; für *Hessen* Münder/Dieckmann/Popp, Soziale Arbeit 1986, 178ff.; für *Bremen* Klein/Leibfried/Priester, NDV 1991, 386.

12 BGBl. 1993 I S. 944, 950ff. Art. 7 ist gemäß Art. 43 Abs.1 FKPG am 27.6.1993 in Kraft getreten. – Zwecks Beschleunigung des Gesetzgebungsverfahrens wurden zwei gleichlautende Gesetzentwürfe zum FKPG Anfang März 1993 von den Fraktionen der CDU/CSU und F.D.P. (BT-Drucks. 12/4401) und der Bundesregierung (BR-Drucks. 121/93, später BT-Drucks. 12/4748) in den Bundestag bzw. Bundesrat eingebracht. Vgl. Giese, ZfF 1993, 146 und "Änderungen des Sozialhilferechts ...", info also 3/93, 108.

Leitmotiv dieser Änderungen sind Kosteneinsparungen für die kommunalen Haushalte.[13]

1.1 Die sozialhilferechtliche Arbeitspflicht (§ 18 BSHG)

In § 18 Abs.1 BSHG wird die grundsätzliche Verpflichtung der Hilfsbedürftigen, ihre Arbeitskraft für sich und ihre unterhaltsberechtigten Angehörigen einzusetzen, normiert.[14] Sie wird nur bei der "Hilfe zum Lebensunterhalt" verlangt. Von einer Ausnahme abgesehen (siehe § 67 Abs.4 BSHG), existiert bei der "Hilfe in besonderen Lebenslagen" eine Arbeitspflicht nicht. Das BVerwG ordnet die sozialhilferechtliche Arbeitspflicht als Obliegenheit ein,[15] weil sich die Arbeit nicht unmittelbar erzwingen läßt.[16]

Die in § 18 BSHG formulierte Verpflichtung ist eine Ausprägung des Grundsatzes des Nachrangs der Sozialhilfe nach § 2 Abs.2 BSHG.[17] § 18 BSHG verstärkt zudem die Funktion der "Arbeitshilfe" als Mittel zur Selbsthilfe gemäß § 1 Abs.2 BSHG.[18]

Der Begriff der "Arbeitskraft" i.S.d. § 18 BSHG bedeutet die Fähigkeit zu einer Tätigkeit, die erwerbsmäßig ausgeübt werden kann und in rechtlicher sowie tatsächlicher Hinsicht auch möglich ist.[19] Dies umfaßt die Ausübung unselbständiger und selbständiger Arbeit.[20]

Durch § 18 Abs.2 S.1 BSHG werden die Sozialhilfeträger verpflichtet, darauf hinzuwirken, daß sich die Hilfesuchenden um eine Erwerbstätigkeit auf dem "freien" Arbeitsmarkt bemühen.[21] Die Hinwirkungspflicht beinhaltet sowohl die "Aktivierung des Arbeitswillens" als auch den Hinweis auf mögliche Arbeitsstellen.[22] Können die Hilfesuchenden keine Arbeit finden,

---

13 Vgl. BT-Drucks. 12/4401, S. 47f.; BR-Drucks. 121/93, S. 133ff.

14 Vgl. Gottschick/Giese 1985, § 18 Rz. 2; LPK-BSHG 1991, § 18 Rz. 1.

15 BVerwG, info also 3/90, 167; ebenso OVG Hamburg, NVwZ 1982, 519 (521); Bayerischer VGH, FEVS 35, 98 (101); VG Bremen, ZfF 1982, 63; Schmitt 1992, § 18 Rz. 4. Vgl. weitere Literaturhinweise auch der ablehnenden Meinungen in Jacksch 1991, 76, Fn. 2.

16 Vgl. Schmitt 1992, § 18 Rz. 4; VG Bremen, ZfF 1982, 63.

17 BVerwGE 29, 99 (104) = FEVS 15, 121 (126); Schmitt 1992, § 18 Rz. 4; Oestreicher/Schelter/Kunz 1992, § 18 Rz. 5.

18 Burdenski 1987, 26; LPK-BSHG 1991, § 18 Rz. 1.

19 Knopp/Fichtner 1992, § 18 Rz. 1a; Burdenski 1987, 23; Schulte/Trenk-Hinterberger 1986, 198.

20 Vgl. Gottschick/Giese 1985, § 18 Rz. 2; Schmitt 1992, § 18 Rz. 6.

21 § 18 Abs.2 BSHG wurde durch das FKPG (Fn. 12) modifiziert. Vgl. BT-Drucks. 12/4401, S. 79; BR-Drucks. 121/93, S. 207.

22 Oestreicher/Schelter/Kunz 1992, § 18 Rz. 10; Vgl. auch Burdenski 1987, 27f.

so sind sie gemäß § 18 Abs.2 S.2 BSHG "verpflichtet", eine für sie zumutbare Arbeitsgelegenheit nach § 19 oder § 20 BSHG anzunehmen.[23]

1.1.1 Die Zumutbarkeit der Arbeit oder Arbeitsgelegenheit

Sowohl die Arbeiten auf dem allgemeinen Arbeitsmarkt als auch die Arbeitsgelegenheiten i.S.d. §§ 19, 20 BSHG unterliegen der Zumutbarkeit nach § 18 Abs.3 BSHG.[24]

Das Sozialhilferecht kennt im wesentlichen keinen Berufsschutz wie das Arbeitslosenrecht.[25] Nach § 18 Abs.3 S.5 Nr.1 und 2 BSHG steht der Zumutbarkeit einer Arbeit oder Arbeitsgelegenheit weder eine frühere berufliche Tätigkeit noch die berufliche Ausbildung des/der Hilfesuchenden entgegen. Das heißt, daß zur Überwindung der augenblicklichen Notlage jede mögliche Arbeit angenommen werden muß.[26] Es sind daher Tätigkeiten zumutbar, die einen sozialen Abstieg bedeuten.[27] Es herrscht insoweit kein Akademikerprivileg.[28] Die Gerichte muten den Hilfesuchenden zumeist Aushilfstätigkeiten und Gelegenheitsarbeiten zu.[29]

§ 18 Abs.3 BSHG enthält ebenfalls Kriterien, wann eine Arbeit oder Arbeitsgelegenheit unzumutbar ist. Genannt werden: mangelnde Arbeitsfähigkeit (S. 1)[30], die wesentliche Erschwerung der künftigen Ausübung der bis-

---

23 Obwohl auch § 18 Abs.2 S.2 BSHG durch das FKPG (Fn. 12) geändert wurde, erfolgte ein halbes Jahr später durch Art. 1 des "Zweiten Gesetzes zur Umsetzung des Spar-, Konsolidierungs- und Wachstumsprogramms" vom 21.12.1993 (BGBl. I S. 2374) eine erneute Änderung. Die FKPG-Fassung lautete: "Bei Hilfesuchenden, insbesondere bei jungen Menschen, die keine Arbeit finden können, ist darauf hinzuwirken, daß sie eine Arbeitsgelegenheit nach § 19 oder 20 annehmen."

24 Durch das FKPG (Fn. 12) wurde die "Arbeitsgelegenheit" ausdrücklich in § 18 Abs.3 BSHG aufgenommen. Nach allgemeiner Ansicht galt die Regelung des § 18 Abs.3 BSHG auch schon vor dem Inkrafttreten des FKPG für Maßnahmen nach § 19 und § 20 BSHG. Vgl. Burdenski 1987, 35f.

25 Siehe Kap. IV.3.2 (bei Fn. 210).

26 Schellhorn/Jirasek/Seipp 1993, § 18 Rz. 17; Rudolph, ZfSH/SGB 1989, 138.

27 Vgl. Schulte/Trenk-Hinterberger 1986, 199; Peters-Lange 1992, 68.

28 Hessischer VGH, FEVS 24, 425 (427). Allerdings billigt z.B. das OVG Berlin (FEVS 31, 195f.) Akademiker/innen noch eine Suchphase in ihrem Beruf zu. Ebenso Oestreicher/Schelter/Kunz 1992, § 18 Rz. 14.

29 Vgl. OVG Hamburg, FEVS 41, 417 (419): Tätigkeiten als "Bote, Pförtner, Nachtwächter". – OVG Berlin, FEVS 15, 96 (98): "leichte Maleranstricharbeiten, Karteiarbeiten, Vermessungshilfsarbeiten". – OVG Berlin, FEVS 34, 189 (191): "Nachtportier, Hoteldiener, Küchenhelfer".

30 Vgl. Schellhorn/Jirasek/Seipp 1993, § 18 Rz. 7; Nisch/Reinbacher, ZfS 1989, 43.

herigen überwiegenden Tätigkeit (S. 1)[31], die Gefährdung der geordneten Erziehung eines Kindes (S. 2 und 3)[32], die Pflicht zur Führung eines Haushalts oder zur Pflege naher Angehöriger (S. 4) oder sonstige wichtige Gründe (S. 1)[33].

Der bisherige Lebensmittelpunkt der Sozialhilfeempfänger/innen unterliegt ebenfalls keinem Schutz (§ 18 Abs.3 S.5 Nr.3 BSHG). Ein weiter entfernter Beschäftigungsort ist daher zumutbar. Ortsungebundene Alleinstehende sind verpflichtet, eine Beschäftigung im Geltungsbereich des BSHG anzunehmen.[34] Eingeschränkt werden die Anforderungen an einen Ortswechsel durch das Kriterium des wichtiges Grundes nach § 18 Abs.3 S.1 BSHG. Dazu zählt eine längerdauernde Trennung von der Familie, sofern sie das Wohl der Familie gefährdet.[35]

In den Kontext um die Zumutbarkeit der Tätigkeiten gehören auch die Anforderungen an die Arbeitsbemühungen.[36] Die Rechtsprechung, insbesondere die des BVerwG, stellt hohe Anforderungen an die Erwerbssuche: "Selbsthilfe" besagt auch, daß der Hilfesuchende unabhängig von der sich aus § 18 Abs.2 BSHG ergebenden Verpflichtung des Trägers der Sozialhilfe von sich aus in jeder Richtung aktiv werden muß, bevor er der Allgemeinheit zur Last fällt."[37] Die Sozialhilfeempfänger/innen dürfen sich auf bloßes Warten auf Stellennachweise des Arbeitsamtes nicht beschränken.[38]

---

31 Diese Regelung hat praktisch kaum Relevanz. Vgl. LPK-BSHG 1991, § 18 Rz. 8.

32 Durch das FKPG (Fn. 12) wurde in § 18 Abs.3 BSHG der Satz 3, welcher das Zumutbarkeitskriterium bei der Erziehung eines Kindes näher bestimmt, neu aufgenommen. Vgl. BT Drucks. 12/4401, S. 79; BR-Drucks. 121/93, S. 208.

33 Als wichtige Gründe sind diejenigen Fälle anerkannt, welche nach § 119 Abs.1 AFG (bzw. nach der früheren Vorschrift des § 78 Abs.2 AVAVG) im Arbeitslosenrecht eine Sperrzeit ausschließen: untertarifliche oder ortsunübliche Bezahlung, durch Arbeitskampf freiwerdende, gesetzes-, sittenwidrige oder gesundheitsgefährdende Arbeit. Vgl. LPK-BSHG 1991, § 18 Rz. 9; Schellhorn/Jirasek/Seipp 1993, § 18 Rz. 19. – Zur Anerkennung der Tilgung einer Geldstrafe nach § 40 StGB durch gemeinnützige Arbeit i.S.d. Art. 293 EGStGB als wichtigen Grund siehe Kap. V.3.3.

34 Hessischer VGH, FEVS 24, 425ff.; Knopp/Fichtner 1992, § 18 Rz. 8; Schmitt 1992, § 18 Rz. 13; Oestreicher/Schelter/Kunz 1992, § 18 Rz. 14.

35 Vgl. Peters-Lange 1992, 68.

36 Die Arbeitsbemühungen stellen eine Verpflichtung nach § 18 Abs.1 BSHG dar. Vgl. Burdenski 1987, 24f.

37 BVerwG, unveröffentlichter Beschluß vom 11.6.1986 – 5 ER 264.85 (S. 3).

38 OVG Berlin, FEVS 31, 192 (196). – Ersichtliche Gleichgültigkeit und Uninteressiertheit bei der Arbeitssuche können zum Verlust der Hilfe zum Lebensunterhalt führen (VGH Baden-Württemberg, ZfSH/SGB 1973, 142f.).

1.2 Die Verpflichtung der Sozialhilfeträger zur Schaffung von Arbeitsgelegenheiten (§ 19 BSHG)

Während sich die Hinwirkungspflicht der Sozialhilfeträger i.S.d. § 18 Abs.2 S.1 BSHG auf Arbeiten des allgemeinen Arbeitsmarktes bezieht, sind die nach § 19 BSHG zu schaffenden Arbeitsgelegenheiten mit denen des "freien" Arbeitsmarktes nicht mehr identisch. § 19 BSHG wird als Bestimmung aufgefaßt, die "besondere Maßnahmen" der "Hilfe zur Arbeit" zum Inhalt hat.[39] Hoppensack/Wenzel sprechen kritisch von "administrative(n) Rückstufungen aus der Normalität von Lohnarbeit (...)."[40]

Der Personenkreis, auf den die Vorschrift des § 19 BSHG anwendbar ist, sind diejenigen Hilfesuchenden, die auf dem allgemeinen Arbeitsmarkt, auch mit Hilfe der Bemühungen des Sozialhilfeträgers oder des Arbeitsamtes (vgl. § 18 Abs.2 S.4 BSHG), keine Arbeit finden können.[41]

1.2.1 Der Rahmen des § 19 Abs.1 BSHG

§ 19 Abs.1 BSHG begründet eine "bedingte Verpflichtung" des Sozialhilfeträgers zur Schaffung von Arbeitsgelegenheiten[42] – insbesondere für junge Menschen.[43] Es bleibt dem Träger überlassen, in welcher Form er die Arbeitsmöglichkeiten ausgestaltet. Arbeitgeber können der Sozialhilfeträger selbst oder ein Dritter, wie z.B. Gewerbebetriebe, Wohlfahrtsverbände, juristische Personen des öffentlichen Rechts oder zu diesen Zwecken eingerichtete Betriebe[44], sein.[45] Der Träger der Sozialhilfe kann nach § 19 Abs.1 S.2 BSHG über anteilige Lohnkosten hinaus in begrenztem Umfang allgemeine Regiekosten oder spezielle Personalkosten, vor allem für qualifizierte Anleiter/innen und Betreuer/innen, übernehmen.[46] Die Bestimmung läßt

---

39 Gottschick/Giese 1985, § 19 Rz. 1.

40 Hoppensack/Wenzel 1985, 255ff.

41 Vgl. Schellhorn/Jirasek/Seipp 1993, § 19 Rz. 1; Schulte/Trenk-Hinterberger 1986, 201.

42 Schellhorn/Jirasek/Seipp 1993, § 19 Rz. 3.

43 Durch das FKPG (Fn. 12) wurde die bisherige Regelung durch den Einschub "insbesondere für junge Menschen" erweitert.

44 Ein klassisches Beispiel ist die "Hamburger Arbeit – Beschäftigungsgesellschaft mbH". Siehe dazu den Bericht von Tschoepe in "Gemeinnützige und zusätzliche Arbeit ..." 1984, 82ff.

45 Schmitt 1992, § 19 Rz. 2; Burdenski 1987, 48-52. Zu den verschiedenen Ausgestaltungsmöglichkeiten siehe Trenk-Hinterberger, NDV 1984, 407; Reis, BldW 1991, 213ff.

46 § 19 Abs.1 S.2 BSHG wurde durch das FKPG (Fn. 12) zur Klarstellung eingefügt. Vgl. BT-Drucks. 12/4401, S. 79; BR-Drucks. 121/93, S. 209.

auch die Zahlung von Einarbeitungszuschüssen an gewerbliche Arbeitgeber oder an gemeinnützige Organisationen zu, die Arbeitsgelegenheiten zur Verfügung stellen.[47]

Die Arbeitsgelegenheiten sollen in der Regel nur von vorübergehender Dauer sein und der besseren Integration in das Arbeitsleben dienen (§ 19 Abs.1 S.3 BSHG). Die Arbeiten i.S.d. § 19 Abs.1 BSHG brauchen nicht das Kriterium der Gemeinnützigkeit oder Zusätzlichkeit zu erfüllen.[48] Die einzurichtende Arbeitsgelegenheit erfolgt auf der Grundlage eines privatrechtlichen Arbeitsverhältnisses.[49] Als Arbeitsentgelt ist nach allgemeiner Ansicht das tarifliche Entgelt zu zahlen.[50]

1.2.2 Die gemeinnützige Arbeit in § 19 Abs.2 und 3 BSHG

Die Arbeit i.S.d. § 19 Abs.2 BSHG ist als Unterfall der Regelung des § 19 Abs.1 BSHG anzusehen.[51] Während das Kriterium der "Gemeinnützigkeit" bei dieser Arbeit vorliegen muß, kann nach § 19 Abs.2 S.2 BSHG im Einzelfall von dem Erfordernis der "Zusätzlichkeit" abgesehen werden, wenn dadurch die Eingliederung in das Arbeitsleben gefördert wird oder dies nach den familiären Verhältnissen geboten ist.[52]

Für den Begriff der "Gemeinnützigkeit" werden die Bestimmungen der §§ 52 ff. Abgabenordnung herangezogen. Danach ist eine Arbeit gemeinnützig, wenn durch sie ausschließlich und unmittelbar die Allgemeinheit gefördert wird. Gemeinnützigkeit ist dann nicht mehr gegeben, wenn eine Tätigkeit privatwirtschaftliche Zwecke verfolgt und in Konkurrenz zu privatwirtschaftlich hergestellten Arbeits- oder Dienstleistungserzeugnissen tritt.[53]

"Zusätzlich" sind Arbeiten, die sonst nicht, nicht in diesem Umfang oder nicht zu diesem Zeitpunkt verrichtet werden würden. Das bedeutet, es dür-

---

47 So die Gesetzesbegründung; vgl. BT-Drucks. 12/4401, S. 79; BR-Drucks. 121/93, S. 209.

48 Trenk-Hinterberger, NDV 1984, 405; Münder/Birk 1985, 30.

49 Trenk-Hinterberger, NDV 1984, 405; Burdenski 1987, 46f.; vgl. auch BVerwGE 67, 1 (7).

50 Trenk-Hinterberger, NDV 1984, 412; Münder/Birk 1985, 30; BVerwGE 67, 1 (7).

51 Vgl. Burdenski 1987, 69; Schellhorn/Jirasek/Seipp 1993, § 19 Rz. 7.

52 Satz 2 wurde in § 19 Abs.2 durch das FKPG (Fn. 12) eingefügt. Zur Kritik vgl. "Änderungen des Sozialhilferechts ...", info also 3/93, 114.

53 Münder/Birk 1985, 57; Oestreicher/Schelter/Kunz 1992, § 19 Rz. 7; siehe auch OVG Nordrhein-Westfalen, ZfSH/SGB 1991, 521 (523).

fen keine regulären Aufgaben der öffentlichen Hand mit Arbeiten nach § 19 Abs.2 BSHG abgedeckt werden.[54]

Im Rahmen des § 19 Abs.2 BSHG sind zwei Formen der gemeinnützigen Arbeit möglich. Entweder kann dem/der Sozialhilfeempfänger/in das übliche Arbeitsentgelt (§ 19 Abs.2 S.1 1.Alt. BSHG) oder Hilfe zum Lebensunterhalt zuzüglich einer angemessenen Entschädigung für Mehraufwendungen (§ 19 Abs.2 S.1 2.Alt. BSHG) gewährt werden. Der Sozialhilfeträger entscheidet zwischen beiden Formen nach pflichtgemäßem Ermessen.[55]

Wird die Variante des § 19 Abs.2 S.1 1.Alt BSHG mit der Gewährung des üblichen Arbeitsentgelts gewählt, so liegt nach herrschender Auffassung ein privatrechtliches Arbeitsverhältnis vor, das der Sozialversicherungspflicht unterliegt.[56]

Bei der Wahl der Mehraufwandsvariante i.S.d. § 19 Abs.2 S.1 2.Alt BSHG[57] wird kein Arbeitsverhältnis i.S.d. Arbeitsrechts und kein Beschäftigungsverhältnis i.S.d. gesetzlichen Kranken- und Rentenversicherung begründet (§ 19 Abs.3 BSHG). Lediglich die Vorschriften über den Arbeitsschutz finden Anwendung. Es handelt sich um ein öffentlich-rechtliches Beschäftigungsverhältnis eigener Art.[58]

Auch hilfesuchende Ausländer/innen, denen keine Arbeitserlaubnis nach § 19 AFG erteilt werden kann, können zu gemeinnütziger Arbeit bei Gewährung von Lebensunterhalt und Mehraufwandsentschädigung herangezogen werden (vgl. § 18 Abs.2 S.3 BSHG).[59]

---

54 Vgl. ausführlich Münder/Birk 1985, 57-59; LPK-BSHG 1991, § 19 Rz. 8; Oestreicher/Schelter/Kunz 1992, § 19 Rz. 8; siehe auch OVG Nordrhein-Westfalen, ZfSH/SGB 1991, 521 (523).

55 Schmitt 1992, § 19 Rz. 10; Schellhorn/Jirasek/Seipp 1993, § 19 Rz. 12; Gottschick/Giese 1985, § 19 Rz. 5; LPK BSHG 1991, § 19 Rz. 6.

56 Vgl. Burdenski 1987, 79; Schulte/Trenk-Hinterberger 1986, 202f.; LPK-BSHG 1991, § 19 Rz. 6; Oestreicher/Schelter/Kunz 1992, § 19 Rz. 11; Schellhorn/Jirasek/Seipp 1993, § 19 Rz. 14; Schmitt 1992, § 19 Rz. 13; BVerwG, info also 3/90, 167. – Nach Columbus (ZAR 1982, 151) und Gottschick/Giese (1985, § 19 Rz. 5) soll es sich um ein Vertragsverhältnis öffentlich-rechtlicher Natur handeln. Ebenso das Gutachten des DV, NDV 1985, 89ff.

57 Siehe zu § 19 Abs.2 S.1 2.Alt. BSHG auch Kap. IV.3.2.

58 LPK-BSHG 1991, § 19 Rz. 14; Schmitt 1992, § 19 Rz. 14.

59 Dies betraf insbesondere Asylsuchende, die bis zur Erteilung einer Arbeitserlaubnis seit 1981 eine Wartefrist von zunächst zwei Jahren, ab 1987 eine Frist von fünf Jahren und vom 1.1. bis zum 30.6.1991 eine Frist von einem Jahr erfüllen mußten. Die Wartefristen sind durch das Gesetz vom 21.6.1991 (BGBl. I S. 1306) mit Wirkung vom 1.7.1991 abgeschafft worden. Vgl. BT-Drucks. 12/496, S. 16f.; Schieckel 1992, § 19 Anm. IV.

1.3 Die besonderen Arbeitsgelegenheiten nach § 20 BSHG [60]

Der Sozialhilfeträger kann zur Förderung der Gewöhnung an eine berufliche Tätigkeit oder zur Überprüfung der Arbeitsbereitschaft für eine notwendige Dauer besondere "Maßnahmen" vornehmen. Das Ziel des § 20 BSHG soll nicht die Arbeitsbeschaffung i.S.d. § 19 BSHG, sondern "Beschäftigungstherapie" sein.[61] Es ist auch von dem "besonderen Rehabilitationsaspekt" die Rede.[62]

Bedeutung hat § 20 Abs.1 1.Alt. BSHG jedoch nicht nur bei Personengruppen wie z.B. Nichtseßhaften oder Strafentlassenen,[63] sondern es können auch Frauen nach einer Familienphase gefördert werden.[64]

Im Gegensatz zu den §§ 18, 19 BSHG wird in § 20 BSHG nicht von "Arbeit", sondern von "Tätigkeit oder Maßnahme", die den Betroffenen angeboten werden soll, gesprochen. Damit soll deutlich werden, daß es im Rahmen des § 20 Abs.1 BSHG weniger auf die Herbeiführung eines bestimmten Arbeitserfolges, sondern auf die Hinführung zu einer produktiven Arbeitsleistung ankommt.[65] Die Tätigkeiten oder Maßnahmen müssen nicht gemeinnützig oder zusätzlich sein.[66] Wie im Rahmen des § 19 Abs.2 S.1 2.Alt. BSHG erhalten die Hilfsbedürftigen während dieser Tätigkeiten Hilfe zum Lebensunterhalt zuzüglich einer angemessenen Mehraufwandsentschädigung.[67]

Seit dem 1.11.1993 erhalten Ausländer/innen, die
– eine Aufenthaltsgestattung nach dem Asylverfahrensgesetz besitzen oder
– vollziehbar zur Ausreise verpflichtet sind oder
– Ehegatten oder minderjährige Kinder der beiden erstgenannten Gruppen sind,
keine Leistungen der Sozialhilfe mehr. Für sie gilt das Asylbewerberleistungsgesetz (BGBl. 1993 I S. 1074ff.). – Vgl. Wienand, NZS 1993, 335f.; "Änderungen des Sozialhilferechts ...", info also 3/93, 134f.

60 § 20 BSHG ist durch das FKPG (Fn. 12) im wesentlichen redaktionell überarbeitet worden. Der Begriff "arbeitsentwöhnt" wird nicht mehr verwendet. Vgl. BT-Drucks. 12/4401, S. 80; BR-Drucks. 121/93, S. 210.

61 Knopp/Fichtner 1992, § 20 Rz. 1; vgl. auch Schulte/Trenk-Hinterberger 1986, 212.

62 Schellhorn/Jirasek/Seipp 1993, § 20 Rz. 2.

63 Vgl. LPK-BSHG 1991, § 20 Rz. 1.

64 Vgl. BT-Drucks. 12/4401, S. 80; BR-Drucks. 121/93, S. 210.

65 Gottschick/Giese 1985, § 20, Rz. 2; Schulte/Trenk-Hinterberger 1986, 212; Schmitt 1992, § 20 Rz. 2.

66 Schellhorn/Jirasek/Seipp 1993, § 20 Rz. 5.

67 § 19 Abs.3 BSHG gilt entsprechend.

2 Die Anwendbarkeit des § 25 Abs.1 BSHG bei Verweigerung von gemeinnütziger Arbeit nach § 19 Abs.2 S.1 2.Alt. BSHG

§ 25 BSHG ist ebenfalls durch Art. 7 des "Gesetzes zur Umsetzung des Föderalen Konsolidierungsprogramms" vom 23.6.1993 geändert worden.[68] Die Änderungen haben – auch durch die Einführung der Aufrechnungsmöglichkeit nach § 25 a BSHG – das Instrumentarium des Unterabschnitts 4 des Abschnitts "Hilfe zum Lebensunterhalt" im BSHG verstärkt.

2.1 Der Inhalt des § 25 Abs.1 BSHG

In § 25 Abs.1 BSHG wird die Folge der "unberechtigten" Verweigerung zumutbarer Arbeiten oder Arbeitsgelegenheiten normiert.[69] Während in Absatz 2 des § 25 BSHG die Möglichkeiten der Einschränkung der Hilfe zum Lebensunterhalt bei unwirtschaftlichem Verhalten vorgesehen sind, wird in Absatz 1 bei Arbeitsunwilligkeit die Rechtsfolge des Anspruchsverlustes auf Sozialhilfe festgelegt. Hinter der Regelung verbirgt sich die Überlegung, daß es "bei Arbeitsscheuen (...) sowohl den übrigen Hilfeempfängern gegenüber als auch im Hinblick auf die aus Mitteln der Allgemeinheit aufgebrachten Leistungen nicht zu vertreten (wäre), ihnen die Sozialhilfe ungeschmälert zukommen zu lassen."[70] § 25 Abs.1 BSHG dokumentiert die "repressive, ein "Recht auf Faulheit" negierende Funktion der Sozialhilfe".[71] Die Vorschrift macht den Subsidiaritätsgrundsatz durchsetzbar.[72]

§ 25 BSHG gilt nur für die "Hilfe zum Lebensunterhalt", nicht dagegen für die "Hilfe in besonderen Lebenslagen".[73] Im Bereich der Blindenhilfe existiert jedoch eine ähnliche Regelung (§ 67 Abs.4 BSHG).

§ 25 Abs.1 BSHG wird überwiegend für verfassungskonform gehalten.[74]

---

68 Vgl. Kap. IV.1, Fn. 12.

69 Schellhorn/JirasektSeipp 1993, § 25 Rz. 5.

70 Schellhorn/Jirasek/Seipp 1993, § 25 Rz. 1. Vgl. auch die amtliche Begründung zum BSHG-Entwurf, BT-Drucks. III/1799, S. 33.

71 Faude 1983, 328.

72 Nisch/Reinbacher, ZfS 1989, 44; Oestreicher/Schelter/Kunz 1992, § 25 Rz. 3; vgl. auch BVerwG, Beschluß vom 23.2.1979, SsE IV/ A 18, S. 459 (459a); Schmitt 1992, § 25 Rz. 7.

73 Vgl. Oestreicher/Schelter/Kunz 1992, § 25 Rz. 2.

74 BVerwG, Beschluß vom 23.2.1979, SsE IV/ A 18, S. 459ff.; vgl. den Nichtannahmebeschluß des BVerfG vom 8.7.1982, 1 BvR 735/82, zitiert nach Jacksch 1991, 97; Knopp/Fichtner 1992, § 25 Rz. 3; Schellhorn/Jirasek/Seipp 1993, § 25 Rz. 13; Oestreicher/Schelter/Kunz 1992, § 25 Rz. 9; Schmitt 1992, § 25 Rz. 4; Oetker, DVBl. 1983,

Der Anwendungsbereich des § 25 Abs.1 BSHG bezieht sich sowohl auf die Weigerung, zumutbare Arbeit zu leisten[75] als auch auf die Weigerung, eine zumutbare Arbeitsgelegenheit i.S.d. §§ 19, 20 BSHG anzunehmen.[76]

Die Rechtsfolge des § 25 Abs.1 BSHG tritt jedoch nur bei einer "schuldhaften" Verweigerung ein.[77] Die Ablehnung bezieht sich nur auf "zumutbare" Arbeiten oder Arbeitsgelegenheiten, wobei sich das Kriterium der Zumutbarkeit nach § 18 Abs.3 BSHG richtet.[78]

Als Rechtsfolge der Verweigerung tritt nach dem Wortlaut des Gesetzes ein Anspruchsverlust der Hilfe zum Lebensunterhalt ein.[79] Nach herrschender Meinung verliert der/die Hilfesuchende lediglich den (klagbaren) Anspruch auf Sozialhilfe. Die Versagung der Hilfe zum Lebensunterhalt stellt keine zwangsläufige Folge dar.[80]

§ 25 Abs.1 BSHG ist nach seinem Wortlaut schärfer ausgestaltet als die davor geltenden §§ 19 RFV, 13 Abs.1 RGr.[81] Aber auch nach diesen Vorschriften konnten die Fürsorgeleistungen in vollem Umfang versagt werden.[82]

1178f.; *a.A.* betreffend die Anwendbarkeit von § 25 Abs.1 BSHG auf § 19 Abs.2 S.1 2.Alt. BSHG: Zuleeg, ZAR 1983, 190ff.; Münder/Birk 1985, 34ff.; Friehe, DuR 1984, 192ff.; Jacksch 1991 (Ergebnisse S. 146ff., 201ff., 241ff.).

75 Eine Verweigerung zumutbarer Arbeit liegt z.B. vor:
– wenn die Meldung beim Arbeitsamt als arbeitssuchend abgelehnt wird;
– bei der Ablehnung zumutbarer Erwerbstätigkeiten;
– bei einer ersichtlichen Gleichgültigkeit bei der Arbeitssuche;
– bei einer groben Vernachlässigung des Äußeren und mangelnder Hygiene.
Vgl. Knopp/Fichtner 1992, § 25 Rz. 2; Gottschick/Giese 1985, § 25 Rz. 2.1.

76 Siehe Kap. IV.2.2.

77 Siehe Kap. IV.3.1.2.

78 Gottschick/Giese 1985, § 25 Rz. 3; Schmitt 1992, § 25 Rz. 6; OVG Hamburg, NVwZ 1982, 519 (520); Hessischer VGH, info also 2/87, 90 (91); Bayerischer VGH, FEVS 39, 140 (144).

79 Nach Krahmer (1984, 36) muß die Weigerung wiederholt stattgefunden haben.

80 Vgl. Schellhorn/Jirasek/Seipp 1993, § 25 Rz. 10; Gottschick/Giese 1985, § 25 Rz. 4; *a.A.* Rode (ZfS 1980, 326), der auch ein Verbot der weiteren Hilfegewährung eintreten lassen will. – Siehe ausführlicher Kap. IV.3.1.3 (bei Fn. 144).

81 Vgl. Kap. III.2.1.

82 Vgl. BVerwGE 11, 252ff.; 12, 129ff.

2.2 Gemeinnützige Arbeit und § 25 Abs.1 BSHG

Durch das FKPG ist der Anspruchsverlust der Hilfe zum Lebensunterhalt nach § 25 Abs.1 BSHG ausdrücklich auf "zumutbare Arbeitsgelegenheiten" erweitert worden.[83] Die Neufassung des § 25 Abs.1 BSHG umfaßt damit auch die mehraufwandsentschädigte gemeinnützige Arbeit nach § 19 Abs.2 BSHG.

Über die Anwendbarkeit von § 25 Abs.1 BSHG auf gemeinnützige Arbeiten nach § 19 Abs.2 S.1. 2.Alt. BSHG fand Anfang der 1980er Jahre eine intensive juristische Auseinandersetzung statt.[84] Die geführte Kontroverse entzündete sich am "Arbeitseinsatz" von Asylsuchenden.[85] Das BVerwG legitimierte im Jahr 1983 die Praxis der Sozialhilfeträger, Hilfesuchende zu gemeinnützigen Arbeiten heranzuziehen und bei deren Verweigerung die Hilfe zum Lebensunterhalt zu kürzen oder zu entziehen.[86] Diese Rechtsansicht wurde ebenfalls von den Oberverwaltungsgerichten[87] und eines großen Teils der Literatur[88] geteilt.

---

83 Vgl. BT-Drucks. 12/4401, S. 81; BR-Drucks. 121/93, 214.

84 Umstritten war auch die Anwendbarkeit des § 25 Abs.1 BSHG auf Maßnahmen nach § 20 BSHG. Vgl. Burdenski 1987, 156ff.

85 Vgl. Krahmer, DuR 1982, 412ff.; Binkert, ZfS 1982, 226ff.; Columbus, ZAR 1982, 148ff.; Friehe, NVwZ 1983, 382ff. Siehe auch Kap. IV.1.2.2 (bei Fn. 59).

86 BVerwGE 67, 1ff. = FEVS 32, 265ff.; BVerwGE 68, 91ff. = DÖV 1984, 251f.; BVerwGE 68, 97ff. = DÖV 1984, 249ff. Zur Kritik vgl. Krahmer, ZfSH/SGB 1983, 211ff. – Bereits 1979 hat das BVerwG (SsE IV/ A 18, S. 459ff.) § 19 Abs.2 BSHG im Zusammenhang mit § 25 Abs.1 BSHG für verfassungskonform erklärt und somit die Anwendung (indirekt) gebilligt.

87 OVG Hamburg, NVwZ 1982, 519ff.; VGH Baden-Württemberg, DuR 1982, 451ff.; OVG Berlin, DÖV 1983, 516ff.; OVG Rheinland-Pfalz, ZfSH/SGB 1983, 126ff.; OVG Bremen, ZfSH/SGB 1983, 408; OVG Lüneburg, FEVS 33, 70ff.; Hessischer VGH, info also 2/87, 90ff.; Bayerischer VGH, FEVS 39, 140ff.

88 *Für eine Anwendbarkeit* von § 25 Abs.1 BSHG auf § 19 Abs. 2 S.1 2.Alt. BSHG: Jehle, ZfSH 1969, 466; Giese, ZfF 1982, 272; Columbus, ZAR 1982, 148-153; Oetker, DVBl. 1983, 1175ff.; Schulte 1984, 40 (zweifelnd jedoch bei Asylsuchenden); Gottschick/Giese 1985, § 25 Rz. 2.1; Burdenski 1987, 153-156; Schellhorn/Jirasek/Seipp 1993, § 25 Rz. 5; Oestreicher/Schelter/Kunz 1992, § 25 Rz. 5; Schmitt 1992, § 25 Rz. 6.
Gegen eine Anwendbarkeit:
Binkert, ZfS 1982, 228; Krahmer, ZfSH 1981, 41f.; ders., DuR 1982, 412ff.; ders., ZfSH/SGB 1983, 211ff.; Zuleeg, ZAR 1983, 190ff.; Friehe, NVwZ 1983, 382ff.; ders., DuR 1984, 185ff.; Hoppensack/Wenzel 1985, 262f.; Münder/Birk 1985, 34ff.; Knopp/Fichtner 1992, § 25 Rz. 3a (nur hinsichtlich der Gruppe der Asylsuchenden); Jacksch 1991, 241f.

Argumente, die für eine Anwendbarkeit des § 25 Abs.1 BSHG auf mehraufwandsentschädigte gemeinnützige Arbeit angeführt wurden, waren der Gesetzeswortlaut[89], der "innere Zusammenhang von den §§ 18 und 19 BSHG"[90], die Systematik des Gesetzes[91], die amtliche Begründung zum BSHG-Entwurf aus dem Jahr 1960[92]. Ein Teil der Rechtsprechung und Literatur versuchte die Anwendung auch mit dem Prinzip der "Gegenleistung" zu rechtfertigen: Die Verrichtung von gemeinnütziger Arbeit sei als "Abgeltung" für erhaltene Sozialleistungen zu sehen.[93]

3 Strafrechtliche Tendenzen des Verfahrens nach § 25 Abs.1 BSHG i.V.m. § 19 Abs.2 S.1. 2.Alt. BSHG

§ 25 Abs.1 BSHG soll zunächst mit der Struktur eines Strafgesetzes verglichen werden, und zwar in bezug auf den Rechtsgüterschutzbereich, die Schuldfrage und die Geldstrafe als Sanktionsfolge. Dem schließt sich eine Untersuchung an, inwieweit die gemeinnützige Arbeit nach § 19 Abs.2 S.1 2.Alt. BSHG die "Vergeltung" als Strafzweck verkörpert. In dem darauffolgenden Abschnitt werden die "präventiven" Effekte, die von den §§ 19 Abs.2 S.1 2.Alt., 25 Abs.1 BSHG ausgehen, dargestellt.

3.1 § 25 Abs.1 BSHG als "Strafnorm"

Die herrschende Meinung in Rechtsprechung und Literatur deutet den § 25 Abs.1 BSHG – auch in Verbindung mit § 19 Abs.2 S.1 2.Alt. BSHG – als eine "Hilfenorm".[94]

---

89 Vgl. BVerwGE 67, 1 (4); 68, 91 (93); OVG Hamburg, NVwZ 1982, 519 (521); OVG Rheinland-Pfalz, ZfSH/SGB 1983, 126 (127); OVG Berlin, DÖV 1983, 516 (517); Oetker, DVBl. 1983, 1175.

90 Vgl. BVwerGE 67, 1 (4); Oetker, DVBl. 1983, 1176.

91 Vgl. Columbus, ZAR 1982, 150; OVG Berlin, DÖV 1983, 516 (517); BVerwGE 67, 1 (6); 68, 91 (93f.).

92 BT-Drucks. III/1799, S. 40f.; vgl. BVerwGE 68, 91 (94).

93 Siehe Kap. IV.3.2.

94 Vgl. BVerwGE 29, 99 (105) = FEVS 15, 121 (127); OVG Rheinland-Pfalz, NVwZ 1982, 384f.; OVG Lüneburg, info also 2/87, 92; VGH Baden-Württemberg, DuR 1982, 451 (452); Gottschick/Giese 1985, § 25 Rz. 2.2; Schellhorn/Jirasek/Seipp 1993, § 25 Rz. 2; Oestreicher/Schelter/Kunz 1992, § 25 Rz. 3; Schoch, ZfF 1988, 222f.; F. Roscher, info also 2/92, 61. Weitere Hinweise in Jacksch 1991, 89f.

Das BVerwG hat in seinem Beschluß vom 23.2.1979 der Vorschrift ausdrücklich einen Sanktionscharakter abgesprochen[95] und somit die Rechtsprechung, die den § 25 Abs.1 BSHG als "Hilfenorm" qualifizierte,[96] fortgeschrieben. In dem Urteil vom 10.2.1983 ist das BVerwG von dieser Auffassung etwas abgerückt und hat entschieden, daß in § 25 Abs.1 BSHG auch eine "Sanktionsnorm" zu sehen sei. Das Gericht hat jedoch an der primären Hilfefunktion festgehalten.[97]

Ein Teil der Literatur steht dem § 25 Abs.1 BSHG, insbesondere im Hinblick auf die Anwendbarkeit auf § 19 Abs.2 S.1 2.Alt. BSHG, kritisch gegenüber. § 25 Abs.1 BSHG wird u.a. als "Abschreckungs- und Disziplinierungsinstrument"[98], "Druck- und Zwangsmittel"[99], "Kontrollmöglichkeit"[100], "Armenpolizei"[101] und als "vergeistigtes Arbeitshaus"[102] bezeichnet. Ausdrücklich wird der Vorschrift nur vereinzelt ein Strafcharakter zugesprochen.[103]

---

95 BVerwG, SsE IV/ A 18, S. 459 (459a).

96 Vgl. BVerwGE 29, 99 (105) = FEVS 15, 121 (127).

97 BVerwGE 6, 1 (6).
Für einen Doppelcharakter als Hilfe- und Sanktionsvorschrift:
OVG Hamburg, NVwZ 1982, 519 (520); Hessischer VGH, ZfSH/SGB 1989, 142; Oetker, DVBl. 1983, 1176f.; Schulte/Trenk-Hinterberger 1986, 213; Burdenski 1987, 190f.; Schmitt 1992, § 25 Rz. 8.
Für einen Sanktionscharakter:
OVG Berlin, DÖV 1983, 516 (517); Jehle, ZfSH 1969, 471; Columbus, ZAR 1982, 150-152. Zur Kritik gegen den Einsatz als Sanktionsnorm: Krahmer, ZfSH 1981, 41f.; Hoppensack/Wenzel 1985, 255-263; Friehe, NVwZ 1983, 385; Nöldeke, NDV 1983, 334.

98 Burdenski 1987, 141; Stahlmann 1988, 78; Nisch/Reinbacher, ZfS 1989, 44; Zuleeg, ZAR 1983, 188; Hoppensack/Wenzel 1985, 250.

99 Krahmer, ZfSH 1981, 39, 43; Jacksch 1991, 95.

100 Hoppensack/Wenzel 1985, 250.

101 Barabas/Sachße, KJ 1976, 372f.; Krahmer, ZfSH 1981, 42.

102 Stahlmann 1988, 88.

103 Stolleis, ZSR 1979, 274, Fn. 45; Knopp/Fichtner 1992, § 25 Rz. 3a (jedoch nur, wenn § 25 Abs.1 BSHG auf Asylsuchende angewendet wird); vgl. auch Hartmann 1984, 5 und Stahlmann 1988, 88f. – Ein Strafcharakter wird ausdrücklich abgelehnt von Faude 1983, 331; Schulte/Trenk-Hinterberger 1986, 213; Schellhorn/Jirasek/Seipp 1993, § 25 Rz. 2; Oestreicher/Schelter/Kunz 1992, § 25 Rz. 3.

3.1.1 Die gemeinnützige Arbeit als "geschütztes Rechtsgut" i.S.d. § 25 Abs.1 BSHG

Durch die Anwendbarkeit des § 25 Abs.1 BSHG auf gemeinnützige Arbeit, die mit einer Mehraufwandsentschädigung zuzüglich der Hilfe zum Lebensunterhalt "abgegolten" wird, wird bei deren Verweigerung der Eintritt einer nachteiligen Rechtsfolge, d.h. der Verlust des Sozialhilfeanspruchs, ermöglicht. Die Normkonzeption deutet auf strafrechtliche Konstruktionsprinzipien hin.

Das Strafrecht hat die Funktion eines "staatlichen Steuerungsinstruments",[104] welches das menschliche Zusammenleben "regelt".[105] Die Rechtfertigung der Strafe liegt daher in dem staatlichen Schutzauftrag, in der notwendigen Aufrechterhaltung der Rechtsordnung.[106] Das BVerfG hat dazu festgestellt: "Aufgabe des Strafrechts ist es, die elementaren Werte des Gemeinschaftslebens zu schützen."[107] Strafe läßt sich auch als "Reaktion auf einen Normbruch" definieren; durch die Reaktion wird mitgeteilt, daß an der Norm festgehalten werden soll.[108]

Die spezielle Zielsetzung des Strafrechts ist der Rechtsgüterschutz.[109] Das Rechtsgut ist der Schutzgegenstand der Strafrechtsnorm.[110] Als Rechtsgüter gelten Lebensgüter, Sozialwerte und rechtlich anerkannte Interessen des einzelnen oder der Allgemeinheit, denen aufgrund ihrer besonderen gesellschaftlichen Bedeutung Rechtschutz zuteil wird.[111] Das Strafrecht verwirklicht den Rechtsgüterschutz durch Formulierung von Verhaltensgeboten, bei deren Verletzung Sanktionen eintreten.[112] Es wird jedoch auch die Subsidiarität des Rechtsgüterschutzes betont,[113] wonach Strafe die "ultima ratio der Sozialpolitik" sei.[114]

---

104 Vgl. Stolleis, ZSR 1979, 262f.

105 Vgl. Baumann/Weber 1985, 8.

106 Vgl. Maurach/Zipf 1987, 79; Jescheck 1988, 54; Haffke 1976, 58f.

107 BVerfGE 27, 18 (29).

108 Jakobs 1991, 5.

109 Vgl. Müller-Dietz 1968, 57-61; Baumann/Weber 1985, 9f.; Jakobs 1991, 35ff.

110 Jakobs 1991, 38.

111 Wessels 1992, 2. – Siehe zur unterschiedlichen Definition des Begriffs "Rechtsgut" Jakobs 1991, 39-41.

112 Maurach/Zipf 1987, 80; Müller-Dietz 1968, 111.

113 BVerfGE 32, 98; Roxin, JuS 1966, 382; ders. 1992, 17f.; Baumann/Weber 1985, 29; kritisch Jakobs 1991, 48f.

114 Roxin 1992, 17.

Dem Sozialrecht wird allgemein die Funktion zugesprochen, den "Wechselfällen des Lebens" solidarisch zu begegnen.[115] Die Sozialhilfe ist als Teil des Sozialrechts für individuelle, nicht vorhersehbare Notsituationen konzipiert worden. Diesem Konzept lag die Vorstellung zugrunde, daß allgemeine Lebensrisiken durch die unterschiedlichen Zweige des Sozialversicherungsrechts abgesichert wären.[116] Die Sozialhilfe hat sich jedoch vom "Ausfallbürgen im Ausnahmefall"[117] zu einem wichtigen materiellen Absicherungsinstrument im Zuge hoher Arbeitslosigkeit entwickelt.[118]

Die sozialhilferechtliche Arbeitspflicht kann als "rechtlich anerkanntes Interesse der Allgemeinheit" verstanden werden. Mehraufwandsentschädigte gemeinnützige Arbeit ist Teil der Arbeitspflicht und damit auch "geschütztes Rechtsgut" i.S.d. § 25 Abs.1 BSHG. Bei Verweigerung dieser Arbeit wird den Sozialhilfeträgern die Möglichkeit eröffnet, die Hilfe zum Lebensunterhalt zu entziehen und einer "Überforderung" der Sozialhilfe in Zeiten hoher Arbeitslosigkeit wirksam zu begegnen. Gleichzeitig bewirkt die Erweiterung des Schutzbereichs eine verstärkte Durchsetzung des Ordnungsgefüges des Sozialhilferechts, nämlich der Arbeitspflicht als Ausprägung des Nachranggrundsatzes i.S.d. § 2 BSHG.

Daß auch die Sozialhilfe in ihrer Gesamtheit "geschütztes Rechtsgut" i.S.d. § 25 Abs.1 BSHG ist, verdeutlicht die zum Teil in der Rechtsprechung und Literatur vertretene Auffassung von dem Gegenleistungsverhältnis zwischen gemeinnütziger Arbeit und erhaltener Sozialhilfe.[119] Diese Meinung stellt sich gegen das ursprüngliche Prinzip der Sozialhilfe als "einseitiges Gebenssystem".[120]

3.1.2 Die vorwerfbare Verweigerung gemeinnütziger Arbeit – eine Reflexion des "Schuldprinzips" im Sozialhilferecht

In § 25 Abs.1 BSHG ist ausdrücklich kein Verschulden als Voraussetzung für den Anspruchsverlust formuliert. Nach allgemeiner Auffassung wird jedoch verlangt, daß die Verweigerung der Arbeit schuldhaft sein muß.[121]

---

115 Faude 1983, 7f.

116 Vgl. LPK-BSHG 1991, Einleitung Rz. 12.

117 Krahmer 1984, 9.

118 Vgl. Kap. IV.1 (bei Fn. 5).

119 Siehe Kap. IV.3.2.

120 Vgl. Zacher, DÖV 1970, 6; LPK-BSHG 1991, § 19 Rz. 12; BVerwGE 29, 99 (104) = FEVS 15, 121 (124).; OVG Rheinland Pfalz, ZfSH/SGB 1983, 126 (127).

121 Faude 1983, 330; Schulte/Trenk-Hinterberger 1986, 213; Nisch/Reinbacher, ZfS 1989, 45; Schellhorn/Jirasek/Seipp 1993, § 25 Rz. 26; Gottschick/Giese 1985, § 25 Rz. 2.2; Oestreicher/Schelter/Kunz 1992, § 25 Rz. 7.

Diese Verschuldensprüfung läßt Parallelen zum strafrechtlichen Schuldbegriff deutlich werden.

Der Grundsatz des Strafrechts lautet: "Strafe setzt Schuld voraus."[122] Die rechtsstaatliche Wichtigkeit dokumentiert die Entscheidung des BVerfG vom 25.10.1966, wonach dem Schuldgrundsatz ein verfassungsrechtlicher Rang zukommt.[123] Das Schuldprinzip wird u.a. als "Basis", "Kernstück" oder "heiligstes Prinzip" bezeichnet.[124] Die herrschende Meinung geht von einem normativen Schuldbegriff aus.[125] Schuld[126] wird als "Vorwerfbarkeit" definiert.[127]

Im Anschluß an eine lange juristische Tradition wird der Inhalt der Schuld als ein "Dafür-Können" der Person für die fehlerhafte Willensbildung bestimmt.[128] Der BGH hat dieses "Andershandelnkönnen" wie folgt beurteilt:

"Mit dem Unwerturteil der Schuld wird dem Täter vorgeworfen, daß er sich nicht rechtmäßig verhalten, daß er sich für das Unrecht entschieden hat, obwohl er sich rechtmäßig verhalten, sich für das Recht hätte entscheiden können. Der innere Grund des Schuldvorwurfes liegt darin, daß der Mensch auf freie, verantwortliche, sittliche Selbstbestimmung angelegt und deshalb befähigt ist, sich für das Recht und gegen das Unrecht zu entscheiden (...)."[129]

Der strafrechtliche Schuldbegriff des "Dafür-Könnens" bzw. des "Andershandelnkönnens" spiegelt sich in den sozialhilferechtlichen Definitionen des schuldhaften Verhaltens i.S.d. § 25 Abs.1 BSHG wieder. Treffend ist die Formulierung von Schulte/Trenk-Hinterberger: "Die Arbeitsverweigerung

---

122 BVerfGE 20, 323 (331); BGHSt 2, 194 (200).

123 BVerfGE 20, 323 (331); vgl. auch Maurach/Zipf 1987, 84; Lenckner in Schönke/Schröder 1991, Vorbem §§ 13 ff. Rz. 103.

124 Scheffler 1985, 36. Siehe das strafrechtlich-rechtsphilosophische Grundlagenwerk zum Schuldprinzip von Kaufmann 1976.

125 Vgl. Lenckner in Schönke/Schröder 1991, Vorbem §§ 13ff. Rz. 113; Jescheck 1988, 378. – Zur Entwicklung vom psychologischen zum normativen Schuldgriff siehe Roxin 1992, 537-539.

126 Zur Unterscheidung von Schuldidee, Strafbegründungs- und Strafzumessungsschuld vgl. Lenckner in Schönke/Schröder 1991, Vorbem §§ 13ff. Rz. 107f., 111f; Roxin 1992, 551f.

127 BGHSt 2, 194 (200); Dreher/Tröndle 1993, Vor § 13 Rz. 28; Jescheck 1988, 378. Diese Definition wird von Lenckner (in Schönke/Schröder 1991, Vorbem §§ 13ff. Rz. 114) für zu ungenau gehalten.

128 Roxin 1992, 541; Lenckner in Schönke/Schröder 1991, Vorbem §§ 13ff. Rz. 118. – Zur Kritik vgl. Roxin 1992, 542; Young-Whan Kim 1987, 13ff. – Zu einer an Präventionszwecken der Strafe orientierten Schuldlehre siehe Jakobs 1976; Roxin 1979, 279ff.

129 BGHSt 2, 194 (200). Vgl. auch Kaufmann 1976, 127-130.

ist schuldhaft, wenn der Hilfesuchende sich anders verhalten könnte (...)."[130] In dieselbe Richtung geht auch die Definition von Gottschick/Giese: "Die Arbeitsverweigerung kann (...) dem HS (Hilfesuchenden) nur dann zugerechnet werden, wenn sie zugleich vorwerfbar ist."[131]

Das "Schuldprinzip" tritt nicht nur im Rahmen des § 25 Abs.1 BSHG hervor. Vielmehr geht die Sozialhilfe in ihrer Gesamtheit, wie auch die Armenfürsorge,[132] von der individuellen Zurechnung der Bedürftigkeit aus.[133] Das kommt auch in § 92 a Abs.1 BSHG zum Ausdruck: Die Hilfeempfänger/innen sind zum Kostenersatz verpflichtet, wenn sie die Voraussetzungen für die Sozialhilfegewährung durch vorsätzliches oder grobfahrlässiges Verhalten herbeigeführt haben. Die Sozialhilfe als nachrangiges System "solidarischen Eingestehens" reagiert gegenüber der Selbstverantwortung besonders "sensibel".[134]

Die Sozialhilfe beruht also ähnlich wie das Strafrecht auf dem "Schuldprinzip". Vereinzelt wird die Arbeitspflichtverletzung i.S.d. § 25 Abs.1 BSHG auch als "solidaritätswidriges" Verhalten bezeichnet.[135] Die Verweigerung zumutbarer Arbeit, einschließlich der gemeinnützigen Arbeit, stellt ein Fehlverhalten gegenüber der Solidargemeinschaft dar. Hier zeichnen sich Parallelen zum strafrechtlichen Begriff der Schuld als "rechtlich mißbilligte Gesinnung" ab, wie sie von Gallas begründet worden ist.[136]

Kargl formuliert das kriminalpolitische Interesse am (strafrechtlichen) Schuldvorwurf folgendermaßen: "Als subjektive Zurechnungslehre bewirkt der Schuldgedanke (...) in erster Linie eine Personalisierung des Unrechts mit der Folge, daß dem schwächsten Teil des Ganzen, den vereinzelten Individuen, die unbeabsichtigten und unabsehbaren Wirkungen des ökonomisch-kulturellen Gesamtzusammenhangs angelastet werden."[137] Die Intention des Sozialhilferechts ist ähnlich. Die Ableistung von gemeinnütziger Arbeit i.S.d. § 19 Abs.2 S.1 2.Alt. BSHG, einer Tätigkeit auf abgesenktem sozialem, beruflichem und finanziellem Niveau, gilt auch als Test der Arbeitswilligkeit.[138] "Schuldhaft Unwillige" werden mit einem Unwerturteil

---

[130] Schulte/Trenk-Hinterberger 1986, 213.

[131] Gottschick/Giese 1985, § 25 Rz. 2.2. Vgl. Faude 1983, 330.

[132] Insbesondere durch die Kriminalisierung mittels § 361 StGB a.F. Vgl. Kap. II.1 (bei Fn. 27) und II.2.

[133] Vgl. Stahlmann 1980, 40, 48; Barabas/Sachße, KJ 1976, 372f.

[134] Zacher, ZfS 1983, 177.

[135] Faude 1983, 327ff.; Schulte 1984, 38.

[136] Vgl. Roxin 1992, 542. Diesen Ansatz vertreten Jescheck (1988, 379: "rechtlich fehlerhafte Gesinnung") und Wessels (1992, 114: "rechtlich tadelnswerte Gesinnung").

[137] Kargl 1982, 199.

[138] Vgl. Stahlmann 1980, 52.

belegt. Von einem "menschenunwürdigen Schmarotzertum" ist die Rede,[139] das BVerwG sprach in seiner Entscheidung vom 31.1.1968 sogar von "Kriminellen, Asozialen und Rentenjägern".[140] Das sozialpolitische Interesse am Schuldvorwurf bedeutet, daß dem/der einzelnen Hilfesuchenden die Wirkungen einer mangelnden Arbeitsmarktpolitik angelastet werden sollen.

3.1.3 Die Versagung der Sozialhilfe als "Geldstrafe"

Das Verfahren nach §§ 19 Abs.2 S.1 2.Alt., 25 Abs.1 BSHG beginnt mit der "Aufforderung" oder "Heranziehung" zur gemeinnützigen Arbeit. Ein entsprechendes Schreiben des Sozialhilfeträgers stellt nach herrschender Auffassung einen Verwaltungsakt i.S.d. § 31 SGB X dar,[141] dessen Inhalt hinreichend bestimmt sein muß.[142] Die Heranziehung wird in der Regel mit dem Hinweis verbunden, daß bei der Weigerung, zumutbare Arbeit zu leisten, der Anspruch auf Hilfe zum Lebensunterhalt gemäß § 25 Abs.1 BSHG verloren geht.[143]

Im Fall der Verweigerung von (gemeinnütziger) Arbeit tritt nach dem Gesetz zwar ein Anspruchsverlust ein, jedoch bestand schon bei der Gesetzeskonzeption die Vorstellung, daß die Gewährung von Hilfe nicht schlechthin ausgeschlossen sein sollte.[144] Der Sozialhilfeträger hat seine Entscheidung nach pflichtgemäßem Ermessen zu treffen (vgl. § 39 Abs.1 SGB I).[145] Dabei ist der Grundsatz der Verhältnismäßigkeit der Mittel zu beachten.[146] Dies bedeutet, daß § 25 Abs.1 BSHG nur als "Ultima-ratio-Regelung" in

---

139 Giese, ZfSH 1975, 134.

140 BVerwGE 29, 99 (102) = FEVS 15, 121 (124).

141 BVerwGE 68, 97 (99); OVG Lüneburg, info also 2/87, 92 (93); Hessischer VGH, NDV 1987, 230; VG Schleswig, ZfF 1986, 230; Huber, ZfSH/SGB 1986, 601ff.; Schellhorn/Jirasek/Seipp 1993, § 19 Rz. 21; Gottschick/Giese 1985, § 19 Rz. 6.1; Knopp/Fichtner 1992, § 19 Rz. 6a; Burdenski 1987, 85f.; Jacksch 1991, 78f.; differenzierend Schulte 1984, 34.
Ablehnend: OVG Berlin, ZfSH/SGB 1985, 508 (509); Bayerischer VGH, FEVS 35, 98 (101f.); Friehe, NVwZ 1983, 383; Schmitt 1992, § 19 Rz. 6.

142 Es müssen Angaben über die zu leistende Arbeit, den zeitlichen Umfang und darüber, ob das übliche Arbeitsentgelt oder Sozialhilfe zuzüglich einer Mehraufwandsentschädigung gewährt werden soll, enthalten sein. Vgl. BVerwGE 68, 97 (99f.); Schulte 1984, 34f.; F. Roscher, info also 2/92, 62.

143 Vgl. den Formularbescheid des Landratamtes Alb-Donau-Kreis in info also 2/92, 88; OVG Lüneburg, FEVS 33, 70; Bayerischer VGH, FEVS 35, 98f.; Hessischer VGH, info also 2/87, 90.

144 Amtliche Begründung zum BSHG-Entwurf, BT-Drucks. III/1799, S. 42.

145 Vgl. Schellhorn/Jirasek/Seipp 1993, § 25 Rz. 10; Burdenski 1987, 177, 182.

146 Vgl. BVerwG, FEVS 15, 134 (136).

Betracht kommt.[147] Zunächst muß der Sozialhilfeträger andere, weniger belastende, jedoch ebenso wirksame Möglichkeiten wahrnehmen.[148] Aus dem Verhältnismäßigkeitsprinzip wird abgeleitet, daß vor der gänzlichen Versagung der Hilfe zum Lebensunterhalt i.S.d. § 12 BSHG in der Regel eine stufenweise Kürzung stattfinden muß.[149] Das BVerwG hat eine Kürzung auf das zum Lebensunterhalt Unerläßliche entsprechend § 25 Abs.2 BSHG für zulässig erachtet,[150] was in der Praxis einer Reduzierung bis zu 20 % bzw. 25 % des Regelsatzes (§ 22 BSHG) entspricht.[151] Einige Gerichte akzeptieren sogar Regelsatzkürzungen durch die Sozialhilfeträger um 30 %.[152] Der gänzliche Entzug der Hilfe zum Lebensunterhalt kann nach der Rechtsprechung des BVerwG zeitweise auch in Betracht kommen, wenn dies ein taugliches Mittel ist, mit dem "ein Hilfesuchender zur Selbsthilfe durch Aufnahme von (zumutbarer) Arbeit motiviert werden kann (...)."[153]

Die Versagung der Sozialhilfe verkörpert Grundzüge des Geldstrafensystems nach § 40 StGB.[154]

Die Verhängung der Geldstrafe erfolgt nach dem sog. Tagessatzsystem in einem Zweiphasenprozeß.[155] Gemäß § 40 Abs.1 StGB wird die Anzahl der Tagessätze festgelegt, nach Abs. 2 die Höhe des Tagessatzes.

---

147 Schulte/Trenk-Hinterberger 1986, 214; Krahmer 1984, 32; LPK-BSHG 1991, § 25 Rz. 7; Schellhorn/Jirasek/Seipp 1993, § 25 Rz. 11; Burdenski 1987, 183; *a.A.* Columbus, ZAR 1982, 151f.

148 BVerwG, FEVS 15, 134 (135); Schmitt 1992, § 25 Rz. 8.

149 OVG Lüneburg, FEVS 33, 70 (72); Schmitt 1992, § 25 Rz. 8; Knopp/Fichtner 1992, § 25 Rz. 3; Oetker, DVBl. 1983, 1178; Burdenski 1987, 182f.; Nisch/Reinbacher, ZfS 1989, 46.

150 BVerwGE 67, 1 (6).

151 Vgl. Jacksch 1991, 109; Schmitt 1992, § 25 Rz. 17; Schellhorn/Jirasek/Seipp 1993, § 25 Rz. 28; LPK-BSHG 1991, § 25 Rz. 10.
20 %: VG Bremen, ZfF 1982, 63 (64); OVG Rheinland-Pfalz, ZfSH/SGB 1983, 126 (129); OVG Hamburg, FEVS 41, 417 (421).
25 %: Hessischer VGH, ZfSH/SGB 1989, 142.

152 *30 %:* Hessischer VGH, FEVS 24, 425 (427); Bayerischer VGH, FEVS 35, 98 (101) und FEVS 39, 140 (142).

153 BVerwGE 68, 91 (94); siehe auch die Grundsatzentscheidung in BVerwGE 29, 99 (103) = FEVS 15, 121 (125). – Ein Teil der Literatur will dagegen in jedem Fall das Existenzminimum von 80 % des Regelsatzes erhalten (Schulte/Trenk-Hinterberger 1986, 214f.; Friehe, NVwZ 1983, 387; LPK-BSHG 1991, § 25 Rz. 9 m.w.N.).

154 Die Geldstrafe ist – begründet durch das 1. und 2. StrRG – zur Primärsanktion des Strafrechts geworden (vgl. Fleischer 1983, 1). Der Anteil der Geldstrafen an allen Verurteilungen liegt seit Beginn der 1970er Jahre bei über 80 % (vgl. Fleischer 1983, 1; Dreher/Tröndle 1993, Vor § 40 Rz. 1).

155 Vgl. Maurach/Gössel/Zipf 1989, 507.

Die Zahl der Tagessätze wird aufgrund der allgemeinen Regeln der Strafzumessung i.S.d. § 46 StGB nach dem Unrechts- und Schuldgehalt der Tat und nach präventiven Zwecken ermittelt.[156] Die Mindestzahl beträgt 5 Tagessätze; das Höchstmaß ist, wenn nichts anderes durch das Gesetz bestimmt wird, auf 360 Tagessätze begrenzt (§ 40 Abs.1 S.2 StGB). Bei der Bemessung der Tagessatzzahl bleibt die wirtschaftliche Belastbarkeit der Täter/innen außer Betracht.[157]

Anschließend wird die Höhe des einzelnen Tagessatzes unter der Berücksichtigung der persönlichen und wirtschaftlichen Verhältnisse der Täter/-innen festgelegt (§ 40 Abs.2 S.1 StGB). Auch hier ist ein Mindestbetrag (2 DM) und ein Höchstbetrag (10.000 DM) vorgegeben. Durch Multiplikation von Zahl und Höhe der Tagessätze ergibt sich die Geldstrafenendsumme, welche mit Eintritt der Rechtskraft der Entscheidung fällig wird und in einer Summe zu zahlen ist.[158] Nach § 42 StGB können Zahlungserleichterungen bewilligt werden.

Durch Art. 293 EGStGB (in Verbindung mit den Länderregelungen) besteht außerdem die Möglichkeit, uneinbringliche Geldstrafen durch (strafrechtliche) gemeinnützige Arbeit zu tilgen.[159]

Gesetzgeberisches Ziel der Festlegung der Tagessatzhöhe unter der Berücksichtigung der wirtschaftlichen Situation der Täter/innen ist der "Grundsatz der Opfergleichheit". Dadurch soll sichergestellt werden, "daß für die gleiche Tat dem Wohlverdienenden ein in gleicher Weise spürbarer Verlust wie dem Minderbemittelten zugefügt wird."[160] Grundlage für die Bestimmung der Tagessatzhöhe ist das sog. Nettoeinkommensprinzip, wonach die gesamten – tatsächlichen oder erzielbaren – Nettoeinkünfte zum Ausgangspunkt der Bewertung gemacht werden.[161] Bei der Bemessung der Höhe ist nicht darauf abzustellen, was täglich eingespart werden kann; es werden die Nettoeinkünfte insgesamt umfaßt. Der Gesichtspunkt der Belassung des Existenzminimums ist für die Tagessatzhöhe nicht von Bedeutung.[162] Dem Nettoeinkommensprinzip haftet daher im Verhältnis zu anderen Systemen ("Einbußeprinzip", "Prinzip der Lohnpfändungsfreigrenze", "Eigenaufwandsprinzip") eine Rigorosität an.[163]

---

156 Maurach/Gössel/Zipf 1989, 507; Stree in Schönke/Schröder 1991, § 40 Rz. 2 und 4.

157 Dreher/Tröndle 1993, § 40 Rz. 4.

158 Vgl. Dreher/Tröndle 1993, § 40 Rz. 5; Brandis 1987, 3.

159 Siehe ausführlich Kap. V.1.1.

160 Dreher/Tröndle 1993, § 40 Rz. 5; vgl. auch Brandis 1987, 3, 152f.

161 Vgl. Lackner 1993, Vor § 40 Rz. 2; Dreher/Tröndle 1993, § 40 Rz. 6; ausführlich Brandis 1987.

162 Vgl. Lackner 1993, Vor § 40 Rz. 2; OLG Köln, NJW 1977, 307.

163 Vgl. Fleischer 1983, 18f.; Stree in Schönke/Schröder 1991, § 40 Rz. 8.

Das Strafrecht installiert im Rahmen des Geldstrafensystems – ähnlich wie das Sozialhilferecht – (mittelbar) eine Arbeitspflicht.[164] Denn bei Arbeitslosen, die arbeiten können, aber nicht "wollen", d.h. die Arbeit "verweigern", wird ein potentielles Einkommen zur Bemessung der Geldstrafe festgelegt.[165] Dreher/Tröndle und Stree sprechen in diesem Zusammenhang immer noch von "Arbeitsscheuen".[166]

Die Geldstrafe kann auch gegenüber Sozialhilfeempfänger/innen verhängt werden, da die Hilfeleistungen Nettoeinkommen i.S.d. § 40 Abs.2 StGB sind.[167] Zur Begründung meint Tröndle: "Die Geldstrafe ist nämlich keine öffentliche Last, von der – einer Steuer gleich – der soziale Rechts- und Wohlfahrtsstaat seine minderbemittelten Bürger zu verschonen hätte."[168]

Die Festsetzung der Tagessatzhöhe bereitet bei Sozialhilfeempfänger/-innen, d.h. überhaupt bei einkommensschwachen Personen, Schwierigkeiten.[169] Es wird als Problem angesehen, daß am Existenzminimum Lebende gerade bei der Gestaltung von niedrigen Ratenzahlungen (nach § 42 StGB) unter der Geldstrafe stärker leiden als Normalverdienende.[170] Dennoch soll nach überwiegender Ansicht auch bei diesen Personen nicht grundsätzlich der Mindestsatz von 2 DM festgesetzt werden.[171] Der Tagessatz soll aber "unter dem Dreißigstel des monatlichen Nettoeinkommens" liegen.[172] In der Praxis liegen die Tagessatzhöhen weit über dem Mindestsatz von 2 DM. Eine Untersuchung von Fleischer hat ergeben, daß im Landgerichtsbezirk Gießen

---

164 Siehe zur gemeinnützigen Arbeit als strafrechtliche Sanktion Kap. V.

165 BGH, Urteil vom 12.2.1975 – 3 StR 358/74, zitiert bei Dallinger, MDR 1975, 541; OLG Koblenz, NJW 1976, 1275f.; Leipziger Kommentar-Tröndle 1985, § 40 Rz. 32; Systematischer Kommentar-Horn 1992, § 40 Rz. 10.

166 Dreher/Tröndle 1993, § 40 Rz. 12; Stree in Schönke/Schröder 1991, § 40 Rz. 11.

167 Leipziger Kommentar-Tröndle 1985, § 40 Rz. 32; Stree in Schönke/Schröder 1991, § 40 Rz. 9; Dreher/Tröndle 1993, § 40 Rz. 12; Lackner 1993, § 40 Rz. 7; OLG Köln, NJW 1977, 307f.; OLG Düsseldorf, NStZ 1987, 556. – Raten zur Tilgung einer Geldstrafe sind grundsätzlich ohne Einfluß auf die Höhe des sozialhilferechtlichen Bedarfs (OVG Schleswig-Holstein, FEVS 42, 254ff.).

168 Tröndle, MDR 1972, 467; ders. in Leipziger Kommentar 1985, Vor § 40 Rz. 57.

169 Vgl. Grebing 1978, 103, Zipf, ZStW 86, 524f.

170 Leipziger Kommentar-Tröndle 1985, § 40 Rz. 34; Dreher/Tröndle 1993, § 40 Rz. 12; OLG Hamm, NJW 1980, 2480; vgl. auch Stree in Schönke/Schröder 1991, § 40 Rz. 8.

171 Dreher/Tröndle 1993, § 40 Rz. 12; Leipziger Kommentar-Tröndle 1985, § 40 Rz. 34, 57; OLG Hamburg, NJW 1978, 551 mit zustimmender Anmerkung Nauke, NJW 1978, 1171; so aber D. Meyer, NJW 1977, 724 und Systematischer Kommentar-Horn 1992, § 40 Rz. 9; weitgehend auch OLG Köln, NJW 1977, 307 und Grebing 1978, 107f.

172 Dreher/Tröndle, 1993, § 40 Rz. 12; Leipziger Kommentar-Tröndle 1985, § 40 Rz. 34; OLG Köln, NJW 1976, 636 und StV 1993, 365; OLG Hamm, NJW 1980, 2480.

1979 bei Beziehern von Sozialhilfe und Arbeitslosenhilfe Tagessatzhöhen von 10 DM bis 14 DM verhängt worden sind.[173] Da der Sozialhilfebedarf für alleinstehende Hilfeempfänger/innen und Haushaltsvorstände (§ 22 BSHG) in Hessen in dieser Zeit bei 297 DM monatlich lag[174] (zuzüglich etwaiger Unterkunftskosten und Beihilfen), belegt dies die Tendenz einer rigorosen Handhabung des § 40 Abs.2 S.2 StGB auch gegenüber Hilfesuchenden.

Die Kürzungen nach § 25 Abs.1 BSHG bei der Verweigerung gemeinnütziger Arbeit betragen, wie oben dargestellt, 20 bis 30 % des maßgebenden Regelsatzes. Bei einem Eckregelsatz von 508 DM monatlich[175] errechnet sich bei einer Kürzung um 20 % ein Betrag von ca. 102 DM, bei einer Kürzung um 30 % ein Betrag von ca. 152 DM. Werden diese monatlichen Beträge auf das Geldstrafensystem i.S.d. § 40 StGB übertragen, so bedeutet das im ersten Fall eine Anzahl von 6 Tagessätzen (102 DM : 17 DM), im zweiten Fall eine Anzahl von 9 Tagessätzen (152 DM : 17 DM).[176] Eine gänzliche Versagung entspricht einer Anzahl von 30 Tagessätzen.

Entsprechende Tagessätze kommen im Strafrecht beispielsweise bei folgenden Delikten in Frage:

Im Steuerstrafrecht wird bei einer Steuerhinterziehung i.S.d. § 370 Abs.1 Abgabenordnung mit einem Betrag bis zu 2000 DM eine Geldstrafe zwischen 5 bis 10 Tagessätzen verhängt, bei einem Betrag von 2000 bis 5000 DM eine Strafe zwischen 10 bis 30 Tagessätzen.[177] Ein Ladendiebstahl i.S.d. § 242 StGB mit einer Beute zwischen 50 und 100 DM wird bei einer Ersttat mit einer Geldstrafe zwischen 20 und 60 Tagessätzen geahndet,[178] ein Warenbestellungsbetrug i.S.d. § 263 StGB mit einem Schaden von ca. 500 DM bei einer Ersttat mit einer Strafe zwischen 20 bis 40 Tagessätzen.[179]

Der Sozialhilfeentzug und die Geldstrafe haben im wesentlichen dieselben Auswirkungen. In beiden Fällen werden Ressourcen entzogen. Bei der Hil-

---

173 Fleischer 1983, 85f., 213. Dammer (BewHi 1985, 142) und Gerken/Henningsen (ZRP 1987, 389) erwähnen ebenfalls Tagessatzhöhen für Sozialhilfeempfänger/innen von 10 DM. Vgl. auch Albrecht 1980, 214-216.

174 Sog. Eckregelsatz; siehe die Regelsatztabelle für das Bundesgebiet – Stand: 1.1.1979 – in NDV 1979, 55.

175 Rechnerischer Gesamtdurchschnitt für alle Bundesländer (gültig ab 1.7.1993); die Regelsatztabelle ist abgedruckt in info also 3/93, 162.

176 Nach dem Nettoeinkommensprinzip kommen Tagessatzhöhen bis zu 17 DM bei einem Regelsatz von 508 DM in Betracht.

177 G. Schäfer 1990, 286f.

178 G. Schäfer 1990, 259.

179 G. Schäfer 1990, 264.

feversagung liegt daher das "Strafübel" wie bei der Geldstrafe im "Zwang zum Konsumverzicht auf Zeit",[180] in einer "fühlbare(n) Einengung der allgemeinen Lebensführung".[181] Die Auswirkungen nach § 25 Abs.1 BSHG können zumindest temporär noch gravierender sein als im Strafrecht. Die Sozialhilfeträger behalten die Hilfeleistungen nach vorangegangener Androhung ein.[182] Die Geldstrafe wird dagegen erst nach Rechtskraft der Entscheidung fällig und ist dann zu zahlen.

Im Sozialhilferecht wird bei einer Kürzung um 20 bis 25 % des Regelsatzes noch keine Gefahr der physischen Beeinträchtigung gesehen, da noch der zum Leben notwendige Nahrungsmittelbedarf abgedeckt ist. Vielmehr werden bei dieser Reduzierung die Mittel zur "Teilnahme am kulturellen Leben" oder zur "Pflege geistiger Interessen" abgesetzt.[183] Wird jedoch die Hilfe zum Lebensunterhalt zeitweise völlig entzogen,[184] so wirkt der Entzug schwerer als im Geldstrafensystem, da dort durch § 42 StGB Zahlungsfristen bewilligt oder Ratenzahlungen gestattet werden können.[185] Durch § 42 StGB wird immer noch ein Existenzminimum garantiert, da der Maßstab für die Ratenfestsetzung der Geldbetrag ist, der den Verurteilten nach ihren wirtschaftlichen und persönlichen Verhältnissen zuzumuten ist[186] bzw. der aus den ihnen verbleibenden Mitteln bei äußerster Sparsamkeit aufgebracht werden kann.[187]

Die Nähe des § 25 Abs.1 BSHG zur Geldstrafe ist auch noch durch weitere Gemeinsamkeiten begründet. Beide Systeme stellen eine anonyme Sanktion dar.[188] Eine andere Gemeinsamkeit ist in der Ökonomie der Mittel zu sehen. Während im Rahmen des § 25 Abs.1 BSHG die Sozialhilfeausgaben

---

180 Leipziger Kommentar Tröndle 1985, Vor § 40 Rz. 49; vgl. auch Zipf 1966, 53, 67; Stolleis, ZSR 1979, 274 (Fn. 45).

181 D. Meyer, NJW 1980, 2481.

182 Zum Rechtsschutz bei Kürzung oder Streichung der Sozialhilfe siehe LPK-BSHG 1991, § 25 Rz. 17.

183 Knopp/Fichtner 1992, § 25 Rz. 5; Oestreicher/Schelter/Kunz 1992, § 25 Rz. 11; LPK-BSHG 1991, § 25 Rz. 10.

184 Zur Eingriffsschwere der Sozialhilfeversagung siehe Jacksch 1991, 106-113.

185 In der Praxis spielt die Stundung mit etwa 1 % kaum eine Rolle (Leipziger Kommentar-Tröndle 1985, § 42 Rz. 9). – Zur Bewilligung von Ratenzahlungen nach Rechtskraft des Urteils siehe § 459 a StPO.

186 Vgl. Systematischer Kommentar-Horn 1992, § 42 Rz. 3; Grebing 1978, 128.

187 Leipziger Kommentar-Tröndle 1985, § 42 Rz. 6; Dreher/Tröndle 1993, § 42 Rz. 3. – Vgl. aber auch § 43 StGB und Art. 293 EGStGB i.V.m. den Länderregelungen.

188 Vgl. für die Geldstrafe Zipf 1966, 45; Leipziger Kommentar-Tröndle 1985, Vor § 40 Rz. 54.

reduziert werden, werden durch die Geldstrafe Strafvollzugskosten gespart und dem Staat sogar noch Einnahmen zugeführt.[189]

3.2 Die Widerspiegelung des strafrechtlichen Vergeltungsgedankens in der Ausgestaltung der gemeinnützigen Arbeit

Die mehraufwandsentschädigte gemeinnützige Arbeit ist nicht nur "geschütztes Rechtsgut" i.S.d. § 25 Abs.1 BSHG, sondern sie enthält selbst strafrechtliche Aspekte.

Obwohl dem Sozialhilferecht ein Gegenleistungsgedanke fremd ist,[190] stellt ein Teil der Literatur und Rechtsprechung die gemeinnützige Arbeit und die Gewährung der Sozialhilfe in ein gegenseitiges Verhältnis.[191] Die Vertreter des Gegenleistungsprinzips[192] stützen ihre Auffassung auf unterschiedliche Argumentationen.

Das OVG Berlin[193] und Columbus[194] suchen die Rechtfertigung des Gegenleistungsgedankens in der verfassungsrechtlich verankerten Menschenwürde. "Es ist gerade Ausdruck menschlicher Würde, nicht nur der Nehmende zu sein, sondern der Gemeinschaft, die einem (...) einen materiellen Mindeststandard bietet, sich nach Kräften dafür erkenntlich zu zeigen."[195]

Das OVG Hamburg sieht in der "Gemeinnützigkeit" der Arbeit nach § 19 Abs.2 BSHG die Erwartung des Gesetzes, daß die Hilfesuchenden an die Allgemeinheit, von der sie unterstützt werden, eine Gegenleistung er-

---

189 Vgl. für die Geldstrafe Zipf 1966, 46f.; Leipziger Kommentar-Tröndle 1985, Vor 40 Rz. 55.

190 Vgl. Kap. IV.3.1.1 (bei Fn. 120).

191 Das Prinzip der "Gegenleistung" diente als Argument für die Anwendbarkeit des § 25 Abs.1 BSHG auf § 19 Abs.2 S.1 2.Alt. BSHG vor dem Inkrafttreten des FKPG. Vgl. Kap. IV.2.2.

192 Mertens 1964, 188; Columbus, ZAR 1982, 154; DV, NDV 1981, 171; Oestreicher/Schelter/Kunz 1992, § 19 Rz. 10; VG Bremen, ZfF 1982, 63f.; OVG Hamburg, NVwZ 1982, 519 (520); VGH Baden-Württemberg, DuR 1982, 451 (452); OVG Berlin, DÖV 1983, 516 (518).
Ablehnend: Krahmer, DuR 1982, 414; Friehe, NVwZ 1983, 385; Zuleeg, ZAR 1983, 189; Schulte 1984, 32; Burdenski 1987, 91f., 96, 152; Jacksch 1991, 124ff. (135f.); LPK-BSHG 1991, § 19 Rz. 12; BVerwG, Beschluß vom 23.2.1979, SsE IV/ A 18, S. 459 (459b); BVerwGE 68, 91 (96f.); OVG Rheinland-Pfalz, ZfSH/SGB 1983, 126 (127f.).

193 OVG Berlin, DÖV 1983, 516 (518).

194 Columbus, ZAR 1982, 154.

195 OVG Berlin, DÖV 1983, 516 (518).

bringen sollen.[196] Dagegen begründen Oestreicher u.a. das Gegenleistungskonzept mit der gleichzeitigen Erwähnung von Mehraufwandsentschädigung und Arbeitsentgelt in § 19 Abs.2 BSHG, die ausgezahlte Sozialhilfe erhalte so "den Charakter eines durch den Einsatz der Arbeitskraft erworbenen Verdienstes".[197]

Der Deutsche Verein für öffentliche und private Fürsorge leitet in seinem Gutachten das Gegenleistungsprinzip aus den §§ 90 Abs.4, 92 Abs.2 BSHG ab. Nach diesen Bestimmungen kann bei der Leistung von gemeinnütziger Arbeit i.S.d. § 19 Abs.2 S.1 2.Alt. BSHG die gewährte Sozialhilfe weder im Wege des Übergangs von Anprüchen noch im Wege des Kostenersatzes geltend gemacht werden. Nach der Ansicht des Deutschen Vereins liegt den Regelungen der Gedanke zugrunde, daß die Hilfesuchenden durch die Verrichtung von gemeinnütziger Arbeit die ihnen von der Gesellschaft zugewendete Hilfe bereits abgelten.[198]

In den Gegenleistungskonzepten klingt der strafrechliche Vergeltungsgedanke an. Die Vergeltung ist im Strafrecht innerhalb der heute vorherrschenden sog. Vereinigungstheorie[199] als Strafzweck anerkannt.[200] Das BVerfG hat zwar grundsätzlich zu den in der Wissenschaft vertretenen Straftheorien keine Stellung genommen. Es hat jedoch "Schuldausgleich, Prävention, Resozialisierung des Täters, Sühne und Vergeltung für begangenes Unrecht" als Aspekte einer angemessenen Strafe bezeichnet.[201] Die Strafe, so heißt es in der Entscheidung des BVerfG vom 25.10.1966, ziele – wenn auch nicht ausschließlich – auf Repression und Vergeltung für rechtlich verbotenes Verhalten ab.[202] Auch in der Rechtsprechung des BGH tritt der Vergeltungsgedanke hervor.[203] Vergeltung bedeutet, daß "die Schuld, die der Täter auf sich geladen hat, durch Zufügung eines Strafübels

---

196 OVG Hamburg, NVwZ 1982, 519 (520).

197 Oestreicher/Schelter/Kunz 1992, § 19 Rz. 10. Im Ergebnis ebenso VG Bremen, ZfF 1982, 63f.

198 DV, NDV 1981, 171. (Der Verfasser des Gutachtens ist Giese; vgl. Burdenski 1987, 152, Fn. 3).

199 Die Vereinigungstheorie kombiniert Aspekte der absoluten Straftheorien ("Vergeltungs- und Sühnetheorien") und der relativen Straftheorien ("Spezial- und Generalprävention"). Siehe Jescheck 1988, 67ff.; Jakobs 1991, 27ff.

200 Vgl. Dreher/Tröndle 1993, § 46 Rz. 3, 3a ; Jescheck 1988, 70; BVerfGE 45, 187 (253).

201 BVerfGE 45, 187 (253f.); 28, 264 (278). – Zum Begriff der Strafe in der Rechtsprechung des BVerfG siehe Volk, ZStW 83, 405ff.

202 BVerwGE 20, 323 (331); ähnlich auch BVerfGE 22, 125 (132).

203 Vgl. BGHSt 6, 125 (127); 24, 132 (134). – Siehe die BGH-Rechtsprechung zu den Strafzwecken in Bruns 1985, 89ff.

ausgeglichen wird."[204] Es wird keinerlei Zweck verfolgt, die Strafe dient allein zur Verwirklichung der Gerechtigkeit.

Amelang schreibt dazu: "Die Vergeltung entspricht sehr grundlegenden Rachebedürfnissen des Menschen und der Überzeugung einer fundamentalen Gerechtigkeit, die im symmetrischen Austausch von ideellen und materiellen Gütern ihren augenfälligen Ausdruck findet. Da nichts auf Erden umsonst ist, muß derjenige, der sich einen Vorteil verschafft hat, dafür bezahlen: Im Begriff der Vergeltung ist das Geld als sinngleiches Element enthalten."[205]

Insbesondere die vom OVG Berlin und vom Deutschen Verein begründeten Gegenleistungskonzepte machen den Vergeltungsaspekt der gemeinnützigen Arbeit deutlich. Wenn das OVG Berlin von einem in der Menschenwürde verankerten "Nehmen-und-Geben-System"[206] oder der Deutsche Verein von einer Abgeltung der erhaltenen Sozialhilfe spricht,[207] so spiegelt sich zunächst der Austausch von Gütern als Ausdruck der "Gerechtigkeit" wider. Das Gegenleistungsprinzip beinhaltet aber auch eine Schuldzuweisung für den Sozialhilfebedarf. Diese Schuld muß durch Zufügung eines "Strafübels" in Form der gemeinnützigen Arbeit i.S.d. § 19 Abs. 2 S.1 2.Alt. BSHG abgegolten werden. Die gemeinnützige Arbeit ist negativ ausgestaltet, da sie keinen beruflichen und sozialen Schutz bietet und nicht tariflich entlohnt wird, sondern nur für Mehraufwendungen entschädigt:

Ein Vergleich mit einer ebenfalls von der Bedürftigkeitsprüfung abhängigen Sozialleistung – der Arbeitslosenhilfe (§§ 134, 137 f. AFG)[208] – zeigt eine deutliche Schlechterstellung. Die Arbeitslosenhilfegewährung kann nicht mehr, wie noch nach § 153 AVAVG[209], von der Leistung gemeinnütziger und zusätzlicher Gemeinschaftsarbeiten abhängig gemacht werden. Im Gegensatz zum Sozialhilferecht[210] gilt für das Arbeitslosenrecht einschließlich der Arbeitslosenhilfe ein eingeschränkter Berufsschutz (vgl. § 103 AFG i.V.m. der Zumutbarkeits-Anordnung).[211] Die in der Zumutbarkeits-Anord-

---

204 Roxin, JuS 1966, 377; vgl. auch Roxin 1992, 29 und Jescheck 1988, 62. – Zur Vergeltungstheorie im Sinne von Kant und Hegel siehe Jakobs 1991, 15ff.; Jescheck 1988, 62f.; Roxin 1992, 29f.

205 Amelang 1986, 244.

206 Vgl. OVG Berlin, DÖV 1983, 516 (518).

207 Vgl. DV, NDV 1981, 171.

208 Vgl. Rudolph, ZfSH/SGB 1989, 134ff.

209 Vgl. i.d.F. vom 3.4.1957, BGBl. I S. 322, 348.

210 Vgl. zur Zumutbarkeit der Arbeit oder Arbeitsgelegenheit in der Sozialhilfe Kap. IV.1.1.1.

211 Die in § 134 Abs.4 AFG für die Arbeitslosenhilfe angeordnete entsprechende Anwendung der für das Arbeitslosengeld geltenden Vorschriften bezieht sich auch auf die Verfügbarkeit gemäß § 103 AFG. Vgl. BSGE 64, 52 (55) = ZfSH/SGB 1989, 477 (478).

nung (ZAO) festgeschriebenen Zumutbarkeitskriterien garantieren zumindest in der ersten Zeit der Arbeitslosigkeit Schutz vor einer Verweisung auf Berufe einer niedrigeren Qualifikation.[212]

Bei einer Heranziehung zu gemeinnützigen Arbeiten i.S.d. § 19 Abs.2 S.1 2.Alt. BSHG ist nicht nur der Berufsschutz für die Betroffenen aufgehoben, sondern die Arbeiten sind – sofern das Kriterium der "Zusätzlichkeit" vorliegt[213] – mit einem Makel behaftet.[214] Die Tätigkeiten befinden sich außerhalb des regulären Arbeitsmarktes.

Gleichzeitig fehlt die soziale Absicherung. Es entsteht bei der Mehraufwandsvariante lediglich ein öffentlich-rechtliches Beschäftigungsverhältnis,[215] auf das gemäß § 19 Abs.3 S.2 BSHG die Arbeitsschutzbestimmungen Anwendung finden.[216] Ein sozialversicherungsrechtlicher Schutz gegen Arbeitsunfälle besteht gemäß § 539 Abs.2 RVO.[217] Dagegen wird nach ausdrücklicher Regelung des § 19 Abs.3 S.1 BSHG kein Beschäftigungsverhältnis im Sinne der gesetzlichen Kranken- und Rentenversicherung begründet. Obwohl die Arbeitslosenversicherung nicht explizit ausgeschlossen ist, können nach herrschender Meinung keine Ansprüche hieraus erwachsen.[218]

Für die Ableistung der gemeinnützigen Arbeit i.S.d. § 19 Abs.2 S.1 2.Alt. BSHG erhalten die Hilfesuchenden lediglich die Hilfe zum Lebensunterhalt zuzüglich einer Mehraufwandsentschädigung. Zum Mehraufwand ge-

---

212 Nach § 12 Abs.2 ZAO werden die Berufe in fünf Qualifikationsstufen eingeteilt: Hochschulausbildung/Fachhochschulausbildung/Ausbildungsberuf/Anlernausbildung/Übrige Beschäftigungen. Ein zumutbarer Abstieg bis zur nächstniedrigeren Stufe kann frühstens nach vier bzw. sechs Monaten erfolgen (§ 8 ZAO). Zuvor muß das Arbeitsamt ausreichende Vermittlungsbemühungen unternehmen. Vgl. Peters-Lange 1992, 100f. – Zu den anderen Kriterien der Zumutbarkeits-Anordnung siehe Peters-Lange 1992, 102-104.

213 Vgl. Kap. IV.1.2.2 (bei Fn. 54).

214 Vgl. Stahlmann 1988, 86.

215 Vgl. Kap. IV.1.2.2 (bei Fn. 58).

216 Zum Arbeitsschutz gehören Vorschriften des Betriebs- und Gefahrenschutzes, des Arbeitszeitschutzes, des Jugend- und Mutterschutzes (insbesondere §§ 120 a ff. Gewerbeordnung; Arbeitsstättenverordnung; Unfallverhütungsvorschriften i.S.d. §§ 708 ff. RVO; Arbeitszeitordnung; Gesetz über Betriebsräte, Sicherheitsingenieure und Fachkräfte für Arbeitssicherheit; Vorschriften über den Gesundheitsschutz des Mutterschutzgesetzes; Jugendarbeitsschutzgesetz). Siehe Trenk-Hinterberger, NDV 1984, 416.

217 Knopp/Fichtner 1992, § 19 Rz. 9; LPK-BSHG 1991, § 19 Rz. 14; Binkert, ZfS 1982, 227.

218 Vgl. LPK-BSHG 1991, § 19 Rz. 14; Trenk-Hinterberger, NDV 1984, 417; *a.A.* Binkert (ZfS 1982, 227), der bei Vorliegen der anderen Voraussetzungen die gemeinnützige Arbeit nach § 19 Abs.2 S.1 2.Alt. BSHG als "Beschäftigung" i.S.d. Arbeitslosenhilfevorschrift (§ 134 Abs.1 Nr.4b AFG) bejaht.

hören Ausgaben für Arbeitsbekleidung, Anschaffung von Arbeitsgeräten, Fahrtkosten, erhöhten Nahrungsbedarf u.s.w.[219] Nach der Untersuchung des BBJ Consult zahlen die Sozialhilfeträger zwischen 1 und 4 DM pro Stunde.[220] Bei 85 % der Beschäftigten liegt eine wöchentliche Arbeitszeit zwischen 20 und 29 Stunden vor.[221] Das BVerwG hat auch entschieden, daß gemeinnützige Arbeit i.S.d. § 19 Abs.2 S.1 2.Alt. BSHG nach ihrem Sinn und Zweck keine "vollschichtige Arbeit" sein darf.[222] Von der Rechtsprechung wird zur Beurteilung einer zumutbaren Arbeitsleistung der Aspekt herangezogen, ob die angesonnene gemeinnützige Arbeit zur gewährten Hilfe zum Lebensunterhalt in einem angemessenen Verhältnis steht:[223]

Das OVG Lüneburg stellte für das Jahr 1980 bei der Verrichtung der Arbeit i.S.d. § 19 Abs.2 S.1 2.Alt. BSHG von wöchentlich 15 Stunden bei einem Stundenlohn von 6,27 DM netto (errechnet aus Mehraufwandsentschädigung und Hilfe zum Lebensunterhalt) kein eindeutiges Mißverhältnis fest.[224] Auch das OVG Nordrhein-Westfalen sah für 1982 in einem "Stundenlohn" zwischen 4 und 5 DM netto sogar bei vollschichtiger Arbeit keine unangemessene Entschädigung.[225] Dagegen fand das OVG Baden-Württemberg für 1982 eine Zahlung eines Netto-Betrages von 5,40 DM pro Stunde bei Ableistung von 80 Stunden im Monat (18 Stunden in der Woche) – gemessen am Tariflohn eines Gemeindearbeiters von ca. 10 DM brutto – unzumutbar.[226] Das OVG Hamburg beanstandete eine Arbeitsleistung von 32 Stunden in der Woche, weil der Wert der Arbeitsleistung den Wert der Sozialleistungen übersteige;[227] die gemeinnützige Arbeit dürfe nicht mehr als 20 Stunden pro Woche umfassen.[228]

Über 97 % der Beschäftigten werden im Rahmen des § 19 Abs.2 S.1 2.Alt. BSHG zu unqualifizierten Hilfstätigkeiten herangezogen.[229] 40 % der

---

219 BVerwG, Beschluß vom 23.2.1979, SsE IV/ A 18, S. 459 (459b); Knopp/Fichtner 1992, § 19 Rz. 7; Schmitt 1992, § 19 Rz. 12.

220 BBJ Consult 1990, 25.

221 BBJ Consult 1990, 24.

222 BVerwGE 68, 91 (96); 68, 97 (100); ebenso Schellhorn/Jirasek/Seipp 1993, § 19 Rz. 20; Knopp/Fichtner 1992, § 19 Rz. 7; Gottschick/Giese 1985, § 19 Rz. 6.2; LPK-BSHG 1991, § 19 Rz. 15.

223 BVerwGE 67, 1 (7); wohl konträr zu BVerwGE 68, 91 (97). Vgl. auch Jacksch 1991, 187.

224 OVG Lüneburg, FEVS 31, 113 (115).

225 OVG Nordrhein-Westfalen, FEVS 32, 28 (34).

226 OVG Baden-Württemberg, DuR 1982, 451 (453).

227 OVG Hamburg, NVwZ 1982, 519 (521f.).

228 OVG Hamburg, NVwZ 1982, S. 519, 522; ebenso LPK-BSHG 1991, § 19 Rz. 15.

229 BBJ Consult 1990, 23.

Arbeiten entfallen auf den Bereich Gartenbau und Landwirtschaft, 26 % auf den Bereich allgemeine Hilfstätigkeiten ohne nähere Aufgabenbestimmung und 19 % auf den Bereich Hauswirtschaft und Reinigungsarbeiten.[230]

Die aufgezeigte Ausgestaltung der mehraufwandsentschädigten gemeinnützigen Arbeit beinhaltet also ein ausgeprägtes "Strafübel", womit die erhaltene Sozialhilfeleistung "abgegolten" werden kann.

3.3 Die "präventiven" Wirkungen der §§ 19 Abs.2 S.1 2.Alt., 25 Abs.1 BSHG

Spezial- und Generalprävention sind neben der Vergeltung innerhalb der herrschenden Vereinigungstheorie zu verfolgende Strafzwecke. Die §§ 19 Abs.2 S.1 2.Alt., 25 Abs.1 BSHG enthalten ebenfalls präventive Elemente.

3.3.1 "Spezialpräventive" Effekte

Die Spezialprävention zielt auf Verhinderung von Straftaten durch unmittelbare Einwirkung auf den/die individuelle/n Täter/in.[231] Während die (individualpräventive) Abschreckung und die Sicherung den negativen Aspekt der Spezialprävention darstellen,[232] bedeutet die Resozialisierung, d.h. die Wiedereingliederung der Straftäter/innen in die Gesellschaft, den positiven Aspekt.[233]

Im Sozialhilferecht kann "negative Spezialprävention" als Abschreckung des/der Hilfesuchenden von der weiteren Inanspruchnahme der Sozialhilfeleistungen durch die Anwendung der §§ 19 Abs.2 S.1 2.Alt., 25 Abs.1 BSHG verstanden werden. Hartmann hat in einer Untersuchung festgestellt, daß nach einer Aufforderung zur Arbeitsaufnahme eine nicht unerhebliche Zahl von Hilfesuchenden auf die weitere Gewährung von Sozialhilfe verzichtet.[234] Anhand der Berliner Praxis soll aufgezeigt werden, welche "ne-

---

230 BBJ Consult 1990, 22f.; ähnlich auch die ältere Untersuchung von Hartmann (1984, 32-34), in der allerdings nicht nach Entgelt- und Mehraufwandsvariante des § 19 Abs.2 BSHG und § 20 BSHG differenziert wird.

231 Vgl. Maurach/Zipf 1987, 81f.; Roxin 1992, 31; Stree in Schönke/Schröder 1991, Vorbem §§ 38 ff. Rz. 2.

232 Vgl. BVerfGE 45, 187 (257f.); Bruns 1985, 96; Maurach/Zipf 1987, 82.

233 Vgl. BVerfGE 45, 187 (258); 35, 202 (235ff.); BGHSt 24, 40 (42); Roxin 1992, 32f.; Bruns 1985, 96. Siehe § 2 S.1 Strafvollzugsgesetz.

234 Hartmann 1984, 30f. – In der von BBJ Consult für das Jahr 1988 durchgeführten Untersuchung (1990, 28) nehmen 64 % der Sozialhilfeträger bei weniger als 10 % der Hilfeempfänger/innen, denen ein Arbeitsangebot gemacht wurde, eine gänzliche Streichung

gativen spezialpräventiven" Wirkungen von einer stringenten Handhabung des § 19 Abs.2 S.1 2.Alt. BSHG ausgehen können:[235]

Tabelle 4: Arbeitseinsatz von Sozialhilfeempfänger/innen in Berlin von Juli 1983 bis August 1984 [236]

Aufgeforderte Sozialhilfe-empfänger/innen	23.278 Fälle	(100 %)
Tatsächlich eingesetzte Hilfeempfänger/innen	17.084 Fälle	(73 %)
Kürzung der Hilfe (für einen Monat)	1.155 Fälle	(5 %)
Versagung der Hilfe	595 Fälle	(3 %)
Verzicht auf Sozialhilfe	975 Fälle	(4 %)

Der Verzicht auf Sozialhilfe in 4 % der Fälle, d.h. von 957 Personen, mag auf den ersten Blick gering erscheinen. Jedoch ist der Einsparungseffekt nicht zu unterschätzen. Der Sozialsenat hatte für 1982 ausgerechnet, daß dem Land Berlin jährlich 4,5 Millionen DM zugute kämen, wenn 500 Sozialhilfeempfänger/innen auf weitere Hilfe verzichteten.[237] Bei 975 Personen ergibt sich für diesen Zeitraum schon eine eingesparte Summe von ca. 8,8 Millionen DM jährlich.

Im Strafrecht bedeutet der positive Aspekt der Spezialprävention die Wiedereingliederung der Straffälligen in die Gesellschaft. Auch mit Hilfe der gemeinnützigen Arbeit werden diese Aspekte verfolgt. Übertragen auf die §§ 19 Abs.2 S.1 2.Alt, 25 Abs.1 BSHG heißt "positive Spezialpräven-

---

der Sozialhilfe vor, bei 18 % der Träger liegt der Prozentsatz unter 20. Ein ähnliches Resultat ergibt sich hinsichtlich des Verzichts auf Sozialhilfe (leider werden hierzu keine genauen Daten angeführt).

235 Berlin ist wegen der rigiden Durchführung des § 19 Abs.2 S.1 2.Alt. BSHG bekannt (vgl. Hoppensack/Wenzel 1985, 250). Allein im Jahr 1988 wurden ca. 16.300 Sozialhilfeempfänger/innen zur Mehraufwandsvariante herangezogen (BBJ Consult 1990, 11, Fn. 4). Insgesamt wurden 1988 in der Bundesrepublik 42.500 Hilfeempfänger/innen in Maßnahmen der "Hilfe zur Arbeit" (§§ 19 Abs.1 und Abs.2, 20 BSHG) beschäftigt (BBJ Consult 1990, 11).

236 Nach Hartmann 1984, 32.

237 Hoppensack/Wenzel 1985, 250.

tion" die Realisierung der "Hilfe zur Selbsthilfe" (§ 1 Abs.2 BSHG)[238] mit dem Ziel der Integration der Hilfeempfänger/innen in den allgemeinen Arbeitsmarkt. Die Arbeiten im "Hilfekatalog" der §§ 18 bis 20 BSHG stehen dabei in einem Stufenverhältnis.[239] Bei der Wahl zwischen der "arbeitsrechtlichen Variante" und der "Mehraufwandsvariante" i.S.d. § 19 Abs.2 BSHG hat der Sozialhilfeträger nach pflichtgemäßem Ermessen zu entscheiden;[240] es ist vorrangig ein Arbeitsverhältnis zu begründen.[241] Nach der Ansicht des BVerwG ist es Sinn und Zweck des § 25 Abs.1 BSHG, Maßnahmen der "Hilfe zur Arbeit" zu "unterstützen",[242] denn "die Zuweisung gemeinnütziger und zusätzlicher Arbeit (im Rahmen des Zumutbaren) führt mindestens mittelbar zur Selbsthilfe, weil durch sie der Arbeitsentwöhnung vorgebeugt und der Hilfebedürftige auf die Übernahme einer Erwerbstätigkeit vorbereitet werden kann, die ihn befähigt, unabhängig von Sozialhilfe zu leben."[243]

Allerdings sind die tatsächlichen reintegrativen Effekte, die von den Maßnahmen nach § 19 Abs.2 S.1 2.Alt. BSHG ausgehen, gering. Nach der Erhebung des BBJ Consult sehen 33 % der Sozialhilfeträger überhaupt keine Vermittlungserfolge; 60 % der Träger halten eine Vermittlung in Einzelfällen für möglich.[244]

3.3.2 "Generalpräventive" Effekte

Nach allgemeiner Auffassung ist es das oberste Ziel des Strafrechts, der Begehung von Straftaten entgegenzuwirken (allgemeine Generalprävention).[245] Es wird auch hier zwischen einem negativen und positiven Aspekt unterschieden.[246] Der negative Aspekt wird umschrieben mit der Abschreckung

---

238 Siehe Kap. IV.1.1 (bei Fn. 18).

239 Vgl. LPK-BSHG 1991, Vor § 18 Rz. 2; BVerwGE 67, 1 (4).

240 Vgl. Kap. IV.1.2.2 (bei Fn. 55)

241 Vgl. Schulte/Trenk-Hinterberger 1986, 204; LPK-BSHG 1991, § 19 Rz. 6; BVerwGE 67, 1 (4).

242 BVerwGE 67, 1 (6).

243 BVerwGE 67, 1 (5). Zur Kritik siehe Krahmer, ZfSH/SGB 1983; 212f.; Jacksch 1991, 17ff.

244 BBJ Consult 1990, 32; vgl. auch Hartmann 1984, 40.

245 Dreher/Tröndle 1993, § 46 Rz. 3; Jescheck 1988, 60, Fn. 24; Dölling, ZStW 102, 1. – Zur Kritik an der generalpräventiven Theorie vgl. Haffke 1976, 79ff.

246 Vgl. Roxin 1992, 35; Stree in Schönke/Schröder 1991, Vorbem §§ 38ff. Rz. 2; BVerfGE 45, 187 (255f.). – In den einschlägigen Urteilen des BGH ist von einer Differenzierung der Generalprävention in eine negative und eine positive Komponente nichts zu entnehmen. Vgl. Bruns 1985, 100.

der Allgemeinheit von der Begehung von Straftaten.[247] Positive Generalprävention bedeutet die "Erhaltung und Stärkung des Vertrauens in die Bestands- und Durchsetzungskraft der Rechtsordnung".[248]

Auch innerhalb der Sozialhilfe spielen Abschreckungseffekte, d.h. "negative generalpräventive" Elemente, eine Rolle. Dies ergibt sich aus dem Umstand, daß von 100 sozialhilfebedürftigen Haushalten 52 laufende Sozialleistungen beziehen, während 48 diese nicht erhalten. Auf jede/n Empfänger/in von Hilfe zum Lebensunterhalt entfällt also ein/e weitere/r Sozialhilfeberechtigte/r. Diese von Hartmann gefundenen Ergebnisse, die sich auf das Jahr 1979 beziehen,[249] werden auch durch davorliegende Studien bestätigt.[250] Die Gründe für die Nichtinanspruchnahme von Sozialhilfe sind vielschichtig. Leibfried nennt drei wesentliche "Filter", die der Realisierung von Sozialhilfeansprüchen entgegenstehen.[251] Neben "gesellschaftlichen Schwellen", wie der Leistungsideologie, der Diskriminierung von "Marktversagen", den fehlenden Informationen über die Zugänglichkeit von Leistungen[252] und der "passiven Institutionalisierung der Leistungsverwaltung"[253] bezeichnet er "die Kopplung von Reproduktionssicherung und kaum beschränkter Arbeitspflicht" i.S.d. §§ 18 bis 20 BSHG als eine von mehreren "administrativen Schwellen".[254] Gerade die gemeinnützige Arbeit, die als Mehraufwandsvariante besonders negativ ausgestaltet ist, wirkt in ihrer Verbindung mit § 25 Abs.1 BSHG abschreckend und kann als "generalpräventives" Instrumentarium verstanden werden.[255]

Die §§ 19 Abs.2 S.1 2.Alt., 25 Abs.1 BSHG erfüllen ebenfalls den positiven Aspekt der strafrechtlichen Generalprävention. Der Leistungsentzug bei der Verweigerung gemeinnütziger Arbeit stärkt das Vertrauen der Bevölke-

---

247 Vgl. BVerfGE 45, 187 (255); Jescheck 1988, 60f.; Maurach/Zipf 1987, 81.

248 BVerfGE 45, 187 (256); vgl. auch BGHSt 24, 40 (46); Maurach/Zipf 1987, 81; Stree in Schönke/Schröder 1991, Vorbem §§ 38ff. Rz. 2. – Zu den verschiedenen Denkmodellen der positiven Generalprävention siehe Schumann 1989, 1ff.; vgl. auch Callies, NJW 1989, 1339f.

249 Dargestellt in Hartmann, NDV 1982, 217; ders. 1985, 180; ausführlich Hartmann, Sozialhilfebedürftigkeit und "Dunkelziffer der Armut", 1981. – Zur Kritik siehe Kaske, NDV 1982, 391ff.

250 Vgl. Hartmann, NDV 1982, 215; LPK-BSHG 1991, Einleitung Rz. 27.

251 Leibfried, KJ 1976, 380f.

252 Leibfried, KJ 1976, 382.

253 Leibfried, KJ 1976, 383-385.

254 Leibfried, KJ 1976, 385f.

255 Vgl. auch Scherer 1988, 67.

rung in die private Reproduktion, d.h. in die auf Austausch von Lohnarbeit und Kapital beruhende Struktur der bürgerlichen Gesellschaft.[256]

4 Ergebnisse

Seit Anfang der 1980er Jahre werden Sozialhilfeempfänger/innen verstärkt zu gemeinnütziger Arbeit herangezogen. Die Ursache ist der starke Zustrom von Arbeitslosen in die Sozialhilfe.

Die Verweigerung gemeinnütziger Arbeit, bei der neben der Hilfe zum Lebensunterhalt lediglich eine Mehraufwandsentschädigung gewährt wird (§ 19 Abs.2 S.1 2.Alt. BSHG), kann gemäß § 25 Abs.1 BSHG mit einem Sozialhilfeentzug sanktioniert werden.

Das Instrumentarium der §§ 19 Abs.2 S.1 2.Alt., 25 Abs.1 BSHG weist strafrechtliche Grundzüge auf. Die Sozialhilfe reagiert ähnlich wie das Strafrecht auf "unrechtmäßiges" Verhalten.

§ 25 Abs.1 BSHG verkörpert Strukturen eines Strafgesetzes.

Die mehraufwandsentschädigte gemeinnützige Arbeit ist "geschütztes Rechtsgut" i.S.d. § 25 Abs.1 BSHG. Die Anwendung dieser Arbeit kann ein Mittel sein, um einer "Überforderung" der an sich für Ausnahmefälle konzipierten Sozialhilfe in Zeiten von Massenarbeitslosigkeit wirksam zu begegnen. Außerdem bewirken die §§ 19 Abs.2 S.1 2.Alt., 25 Abs.1 BSHG eine größere Realisierung des sozialhilferechtlichen Ordnungsgefüges. Sie verstärken das Prinzip der Arbeitspflicht als Ausprägung des Nachranggrundsatzes i.S.d. § 2 BSHG.

§ 25 Abs.1 BSHG reflektiert das "Schuldprinzip" im Sozialhilferecht.

Die Verweigerung gemeinnütziger Arbeit nach § 25 Abs.1 BSHG muß wie eine Straftat "schuldhaft" sein. Der sozialhilferechtliche Schuldbegriff ist dem strafrechtlichen Schuldbegriff, wonach Schuld ein "Dafür-Können" bzw. "Andershandelnkönnen" ist, ähnlich.

Die Kriminalpolitik und die Sozialpolitik haben ein Interesse am Schuldvorwurf. Während der strafrechtliche Schuldgedanke eine Personalisierung des Unrechts bewirkt und zur Folge hat, daß dem Individuum die kollektive Verantwortung für gesellschaftliche Prozesse angelastet werden kann, besagt der sozialhilferechtliche Schuldgedanke die individuelle Zurechnung der Hilfsbedürftigkeit, um von einer mangelnden Arbeitsmarktpolitik ablenken zu können.

Der Sozialhilfeentzug nach § 25 Abs.1 BSHG weist Grundzüge des Geldstrafensystems i.S.d. § 40 StGB auf.

---

[256] Vgl. Barabas/Sachße, KJ 1976, 362.

Bei der Verweigerung von (gemeinnütziger) Arbeit sind zunächst Kürzungen des Regelsatzes i.S.d. § 22 BSHG um 20 bis 30 % zulässig, was bei einem Regelsatz von 508 DM monatliche Beträge von 102 bis 152 DM ergibt. Diese Beträge bedeuten – übertragen auf das Geldstrafensystem – für Sozialhilfeempfänger/innen eine Anzahl von 6 bzw. 9 Tagessätzen. Eine gänzliche Versagung der Hilfe zum Lebensunterhalt entspricht einer Anzahl von 30 Tagessätzen. Im Strafrecht werden entsprechende Tagessätze z.B. bei einer Steuerhinterziehung bis zu 5000 DM (5 bis 30 Tagessätze), bei einem Ladendiebstahl mit einer Beute zwischen 50 bis 100 DM (20 bis 60 Tagessätze) und bei einem Warenbestellungsbetrug mit einem Schaden von 500 DM (20 bis 40 Tagessätze) verhängt.

Die Sozialhilfeversagung und die Geldstrafe haben im wesentlichen dieselben Auswirkungen. In beiden Fällen werden Ressourcen entzogen; das "Strafübel" liegt im "Zwang zum Konsumverzicht auf Zeit". Im Sozialhilferecht ist durch eine zeitweise zulässige völlige Versagung der Leistungen eine härtere "Bestrafung" als im System der §§ 40 ff. StGB gegeben, denn nach § 42 StGB besteht die Möglichkeit der Gewährung von Ratenzahlungen, so daß dort ein Existenzminimum gesichert ist.

Beide Systeme haben durch die Anonymität und die Ökonomie der Mittel weitere Gemeinsamkeiten.

Auch die gemeinnützige Arbeit i.S.d. § 19 Abs.2 S.1 2.Alt. BSHG beinhaltet strafrechtliche Aspekte. Ein Teil der Literatur und Rechtsprechung setzt die gemeinnützige Arbeit und die Gewährung der Sozialhilfe in ein Gegenleistungsverhältnis und stellt somit einen Bezug zum strafrechtlichen Vergeltungsgedanken her: Die von der Allgemeinheit zugewendete Hilfe wird durch Ableistung von Arbeit "abgegolten". Das "Strafübel" der Arbeit nach § 19 Abs.2 S.1 2.Alt. BSHG ist gewichtig, denn diese Arbeit bietet keinen Berufschutz, unterliegt keiner Kranken- und Rentenversicherungspflicht, auch können keine Ansprüche in der Arbeitslosenversicherung begründet werden. Das "öffentlich-rechtliche Beschäftigungsverhältnis eigener Art" ist lediglich den Arbeitsschutzbestimmungen unterworfen und sieht eine Entschädigung für Mehraufwendungen vor.

Über 97 % der Beschäftigten werden im Bereich des § 19 Abs.2 S.1 2.Alt. BSHG zu Hilfstätigkeiten überwiegend im Gartenbau, in der Landwirtschaft und Hauswirtschaft zwischen 20 und 29 Stunden wöchentlich herangezogen, wobei eine Mehraufwandsentschädigung zwischen 1 DM und 4 DM pro Stunde gewährt wird.

Von dem Instrumentarium der §§ 19 Abs.2 S.1 2.Alt., 25 Abs.1 BSHG gehen sowohl "spezial-" als auch "generalpräventive" Effekte aus.

"Negative Spezialprävention" bedeutet im Sozialhilferecht die Abschrekkung des/der einzelnen Hilfesuchenden von der weiteren Inanspruchnahme der Sozialhilfeleistungen durch die Anwendung der §§ 19 Abs.2 S.1 2.Alt., 25 Abs.1 BSHG. Die Berliner Praxis zeigt, daß eine rigide Handhabung dieser Vorschriften zu einem nicht unerheblichen Verzicht auf Leistungen führt.

"Positive Spezialprävention" heißt in diesem Kontext die Verwirklichung des sozialhilferechtlichen Grundsatzes der "Hilfe zur Selbsthilfe" nach § 1 Abs.2 BSHG mit dem Ziel der Integration der Hilfeempfänger/innen in den regulären Arbeitsmarkt. Die reintegrativen Effekte der gemeinnützigen Arbeit nach § 19 Abs.2 S.1 2.Alt. BSHG sind jedoch gering.

Aspekte der "negativen Generalprävention" werden durch die Vorschriften ebenfalls erzielt. Das Instrumentarium trägt maßgeblich zur Abschrekkung von der Inanspruchnahme der Sozialhilfeleistungen bei und bewirkt zusammen mit anderen Faktoren, daß von 100 sozialhilfebedürftigen Haushalten 48 auf Leistungen verzichten.

Gleichzeitig wird durch die Anwendung der mehraufwandsentschädigten gemeinnützigen Arbeit das Vertrauen der Bevölkerung in die private Reproduktion gestärkt und somit auch eine "positive Generalprävention" erreicht.

V Die gemeinnützige Arbeit im Strafrecht – das kooperative Institut zu § 19 Abs. 2 S.1 2. Alt. BSHG

Wie im Sozialhilferecht besteht im Strafrecht das Institut der gemeinnützigen Arbeit. Zunächst werden die unterschiedlichen Rechtsgrundlagen der strafrechtlichen gemeinnützigen Arbeit und die Folgen der "Verweigerung" dargestellt. Verbindungen zwischen Strafrecht und Sozialhilferecht sollen unter dem Aspekt aufgezeigt werden, daß die gemeinnützige Arbeit i.S.d. Art. 293 EGStGB ("Tilgung von Geldstrafen") als "Strafmittel" für materiell bedürftige Straftäter/innen fungiert. Außerdem lassen sich anhand der Ausgestaltung der Arbeit in beiden Rechtsgebieten Parallelen nachweisen.

1 Das strafrechtliche System der gemeinnützigen Arbeit

Gemeinnützige Arbeit ist im (Erwachsenen-)Strafrecht keine Hauptstrafe i.S.d. §§ 38 ff. StGB.[1] Sie stellt lediglich eine "Nebenrechtsfolge" bei der Verhängung anderer Sanktionen dar.[2]

Über Art. 293 EGStGB und den dazugehörigen Länderregelungen kann die Ersatzfreiheitsstrafe, die nach § 43 StGB an die Stelle einer uneinbringlichen Geldstrafe tritt, durch die Ableistung von gemeinnütziger Arbeit abgewendet werden. Auflagen zur Erbringung gemeinnütziger Arbeitsleistungen können bei der Strafaussetzung zur Bewährung (§ 56 b Abs.2 Nr.3 StGB), bei der Aussetzung des Strafrestes einer Freiheitsstrafe zur Bewährung (§ 57 Abs.3 StGB und § 57 a Abs.3 StGB), bei der Verwarnung mit

---

1 Siehe zur Forderung, gemeinnützige Arbeit als Primärsanktion zu verankern: v. Liszt, ZStW 9, 779; Bemman 1975, 211ff. m.w.N. zur älteren Literatur S. 212, Fn. 3; Roxin, JA 1980, 550; Schädler, ZRP 1985, 191; Schall, NStZ 1985, 108ff.; Blau 1986, 200; Jung, JuS 1986, 745; Dölling 1990, 363ff. (376); *ablehnend:* Albrecht, BewHi 1985, 130f.; Köhler, GA 1987, 155f.; Gerken/Henningsen, MschrKrim 1989, 222ff. Vgl. auch den Bericht der Bundesregierung zur Beurteilung des strafrechtlichen Sanktionensystems, worin die Einführung der gemeinnützigen Arbeit als selbständige Sanktion aufgrund praktischer Gesichtspunkte verneint wird (BT-Drucks. 11/2597, S. 5).

2 Dölling 1990, 363.

Strafvorbehalt (§ 59 a Abs.2 StGB) und bei der Einstellung des Strafverfahrens nach § 153 a Abs.1 S.1 Nr. 3, Abs.2 StPO verhängt werden.[3]

1.1 *Art. 293 EGStGB und die Länderregelungen – gemeinnützige Arbeit als Surrogat der Ersatzfreiheitsstrafe* [4]

Art. 293 EGStGB wurde durch das Gesetz vom 2.3.1974 eingeführt und trat mit Wirkung vom 1.1.1975 an die Stelle des § 28 b StGB a.F.[5] Die Vorschrift ermächtigt die Länderregierungen, Regelungen zu erlassen, wonach die Vollstreckungsbehörde den Verurteilten gestatten kann, "die Vollstreckung einer Ersatzfreiheitsstrafe durch freie Arbeit abzuwenden."[6]

Gemeinnützige Arbeit i.S.d. Art. 293 EGStGB stellt somit ein Surrogat der Ersatzfreiheitsstrafe dar.[7] Sie ist "Ersatz für den Ersatz", nämlich der Ersatzfreiheitsstrafe anstelle der ursprünglichen Geldstrafe.[8]

1.1.1 Die Länderregelungen

Hamburg war 1968 das erste Bundesland, das eine Rechtsverordnung zur Ablösung der Ersatzfreiheitsstrafe durch gemeinnützige Arbeit – noch auf der Grundlage des § 28 b StGB a.F. – erließ.[9] 10 Jahre später folgte Berlin.[10] Mit Beginn der 1980er Jahre erließen auch die übrigen Bundesländer Verordnungen oder Gnadenregelungen nach Art. 293 EGStGB, wobei einige Länder die gemeinnützige Arbeit zunächst auf einzelne Landgerichtsbezirke beschränkten.[11] Seit 1987 gelten die Regelungen flächendeckend in allen al-

---

3 Im Jugendstrafrecht besteht die Möglichkeit, gemeinnützige Arbeit nach §§ 10 Abs.1 S.3 Nr.4, 23 Abs.1, 29 S.2, 88 Abs.6, 89 Abs.3, 45 Abs.3, 47 Abs.1 Jugendgerichtsgesetz anzuordnen. Siehe Pfohl 1983, 85ff.

4 Siehe auch Kap. V.3.

5 BGBl. 1974 I S. 469, 639, 648. – Zur Geschichte des § 28 b StGB a.F. siehe Baumann, MschrKrim 1979, 290f.; Pfohl 1983, 21ff.; BT-Drucks. 7/550, S. 455f.

6 Art. 293 EGStGB wurde durch das 23. StrÄndG vom 13.4.1986 (BGBl. I S. 393, 396) neugefaßt und Abs. 1 S.1 durch Art. 6 des Gesetzes vom 15.7.1992 (BGBl. I S. 1302, 1311) geändert.

7 Vgl. Albrecht, BewHi 1985, 126; Gerken/Henningsen, ZRP 1987, 387; Albrecht/ Schädler, ZRP 1988, 279; Jescheck 1988, 707; siehe auch Schall, NStZ 1985, 104 ("Surrogat der Geldstrafe").

8 Feuerhelm 1991, 89.

9 Vgl. Pfohl 1983, 36-38; Borchert 1986, 195ff.

10 Vgl. Baumann, Mschrkrim 1979, 292ff.; Rehder 1986, 169ff.

11 Siehe die Übersicht bei Krieg u.a., MschrKrim 1984, 28 und die Länderberichte in Kerner/Kästner 1986, 151ff.

ten Bundesländern.[12] Von den neuen Bundesländern haben bisher Brandenburg, Mecklenburg-Vorpommern und Thüringen entsprechende Vorschriften erlassen. Bayern ist das einzige Bundesland, in dem die gemeinnützige Arbeit i.S.d. Art. 293 EGStGB noch als Gnadenregelung ausgestaltet ist.[13] Es gelten folgende Regelungen (Stand: August 1993):

Baden-Württemberg: "Verordnung des Justizministeriums über die Abwendung der Vollstreckung von Ersatzfreiheitsstrafen durch freie Arbeit vom 2.7.1986", GBl. S. 291ff.;

Bayern: "Tilgung uneinbringlicher Geldstrafen durch gemeinnützige Arbeit". Bekanntmachung des Bayerischen Staatsministeriums der Justiz Gz. 4321-II-6316/82 vom 18.11.1986, Bayerisches Justizministerialblatt 1986, S. 190f.;

Berlin: "Verordnung über die Anwendung der Vollstreckung von Ersatzfreiheitsstrafen durch freie Arbeit vom 6.12.1985", GVBl. S. 2416;

Brandenburg: "Verordnung über die Abwendung der Vollstreckung einer Ersatzfreiheitsstrafe durch freie Arbeit vom 4.3.1992", GVBl. II S. 86f.;

Bremen: "Verordnung über die Tilgung uneinbringlicher Geldstrafen durch freie Arbeit vom 11.1.1982", GBl. S. 9f., geändert durch Bekanntmachung vom 16.8.1988, GBl. S. 223, 231;

Hamburg: "Verordnung über die Tilgung uneinbringlicher Geldstrafen durch freie Arbeit vom 18.12.1984", GVBl. I S. 263f.;

Hessen: "Verordnung über die Tilgung uneinbringlicher Geldstrafen durch freie Arbeit vom 20.8.1981", GVBl. S. 298f., zuletzt geändert durch Verordnung vom 1.8.1983, GVBl. S. 131;

Mecklenburg-Vorpommern: "Verordnung über die Abwendung der Vollstreckung einer Ersatzfreiheitsstrafe durch freie Arbeit vom 23.2.1993", GVBl. S. 172f.;

Niedersachsen: "Verordnung über die Abwendung der Vollstreckung von Ersatzfreiheitsstrafen durch freie Arbeit vom 12.7.1989", GVBl. S. 293f.;

Nordrhein-Westfalen: "Verordnung über die Tilgung uneinbringlicher Geldstrafen durch freie Arbeit vom 6.7.1984", GVBl. S. 469f.;

Rheinland-Pfalz: "Landesverordnung über die Abwendung der Vollstreckung von Ersatzfreiheitsstrafen durch freie Arbeit vom 6.6.1988", GVBl. S. 110f.;

Saarland: "Verordnung über die Abwendung der Vollstreckung von Ersatzfreiheitsstrafen durch freie Tätigkeit vom 21.7.1986", Amtsblatt des Saarlandes S. 632f.;

Schleswig-Holstein: "Landesverordnung über die Abwendung der Vollstreckung von Ersatzfreiheitsstrafen durch freie Arbeit vom 12.2.1993", GVBl. S. 129ff.;

Thüringen: "Verordnung über die Tilgung uneinbringlicher Geldstrafen durch freie Arbeit vom 19.1.1993", GVBl. S. 146f.

---

12 Vgl. Albrecht/Schädler, ZRP 1988, 278.

13 Eine Gnadenregelung ist nach Art. 293 Abs.3 EGStGB ausdrücklich möglich. Absatz 3 wurde durch Art. 4 Nr.1 des StrÄndG vom 13.4.1986 (BGBl. I S. 393, 396) zur Klarstellung angeführt. Vgl. BR-Drucks. 370/1/84, S. 27.

1.1.1.1 Organisationsmodelle

Um die Vollstreckung der Ersatzfreiheitsstrafe (§ 459 e StPO) durch gemeinnützige Arbeit abwenden zu können, sind zunächst verschiedene Verfahrensschritte – Belehrung, Antrag und Genehmigung – notwendig.[14]

Hinsichtlich der Vermittlung und Betreuung der Arbeit haben sich in den alten Bundesländern drei unterschiedliche Organisationsmodelle gebildet.[15] In den meisten Ländern wurde diese Aufgabe der Gerichtshilfe übertragen. Während die Entscheidungen über die Gestattung der Abarbeitung, die Anrechnung und den Widerruf den Rechtspfleger/innen der Vollstreckungsabteilungen der Staatsanwaltschaften obliegen, übernimmt die Gerichtshilfe die übrigen Tätigkeiten. In Nordrhein-Westfalen, Bayern (mit Ausnahme der Staatsanwaltschaft Nürnberg-Fürth) und in Teilen von Rheinland-Pfalz werden die Aufgaben ausschließlich den Rechtspfleger/innen überlassen. Dagegen haben in Bremen, im Saarland und in Teilen von Rheinland-Pfalz Straffälligenhilfsvereine Vermittlungsaufgaben übernommen.[16]

1.1.1.2 Wahl der Beschäftigungsstelle

Während in Bayern (Nr. II.4.) und in Hamburg (§ 3 Abs.1) den Verurteilten eine Beschäftigungsstelle zugewiesen wird, gehen die anderen Bundesländer zunächst von einer Eigeninitiative aus. Die Verurteilten können eine geeignete Stelle vorschlagen; gleichzeitig wird ihnen dabei aber die Hilfe der Vollstreckungsbehörde zugesagt (zum Teil als Kannbestimmung ausgestaltet).[17]

1.1.1.3 Definition der "freien" Arbeit[18]

In Art. 293 Abs.1 S.3 EGStGB werden die Anforderungen an die "freie" Arbeit formuliert. Die Arbeit muß unentgeltlich sein und darf nicht erwerbswirtschaftlichen Zwecken dienen.[19] Auch die Ländervorschriften ent-

---

14 Siehe auch Kap. V.3.2.2.

15 Siehe die Länderberichte in Kerner/Kästner 1986, 151ff. und Fuchs 1985, 324ff.

16 Siehe Feuerhelm 1991, 30f., 154f.

17 Baden-Württemberg (§ 2); Berlin (§ 2 Abs.1,2); Brandenburg (§ 2); Bremen (§ 2 Abs.1,2) ; Hessen (§ 2 Abs.1,2); Mecklenburg-Vorpommern (§ 2); Niedersachsen (§ 2 Abs.1,3); Nordrhein-Westfalen (§ 2); Rheinland-Pfalz (§ 2 Abs.1,3); Saarland (§ 2 Abs.3); Schleswig-Holstein (§ 2 Abs.1); Thüringen (§ 2 Abs.1,2).

18 Siehe auch Kap. V.4.

19 Eingefügt durch Art. 4 Nr.1 des 23. StrÄndG vom 13.4.1986, BGBl. I S. 393, 396.

halten in der Regel eine Definition dieses Begriffs.[20] In § 1 Abs.2 der niedersächsischen Verordnung heißt es beispielsweise:

"Freie Arbeit im Sinne dieser Verordnung ist gemeinnützige, unentgeltliche Tätigkeit. Der Ersatz von Aufwendungen steht der Unentgeltlichkeit nicht entgegen."

Um den unentgeltlichen Charakter der Arbeit stärker hervorzuheben, wurde auch der Wortlaut des Art. 293 EGStGB dahingehend geändert, daß die Vollstreckungsbehörde den Verurteilten statt der "Tilgung der Geldstrafe" die Abwendung der Vollstreckung der Ersatzfreiheitsstrafe durch gemeinnützige Arbeit gestatten kann.[21]

1.1.1.4 Anrechnungsmaßstab

Es bleibt den Länderregelungen überlassen, durch wieviele Stunden gemeinnützige Arbeit ein Tag Freiheitsstrafe abgewendet bzw. ein Tagessatz der Geldstrafe getilgt wird.[22] In den meisten Vorschriften ist ein Anrechnungsmaßstab festgelegt, nach dem ein Tagessatz durch sechs Stunden Arbeit getilgt wird.[23] Dieser kann in Ausnahmefällen insbesondere mit Rücksicht auf die Umstände der Tätigkeit oder auf die persönlichen Verhältnisse der Verurteilten auf drei Stunden herabgesetzt werden.[24] Die Verordnung des Saarlandes enthält dagegen eine starre Quote von sechs Stunden (§ 3 Abs.1). Die Gnadenregelung Bayerns sieht sogar eine Anrechnungshöhe von mindestens sechs und höchstens acht Stunden vor (Nr. I.2.).

In allen Vorschriften – mit Ausnahme der bayerischen – wird außerdem bestimmt, daß die Zahlung der Geldstrafe jederzeit möglich ist.[25]

---

20 In der bayerischen Gnadenregelung ist lediglich von der unentgeltlichen Erbringung einer Arbeitsleistung an eine gemeinnützige Beschäftigungsstelle die Rede (Nr. I.2.). Ähnlich ist auch die Hamburger VO ausgestaltet (vgl. § 1 Abs.1).

21 Ebenfalls eingefügt durch das 23. StrÄndG (Fn. 19). Vgl. BT-Drucks. 10/2790, S. 18.

22 Nach § 43 S.2 StGB entspricht einem Tagessatz ein Tag Freiheitsstrafe.

23 Baden-Württemberg (§ 7 Abs.1); Berlin (§ 4 Abs.1); Brandenburg (§ 7 Abs.1); Bremen (§ 4); Hamburg (§ 2 Abs.1); Hessen (§ 2 Abs.4); Mecklenburg-Vorpommern (§ 7 Abs.1); Niedersachsen (§ 6 Abs.1); Nordrhein-Westfalen (§ 7 Abs.1); Rheinland-Pfalz (§ 7 Abs.1); Schleswig-Holstein (§ 7 Abs.1); Thüringen (§ 2 Abs.4).

24 Die Berliner VO und die VO für Rheinland-Pfalz enthalten keinen genauen Herabsetzungsmaßstab. Eine Herabsetzung soll in Berlin bei Wochenend- oder Nachteinsätzen in Frage kommen (§ 4 Abs.1). In Mecklenburg-Vorpommern liegt ein Ausnahmefall bei einer Anerkennung als Schwerbeschädigte/r, bei Wochenend- oder Nachtarbeit vor (§ 7 Abs.1).

25 Baden-Württemberg (§ 7 Abs.5); Berlin (§ 4 Abs.3); Brandenburg (§ 7 Abs.4); Bremen (§ 5 Abs.4); Hamburg (§ 2 Abs.3); Hessen (§ 5 Abs.3); Mecklenburg-Vorpommern (§ 7 Abs.4); Niedersachsen (§ 1 Abs.3); Nordrhein-Westfalen (§ 7 Abs.4); Rheinland-

1.1.1.5 Fernbleiben von der Arbeit

Bei einem Fernbleiben der Verurteilten von der Arbeit findet nach den Länderbestimmungen selbst dann keine Anrechnung auf die Gesamtarbeitszeit statt, wenn ein entschuldigender Grund, wie z.B. Krankheit, vorliegt.[26]

1.2 Die Arbeitsauflage bei der Strafaussetzung zur Bewährung (§ 56 b Abs.2 Nr.3 StGB)

Die Arbeitsauflage nach § 56 b Abs.2 Nr.3 StGB wurde durch das 2. StrRG[27] eingeführt und ist die Nachfolgevorschrift von § 24 a Abs.2 Nr.3 StGB a.F.[28]

Für die Anwendung von § 56 b Abs.2 Nr.3 StGB müssen die Voraussetzungen der Strafaussetzung zur Bewährung gemäß § 56 StGB[29] erfüllt sein. Während bei Freiheitsstrafen bis zu einem Jahr die Strafaussetzung bei Vorliegen der materiellen Anforderungen obligatorisch ist (§ 56 Abs.1 StGB), ist in § 56 Abs.2 StGB bei Strafen bis zu zwei Jahren eine fakultative Ausgestaltung vorgesehen. Für die Aussetzung nach Absatz 1 wird eine günstige Sozialprognose vorausgesetzt; Absatz 2 verlangt zudem noch das Vorliegen "besonderer Umstände". Als Versagungsgrund kann bei Freiheitsstrafen von mindestens sechs Monaten die Verteidigung der Rechtsordnung (§ 56 Abs.3 StGB) in Betracht kommen. Nach § 56 a StGB ist die Dauer der Bewährungszeit zu bestimmen.

Der Auflagenkatalog nach § 56 b Abs.2 StGB ist abschließend und sieht neben der Schadenswiedergutmachung (Nr.1) und der Geldstrafe (Nr.2) in Nr.3 "gemeinnützige Leistungen" vor, worunter auch die Ableistung von

---

Pfalz (§ 7 Abs.3); Saarland (§ 3 Abs.4); Schleswig-Holstein (§ 7 Abs.4 mit Verweis auf § 459 e Abs.4 StPO); Thüringen (§ 6 Abs.3).

26 Baden-Württemberg (§ 7 Abs.2); Berlin (§ 4 Abs.2); Brandenburg (§ 7 Abs.2); Bremen (§ 5 Abs.3); Hamburg (§ 2 Abs.2); Hessen (§ 5 Abs.2); Mecklenburg-Vorpommern (§ 7 Abs.2); Niedersachsen (§ 6 Abs.2); Nordrhein-Westfalen (§ 7 Abs.2); Rheinland-Pfalz (§ 7 Abs.2); Saarland (§ 3 Abs.2); Schleswig-Holstein (§ 7 Abs.2); Thüringen (§ 6 Abs.2). In der Gnadenregelung Bayerns existiert keine derartige Bestimmung.

27 BGBl. 1969 I S. 717, 725f.; in Kraft seit dem 1.1.1975.

28 Vgl. Leipziger Kommentar-Ruß 1985, § 56 b vor Rz. 1.

29 § 56 StGB gilt nicht für Geldstrafen und damit auch nicht für Ersatzfreiheitsstrafen. Vgl. Dreher/Tröndle 1993, § 56 Rz. 2; Stree in Schönke/Schröder 1991, § 56 Rz. 10.

gemeinnütziger Arbeit fällt. Die Anordnung von Auflagen unterliegt dem pflichtgemäßen Ermessen des Gerichts.[30]

Im Unterschied zu den spezialpräventiven Weisungen nach § 56 c StGB sollen die Auflagen "der Genugtuung für das begangene Unrecht dienen." Es wird überwiegend angenommen, daß die Auflagen den Charakter von strafähnlichen Sanktionen haben ("Pönalcharakter"[31], "repressiver Charakter"[32], "strafähnliche Maßnahmen"[33], "sühnender Charakter"[34], "fühlbarer Ausgleich für das verschuldete Unrecht"[35]). Demgegenüber wollen Maurach u.a. die Auflagen zwischen "Wiedergutmachung und sühneartiger Einwirkung" einordnen.[36] Speziell für die Arbeitsauflage sieht Pfohl einen "unrechtsvergeltenden" und "erzieherischen Charakter".[37]

1.2.1 Gemeinnützige Arbeit

Die in § 56 b Abs.2 Nr.3 StGB genannten "gemeinnützigen Leistungen" umfassen sowohl finanzielle Opfer als auch Handlungen, die der Allgemeinheit zugute kommen.[38] Denkbar sind Naturallieferungen.[39] Zum Teil wird die Anordnung für zulässig gehalten, den gesetzlichen Zivildienst in der Bewährungszeit abzuleisten[40] bzw. ein freiwilliges Arbeitsverhältnis nach § 15 a Zivildienstgesetz aufzunehmen.[41]

In der Literatur wird am häufigsten die Arbeitsauflage genannt. In Betracht kommen Tätigkeiten in staatlichen Einrichtungen und gemeinnützigen Organisationen: in Krankenhäusern, Unfallstationen, Pflege- und Altershei-

---

30 Vgl. Systematischer Kommentar-Horn 1992, § 56 b Rz. 13.

31 Baumann/Weber 1985, 697; ähnlich auch Jescheck 1988, 757.

32 Stree in Schönke/Schröder 1991, § 56 b Rz. 2; Leipziger Kommentar-Ruß 1985, § 56 b Rz. 1; Mrozynski, JR 1987, 273; OLG Zweibrücken, JR 1991, 290.

33 Lackner 1993, § 56 b Rz. 1.

34 Dreher/Tröndle 1993, § 56 b Rz. 1.

35 Systematischer Kommentar-Horn 1992, § 56 b Rz. 2.

36 Maurach/Gössel/Zipf 1989, 645.

37 Pfohl 1983, 54; vgl. auch OLG Celle, NStZ 1990, 148.

38 Stree in Schönke/Schröder 1991, § 56 b Rz. 13.

39 Leipziger Kommentar-Ruß 1985, § 56 b Rz. 13; Pfohl 1983, 58.

40 So OLG Hamburg, NJW 1969, 1780 (1782); OLG Hamm, StV 1981, 75; *a.A.:* LG Köln 1989, 1171; Dreher/Tröndle 1993, § 56 b Rz. 8; Systematischer Kommentar-Horn 1992, § 56 b Rz. 11 .

41 So OLG Hamm, StV 1981, 75f.; OLG Nürnberg, NStZ 1982, 429; als problematisch erachtet von Maurach/Gössel/Zipf 1989, 646; Stree in Schönke/Schröder 1991, § 56 b Rz. 16.

men, Parkanlagen, Sportstätten, auf Friedhöfen, bei der Feuerwehr, Verkehrswacht, Bergwacht, beim Roten Kreuz.[42]

Das OLG Celle will eine Arbeitsauflage dann nicht anordnen, wenn die Verurteilten keine Defizite in ihrem Arbeitsverhalten aufweisen, woraus sich neue Straftaten bilden könnten. Dies soll der "spezialpräventive(n), nämlich kriminalpädagogische(n) Rechtfertigung der Arbeitsauflage" widersprechen.[43] Diese Entscheidung stellt sich gegen die herrschende Auffassung vom strafähnlichen Charakter der Auflagen und ist daher abgelehnt worden.[44] Horn will bei Arbeitsdefiziten eher Weisungen nach § 56 c Abs.2 Nr.1 StGB in Betracht ziehen.[45]

Das OLG Celle ordnete wegen fehlender Arbeitsdefizite des Verurteilten anstelle der Arbeitsauflage eine Geldauflage an. Da der Verurteilte aber keinen Arbeitsplatz hatte, hat das Gericht die Erlaubnis erteilt, diese Auflage durch gemeinnützige Arbeit i.S.d. Art. 293 EGStGB zu tilgen.[46] Die Entscheidung ist auch in diesem Punkt kritisiert worden, weil Art. 293 EGStGB lediglich die Ablösung der Ersatzfreiheitsstrafe nach § 43 StGB zuläßt.[47]

Gegen Arbeitsauflagen im Rahmen der Strafaussetzung zur Bewährung sind verfassungsrechtliche Bedenken aufgrund der Verletzung von Art. 103 Abs.2 GG ("lückenhafte Ausgestaltung der Norm") und Art. 12 Abs.2 und 3 GG ("zwangsweise Anordnung der Arbeit") geäußert worden.[48] Das BVerfG hat jedoch entschieden, daß § 56 b Abs.2 Nr.3 StGB mit dem Grundgesetz in Einklang steht.[49]

---

42 Vgl. Leipziger Kommentar-Ruß 1985, § 56 b Rz. 13; Systematischer Kommentar-Horn 1992, § 56 b Rz. 11; Dreher/Tröndle 1993, § 56 b Rz. 8; Jescheck 1988, 758; Maurach/Gössel/Zipf 1989, 646; Baumann/Weber 1985, 698.

43 OLG Celle, NStZ 1990, 148.

44 Arloth, NStZ 1990, 148f.; Systematischer Kommentar-Horn 1992, § 56 b Rz. 11; Dreher/Tröndle 1993, § 56 b Rz. 8; Lackner 1993, § 56 b Rz. 5.

45 Systematischer Kommentar-Horn 1992, § 56 b Rz. 11.

46 OLG Celle, NStZ 1990, 148.

47 Arloth, NStZ 1990, 149; Lackner 1993, § 56 b Rz. 4; Systematischer Kommentar-Horn 1992, § 56 b Rz. 7; dem OLG Celle zustimmend Stree in Schönke/Schröder 1991, § 56 b Rz. 15. – Siehe zu Art. 293 EGStGB Kap. V.1.1.

48 Vgl. OLG Hamburg, NJW 1969, 1780ff.; Stree in Schönke/Schröder 1991, § 56 b Rz. 14, 15; Blau 1986, 206; Mrozynski, JR 1987, 274; Köhler, GA 1987, 145ff. (149).

49 BVerfG, NJW 1991, 1043f. = NStZ 1991, 181. Zustimmend Lackner 1993, § 56 b Rz. 6; vgl. auch Dreher/Tröndle 1993, § 56 b Rz. 8; Systematischer Kommentar-Horn 1992, § 56 b Rz. 12. – Dagegen ist nach dem BVerfG (JA 1982, 312f.) im Rahmen des § 56 b Abs.2 Nr.1 StGB eine Auflage unzulässig, wonach unverzüglich ein Arbeitsverhältnis zu begründen ist.

§ 56 b Abs.3 StGB ermöglicht es den Verurteilten, auch freiwillig angemessene Leistungen zu erbringen, wenn diese der Genugtuung für das begangene Unrecht dienen (sog. "Anerbieten").[50]

1.2.2 Die Zumutbarkeit der Arbeitsauflage

Nach § 56 b Abs.1 S.2 StGB muß bei der Verhängung der Auflagen das Kriterium der Zumutbarkeit beachtet werden. Es dürfen an die Verurteilten keine unzumutbaren Anforderungen gestellt werden. Nach Baumann/Weber dürfen insbesondere die gemeinnützigen Leistungen nicht auf Umwegen wieder zu einer Art Freiheitsstrafe werden.[51]

§ 56 b Abs.1 S.2 StGB hat für die Arbeitsauflage eine ähnliche Bedeutung wie § 18 Abs.3 BSHG für die Sozialhilfearbeiten. Es darf keine Arbeitsauflage angeordnet werden, die die körperliche Leistungsfähigkeit des/der Verurteilten übersteigt[52] oder mit der Ausübung des Sorgerechts für die Kinder nicht in Einklang steht.[53] Dies entspricht den Unzumutbarkeitsgründen des Sozialhilferechts.[54] Nach § 56 b Abs.1 S.2 StGB ist es auch unzulässig, Auflagen zu verhängen, die ihrem Umfang nach oder in der Art mit einem Arbeitsverhältnis oder einer Berufsausbildung der Verurteilten nicht vereinbar wären.[55]

1.2.3 Praktische Bedeutung

Arbeitsauflagen nach § 56 b Abs.2 Nr.3 StGB werden von den Gerichten selten angeordnet.[56] Jedoch kann nicht mehr – wie Anfang der 1980er Jahre – davon gesprochen werden, daß die Vorschrift nur "Papierwerk" sei.[57] Durch die Zunahme der gemeinnützigen Arbeit i.S.d. Art. 293 EGStGB hat auch § 56 b Abs.2 Nr.3 StGB an Bedeutung gewonnen. Von den Ländern

---

50 Siehe dazu Pfohl 1983, 54-56.

51 Baumann/Weber 1985, 698.

52 Leipziger Kommentar-Ruß 1985, § 56 b Rz. 14; Systematischer Kommentar-Horn 1992, § 56 b Rz. 11; Dreher/Tröndle 1993, § 56 b Rz. 8.

53 BVerfG, NJW 1991, 1043 (1044) = NStZ 1991, 181.

54 Vgl. Kap. IV.1.1.1 (bei Fn. 30).

55 BVerfG, NJW 1991, 1043 (1044) = NStZ 1991, 181; Systematischer Kommentar-Horn 1992, § 56 b Rz. 11.

56 Vgl. Albrecht, BewHi 1985, 125; Albrecht/Schädler, ZRP 1988, 279.

57 Pfohl 1983, 68.

Baden-Württemberg[58], Berlin[59], Hessen[60] und Schleswig-Holstein[61] wird berichtet, daß anstelle von Geldauflagen[62] immer mehr Arbeitsauflagen erteilt werden.

1.3 Die Arbeitsauflage bei der Aussetzung des Strafrestes zur Bewährung (§§ 57 Abs.3, 57 a Abs.3 StGB)

Im Rahmen der Aussetzung des Strafrestes ist sowohl bei einer zeitigen Freiheitsstrafe über § 57 Abs.3 StGB als auch bei einer lebenslangen Freiheitsstrafe über § 57 a Abs.3 StGB die Erteilung von Arbeitsauflagen möglich.

1.3.1 § 57 Abs.3 StGB

Die Aussetzung des Strafrestes bei zeitigen Freiheitsstrafen[63] ist nach § 57 Abs.1 StGB zwingend, wenn zwei Drittel der verhängten Strafe, mindestens jedoch zwei Monate, verbüßt sind. Voraussetzungen sind eine günstige, aber im Vergleich zu § 56 Abs.1 StGB weniger restriktive, Täterprognose[64] und die Einwilligung der Verurteilten. Eine Ausnahme von der obligatorischen Aussetzung ist in § 57 Abs.5 StGB vorgesehen. Die Strafaussetzung nach § 57 Abs.2 StGB ist als Kannbestimmung ausgestaltet und schon nach der Verbüßung der Hälfte einer zeitigen Freiheitsstrafe, mindestens von jedoch sechs Monaten, möglich. Zudem wird die erstmalige Verbüßung einer zwei Jahre nicht übersteigenden Freiheitsstrafe oder das Vorliegen "besonderer

---

58 Pflieger 1986, 158.

59 Rehder 1986, 175.

60 Brause 1986, 206; Albrecht/Schädler ZRP 1988, 282.

61 H.A. Schmidt 1986, 273.

62 Albrecht (1980, 317) hat festgestellt, daß bei der Strafaussetzung zur Bewährung in etwa 70 % der Fälle eine Geldauflage angeordnet wird. Vgl. auch Systematischer Kommentar-Horn 1992, § 56 b Rz. 7.

63 Die Anwendung von § 57 StGB auf Ersatzfreiheitsstrafen ist umstritten. Während die herrschende Meinung in der Literatur sich für eine Anwendung ausspricht, hält der überwiegende Teil der oberlandesgerichtlichen Rechtsprechung dies für unzulässig. Vgl. Dölling, NStZ 1981, 86; Dreher/Tröndle 1993, § 57 Rz. 2a m.w.N.

64 Vgl. Lackner 1993, § 57 Rz. 7; Stree in Schönke/Schröder 1991, § 57 Rz. 9; Jescheck 1988, 762.

Umstände" gefordert. Innerhalb der Aussetzung nach Absatz 2 können auch Aspekte der positiven Generalprävention berücksichtigt werden.[65]

Liegen die Aussetzungsvoraussetzungen vor, können gemäß § 57 Abs.3 StGB i.V.m. § 56 b Abs.2 Nr.3 StGB gemeinnützige Arbeiten als Auflage von den zuständigen Strafvollstreckungskammern[66] angeordnet werden. Hierbei stellt sich die Frage, ob Auflagen noch sinnvoll sind, da das Genugtuungsbedürfnis durch die vorangegangene Strafvollstreckung erledigt sein könnte.[67] Nach herrschender Meinung werden Auflagen für zulässig erachtet, wenn die Genugtuung für das begangene Unrecht sie noch erfordert.[68] Von einigen Kommentatoren wird daher nur die Auflage der Schadenswiedergutmachung i.S.d. § 56 b Abs.2 Nr.1 StGB als zweckmäßig angesehen.[69] Ausdrücklich abgelehnt wird die gemeinnützige Arbeit als Auflage von Horn und Ruß.[70] Nach der Ansicht von Arloth soll eine Arbeitsauflage vornehmlich bei kurzen Freiheitsstrafen in Betracht kommen, weil der Vergeltungszweck dann noch eher zum Tragen käme.[71] Pfohl will bei beruflich noch unentschlossenen Entlassenen "mit Hilfe" einer Arbeitsauflage, die stark in die Richtung der Weisungen gemäß § 56 c Abs.2 StGB geht, eine Orientierung bei der Wahl eines Berufes oder einer Ausbildung bieten.[72]

Die praktische Anwendung der gemeinnützigen Arbeit als Auflage innerhalb des § 57 Abs.3 StGB ist selten.[73]

---

65 Stree in Schönke/Schröder 1991, § 57 Rz. 25; Lackner 1993, § 57 Rz. 20; Jescheck 1988, 763.

66 Gemäß § 462 a StPO; vgl. Lackner 1993, § 57 Rz. 27.

67 Vgl. Pfohl 1983, 70; Leipziger Kommentar-Ruß 1985, § 57 Rz. 22; Lackner 1993, § 57 Rz. 23. Baumann/Weber (1985, 702) halten Auflagen im Rahmen des § 57 StGB für völlig verfehlt.

68 Leipziger Kommentar-Ruß 1985; § 57 Rz. 22; Lackner 1993, § 57 Rz. 23; Stree in Schönke/Schröder 1991, § 57 Rz. 32; Systematischer Kommentar-Horn 1992, § 57 Rz. 19; Arloth, NStZ 1990, 148; OLG Celle, StV 1981, 554; anders OLG Celle, NStZ 1990, 148.

69 Systematischer Kommentar-Horn 1992, § 57 Rz. 19; Leiziger Kommentar-Ruß 1985, § 57 Rz. 22; Stree in Schönke/Schröder 1991, § 57 Rz. 32; Dreher/Tröndle 1993, § 57 Rz. 10.

70 Systematischer Kommentar-Horn 1992, § 57 Rz. 19; Leipziger Kommentar-Ruß 1985, § 57 Rz. 22. – Ebenso wird die Auflage der Geldbuße nach § 57 Abs.3 StGB als unzweckmäßig erachtet.

71 Arloth, NStZ 1990, 149.

72 Pfohl 1983, 71f.

73 Siehe Pfohl 1983, 73.

1.3.2 § 57 a Abs.3 StGB

Nach § 57 a Abs.1 StGB ist auch bei lebenslangen Freiheitsstrafen nach Verbüßung von mindestens 15 Jahren eine Strafrestaussetzung zur Bewährung möglich. Anders als bei der zeitigen Freiheitsstrafe ist die Aussetzung nach Ablauf der Mindestzeit und trotz günstiger Sozialprognose i.S.d. § 57 a Abs.1 Nr.3 StGB ausgeschlossen, wenn die besondere Schwere der Schuld des/der Verurteilten die weitere Vollstreckung erfordert.

Die Erteilung von Auflagen kann zwar gemäß § 57 a Abs.3 StGB in Betracht kommen, in der Regel soll aber davon abgesehen werden.[74] Die Arbeitsauflage spielt bei der Aussetzung von lebenslangen Strafen gar keine Rolle.

1.4 Die Arbeitsauflage bei der Verwarnung mit Strafvorbehalt (§ 59 a Abs.2 StGB)

Auch im Rahmen der Verwarnung nach § 59 StGB ist die gemeinnützige Arbeit als Auflage vorgesehen.

Nach § 59 Abs.1 StGB kann das Gericht bei einer Geldstrafe bis zu 180 Tagessätzen eine Verwarnung mit Strafvorbehalt aussprechen, wenn eine günstige Sozialprognose und "besondere Umstände" vorliegen und die Verteidigung der Rechtsordnung die Verurteilung zu Strafe nicht gebietet. § 59 StGB wird als "Reaktionsmittel eigener Art" angesehen.[75] Der Ausnahmecharakter des Instituts[76] spiegelt sich in der Praxis wider: Im Jahr 1989 wurden bei 501.706 verhängten Geldstrafen bis zu 180 Tagessätzen nur 3.388 (0,67 %) Verwarnungen nach § 59 StGB ausgesprochen.[77]

Nach § 59 a Abs.1 StGB ist die Dauer der Bewährungszeit zu bestimmen; für die Erteilung von Auflagen gilt nach Absatz 2 § 56 b StGB entsprechend. Die Auflagen müssen wie bei der Strafaussetzung der Genugtuung für das begangene Unrecht dienen. In der Literatur werden die Auflagen der Schadenswiedergutmachung und die Geldauflagen als am sinnvollsten ange-

---

74 Vgl. Dreher/Tröndle 1993, § 57 a Rz. 14; Stree in Schönke/Schröder 1991, § 57 a Rz. 16; Systematischer Kommentar-Horn 1992, § 57 a Rz. 19; Leipziger Kommentar-Ruß 1985, § 57 a Rz. 14.

75 Dreher/Tröndle 1993, Vor § 59 Rz. 3; Stree in Schönke/Schröder 1991, § 59 Rz. 1.

76 Stree in Schönke/Schröder 1991, § 59 Rz. 1; Lackner 1993, § 59 Rz. 1.

77 Vgl. Dreher/Tröndle 1993, Vor § 59 Rz. 2; Schöch 1992, 266. – Allerdings ist in den letzten Jahren eine leichte Tendenz der "vorsichtigen" Ausweitung des § 59 StGB festzustellen. Siehe Schöch 1992, 255ff. (260).

sehen.[78] Mit Hilfe der Geldbuße sollen Sanktionsungerechtigkeiten vermieden werden, die im Zusammenhang mit Taten entstehen können, auf die nur das Ordnungswidrigkeitengesetz anwendbar ist.[79]

Der Stellenwert der Arbeitsauflage nach § 59 a Abs.2 StGB ist gering. Horn will die Auflage, gemeinnützige Leistungen i.S.d. § 56 b Abs.2 Nr.3 StGB zu erbringen, nur dann in Betracht ziehen, wenn die Geldauflage nicht von den Verurteilten persönlich erfüllt werden würde.[80] Nach der Ansicht von Stree widerspräche die Erteilung von Arbeitsauflagen dem Verhältnismäßigkeitsgrundsatz. Als gemeinnützige Leistungen sollen seiner Ansicht nach lediglich finanzielle Opfer in Frage kommen.[81] Nur Pfohl sieht die Arbeitsauflage, wenn diese auf einen kurzen Zeitraum begrenzt ist, als taugliche Alternative.[82]

1.5 Die Arbeitsauflage bei der Verfahrenseinstellung nach § 153 a Abs.1 S.1 Nr.3, Abs.2 StPO

Die durch das EGStGB[83] eingeführte Norm ermöglicht die Einstellung des Strafverfahrens gegen Auflagen und Weisungen. Neben der Verfahrensbeschleunigung und Justizentlastung erfüllt § 153 a StPO den Zweck der Entkriminalisierung und trägt damit zur Wahrung der "Ultima-ratio-Aufgabe" des Strafrechts bei.[84] Kriminalpolitisch stellt das Verfahren eine Variante zur Strafaussetzung zur Bewährung dar.[85]

Eine Verfahrenseinstellung kommt bei einem Vergehen in Frage, wobei ein hinreichender Tatverdacht bestehen muß.[86] Die in § 153 a Abs.1 S.1 StPO genannten Auflagen und Weisungen müssen geeignet sein, das öffentli-

78 Dreher/Tröndle 1993, § 59 a Rz. 2; Leipziger Kommentar-Ruß 1985, § 59 a Rz. 3; Jescheck 1988, 767; Stree in Schönke/Schröder 1991, § 59 a Rz. 4; Lackner 1993, § 59 a Rz. 2; Systematischer Kommentar-Horn 1992, § 59 a Rz. 4.

79 Vgl. Stree in Schönke/Schröder 1991, § 59 a Rz. 4; Leipziger Kommentar-Ruß 1985, § 59 a Rz. 3.

80 Systematischer Kommentar-Horn 1992, § 59 a Rz. 4; ähnlich auch Leipziger Kommentar-Ruß 1985, § 59 a Rz. 3.

81 Stree in Schönke/Schröder 1991, § 59 a Rz. 4.

82 Pfohl 1983, 83.

83 BGBl. 1974 I S. 469, 508f.

84 Vgl. Rieß in Löwe/Rosenberg 1989, § 153 a Rz. 4; Schöch in AK-StPO 1992, § 153 a Rz. 1. – Siehe auch Kap. IV.3.1.1 (bei Fn. 114).

85 Kleinknecht/Meyer 1991, § 153 a Rz. 2.

86 Kleinknecht/Meyer 1991. § 153 a Rz. 6; Schöch in AK-StPO 1992, § 153 a Rz. 11; Karlsruher Kommentar-Schoreit 1993, § 153 a Rz. 10.

che Interesse an der Strafverfolgung zu kompensieren. Das bedeutet, daß die Leistungen des/der Beschuldigten so gewichtig sein müssen, daß sie das Ausmaß der spezial- und generalpräventiven Strafbedürftigkeit ausräumen können.[87] Ferner darf die Schwere der Schuld der Verfahrenseinstellung nicht entgegenstehen. In der vorher geltenden Fassung wurde eine "geringe Schuld" verlangt. Gemäß Art. 2 Nr.3 des Gesetzes zur Entlastung der Rechtspflege vom 11.1.1993[88] wurde das Tatbestandsmerkmal der Schuld modifiziert und der Anwendungsbereich der Vorschrift auch auf die mittlere Kriminalität erweitert.[89]

Bis zur Erhebung der Anklage obliegt nach § 153 a Abs.1 StPO die Erteilung der Auflagen der Staatsanwaltschaft, wobei das für das Hauptverfahren zuständige Gericht[90] und der/die Beschuldigte zustimmen müssen. Gemäß § 153 a Abs.2 StPO ist das Gericht nach Klageerhebung unter Zustimmung der Staatsanwaltschaft und des/der Angeschuldigten zuständig.

Der Katalog der zulässigen Auflagen – Schadenswiedergutmachung (§ 153 a Abs.1 S.1 Nr.1 StPO), Geldleistung (Nr.2), gemeinnützige Leistungen (Nr.3) – und Weisungen (Nr.4) enthält eine abschließende Aufzählung.[91] Die Auflagen sollen keinen Strafcharakter haben.[92] Es wird ihnen aber überwiegend die Funktion einer Sanktion zugeschrieben.[93] Das Verfahren nach § 153 a StPO wird demzufolge auch als "Beendigungsverfahren mit Selbstunterwerfung"[94] oder als "freiwilliges Unterwerfungsverfahren"[95] bezeichnet.

---

87 Schöch in AK-StPO 1992, § 153 a Rz. 15; Karlsruher Kommentar-Schoreit 1993, § 153 a Rz. 12.

88 BGBl. 1993 I S. 50f.; gemäß Art. 15 Abs.1 am 1.3.1993 in Kraft getreten.

89 Siehe die amtliche Begründung, BT-Drucks. 12/1217, S. 34.

90 Nach § 153 a Abs.1 S.6 StPO i.V.m. § 153 Abs.1 S.2 StPO bedarf es keiner gerichtlichen Zustimmung bei Delikten, die im unteren Bereich der Bagatellkriminalität anzusiedeln sind. § 153 Abs.1 S.2 StPO wurde durch Art. 2 Nr.2 des Gesetzes zur Entlastung der Rechtspflege vom 11.1.1993 (BGBl. I S. 50f.) geändert. Die davor geltende Fassung betraf geringfügige Vermögensdelikte. Vgl. BT-Drucks. 12/1217, S. 34.

91 Vgl. Rieß in Löwe/Rosenberg 1989, § 153 a Rz. 38; KMR-Müller 1993, § 153 a Rz. 4.

92 Vgl. BGHSt 28, 174 (176); Rieß in Lowe/Rosenberg 1989, § 153 a Rz. 8; so jedoch Hirsch, ZStW 92, 224 ("pönale Sanktionen").

93 Rieß in Löwe/Rosenberg 1989, § 153 a Rz. 8 (Fn. 22), 9; Kleinknecht/Meyer 1991, § 153 a Rz. 12; Denker, JZ 1973, 149; Gössel 1982, 138; Keunecke/Schinkel, MschrKrim 1984, 158; Wolter, GA 1985, 65.

94 BGHSt 28, 69 (70); Kleinknecht/Meyer 1991, § 153 a Rz. 12.

95 Schöch in AK-StPO 1992, § 153 a Rz.4; kritisch Rieß in Löwe/Rosenberg 1989, § 153 a Rz. 10.

1.5.1 Gemeinnützige Arbeit

Die in § 153 a Abs.1 S.1 Nr.3 StPO genannten "gemeinnützigen Leistungen" stimmen mit denen in § 56 b Abs.2 Nr.3 StGB überein.[96] Sie umfassen daher auch gemeinnützige Arbeit. Als Beispiele werden erwähnt: Hilfsdienste in einem Krankenhaus, in Alten- und Pflegeheimen, in Betreuungsstätten für Behinderte; Gartenarbeiten in öffentlichen Anlagen; handwerkliche Arbeiten für Kinderspielplätze und Jugendstätten; Umweltsäuberungsaktionen; Arbeitsleistungen für das Rote Kreuz.[97] Anforderungen an die Zumutbarkeit der Tätigkeiten sind im Gegensatz zu § 56 b Abs.1 S.2 StGB nicht explizit formuliert,[98] jedoch soll die Zumutbarkeitsklausel auch hier gelten.[99]

Für die Erfüllung der Auflagen ist nach § 153 a Abs.1 S.2 StPO eine Frist von höchstens sechs Monaten festgelegt. Die Frist soll unter dem Höchstmaß liegen und möglichst drei Monate nicht übersteigen.[100]

1.5.2 Praktische Bedeutung

Das Verfahren nach § 153 a StPO hat seit dem Inkrafttreten am 1.1.1975 von Jahr zu Jahr eine immer größere Bedeutung erlangt. Die Einstellungen nach Absatz 1 und 2 stiegen in den Jahren von 1977 bis 1989 von 89.861 auf 235.356 (Zunahmequote 262 %).[101]

Die Arbeitsauflage nach § 153 a Abs.1 S.1 Nr.3, Abs.2 StPO hat jedoch eine geringe Verwendung. Im Jahr 1987 hatte sie im Auflagenkatalog mit 0,7 % den geringsten Anteil.[102] Allerdings werden – wie im Rahmen des § 56 b Abs.2 StGB – seit Mitte der 1980er Jahre bedingt durch die

---

96 Rieß in Löwe/Rosenberg 1989, § 153 a Rz. 48; vgl. auch Pfohl 1983, 76.

97 Vgl. Schöch in AK-StPO 1992, § 153 a Rz. 31; Kleinknecht/Meyer 1991, § 153 a Rz. 21; Karlsruher Kommentar-Schoreit 1993, § 153 a Rz. 20; KMR-Müller 1993, § 153 a Rz. 7.

98 Siehe Kap. V.1.2.2.

99 Karlsruher Kommentar-Schoreit 1993, § 153 a Rz. 15; Rieß in Löwe/Rosenberg 1989, § 153 a Rz. 39; Pfohl 1983, 76.

100 Kleinknecht/Meyer 1991, § 153 a Rz. 23; vgl. auch Schöch in AK-StPO 1992, § 153 a Rz. 23.

101 Einstellungszahlen nach Schöch 1992, 266 sowie eigene Berechnungen. Vgl. auch Schöch in AK-StPO 1992, § 153 a Rz. 5.

102 Die Wiedergutmachungsauflage betrug 0,8 %, die Geldauflage 98,3 %, die Weisung 0,2 %. Siehe Schöch in AK-StPO 1992, § 153 a Rz. 6.

Zunahme der gemeinnützigen Arbeit nach Art. 293 EGStGB anstelle von Geldauflagen vermehrt Arbeitsauflagen angeordnet.[103]

2 Die Reaktion des Strafrechts auf die "Verweigerung" von gemeinnütziger Arbeit

Im Sozialhilferecht ist bei der Verweigerung von gemeinnnütziger Arbeit i.S.d. § 19 Abs.2 S.1 2.Alt. BSHG die Vorschrift des § 25 Abs.1 BSHG anwendbar, wodurch die Hilfe zum Lebensunterhalt stufenweise gekürzt bzw. gänzlich entzogen werden kann. Dies Verfahren verkörpert, wie sich gezeigt hat, strafrechtliche Tendenzen.[104]

Im folgenden werden die Reaktionen des Strafrechts auf die Schlecht- bzw. Nichtleistung von gemeinnütziger Arbeit dargestellt.

2.1 Der Widerruf der "Gestattung, die Vollstreckung der Ersatzfreiheitsstrafe abzuwenden" in den Länderregelungen nach Art. 293 EGStGB

Die an einen Antrag gekoppelte "Gestattung, die Vollstreckung der Ersatzfreiheitsstrafe durch gemeinnützige Arbeit abzuwenden", kann unter bestimmten Voraussetzungen widerrufen werden. Die Länderregelungen i.S.d. Art. 293 EGStGB enthalten hierfür einen Widerrufskatalog.[105] In der Regel kommt ein Widerruf in Betracht bei:

- Nichtaufnahme oder Abbruch der Arbeit;
- nicht ordnungsgemäßer Erfüllung der Arbeitsleistung;
- gröblichem oder beharrlichem Verstoß gegen erteilte Anweisungen;
- sonstigen schuldhaften Verhaltensweisen.

In der bayerischen Gnadenregelung sind als Widerrufsgründe außerdem noch das Begehen einer neuen Straftat und das nicht fristgemäße Vorlegen der Bestätigung über die geleistete Arbeit vorgesehen.[106] Die verspätete

---

103 Vgl. Pflieger 1986, 158 (Baden-Württemberg); Rehder 1986, 175 (Berlin); Brause 1986, 206 und Albrecht/Schädler, ZRP 1988, 282 (Hessen); H.A. Schmidt 1986, 273 (Schleswig-Holstein).

104 Vgl. Kap. IV.3.

105 Baden-Württemberg (§ 6 Abs.1); Bayern (Nr. IV.1.); Berlin (§ 6 Abs.1); Brandenburg (§ 6 Abs.1); Bremen (§ 5 Abs.2); Hamburg (§ 4 Abs.1); Hessen (§ 6 Abs.1); Mecklenburg-Vorpommern (§ 6 Abs.1); Niedersachsen (§ 7 Abs.1); Nordrhein-Westfalen (§ 6 Abs.1); Rheinland-Pfalz (§ 6 Abs.1); Saarland (§ 5 Abs.1); Schleswig-Holstein (§ 6 Abs. 2); Thüringen (§ 7 Abs.1).

106 Nach Nr. IV.b. und IV.e. der Regelung.

Vorlage der Bestätigung kann im Saarland ebenfalls zum Widerruf führen.[107] Nach der Hamburger Verordnung ist ein Widerruf auch bei der Nichtstellung der erforderlichen Arbeitskleidung und der Nichtduldung einer notwendigen ärztlichen Untersuchung durch die Verurteilten möglich.[108]

Die Ländervorschriften enthalten keine Regelungen, wie das Verfahren nach einem Widerruf erledigt wird. Es kann sowohl zur Verbüßung der Ersatzfreiheitsstrafe als auch noch zur Zahlung der Geldstrafe kommen.[109] In allen Vorschriften – mit Ausnahme der bayerischen – wird bestimmt, daß die Zahlung der Geldstrafe jederzeit möglich ist.[110]

Die Widerrufsgründe in den Bestimmungen der Bundesländer ähneln denen Voraussetzungen, die zur Anwendung von § 25 Abs.1 BSHG im Sozialhilferecht führen. § 25 Abs.1 BSHG verlangt eine schuldhafte Verweigerung zumutbarer, d.h. auch gemeinnütziger Arbeit.[111] Die Verweigerung kann z.B. in einer Ablehnung, einer Niederlegung oder Aufgabe der Arbeit[112] oder in einer schuldhaft absolut unzureichenden Arbeitsleistung[113] bestehen. Auch die Ablehnung einer ärztlichen Untersuchung kann die Rechtsfolge nach § 25 Abs.1 BSHG auslösen.[114]

2.2 *Der Widerruf der Strafaussetzung zur Bewährung gemäß § 56 f StGB*

Bei Schlecht- oder Nichtleistung der Arbeitsauflagen im Rahmen der Strafaussetzung nach §§ 56, 56 b Abs.2 Nr.3 StGB ist als Reaktionsmöglichkeit der Widerruf nach § 56 f StGB vorgesehen. Die Vorschrift gilt entsprechend ebenfalls für die Aussetzung des Strafrestes einer zeitigen Freiheitsstrafe (§ 57 Abs.3 StGB) und einer lebenslangen Freiheitsstrafe (§ 57 a Abs.3 StGB). Die Vorläuferregelung von § 56 f StGB ist § 25 StGB a.F.[115]

Der Widerruf der Strafaussetzung erfolgt nach § 56 f Abs.1 S.1 Nr.3 StGB, wenn die Verurteilten in der Bewährungszeit gröblich oder beharrlich gegen Auflagen verstoßen, z.B. gemeinnützige Arbeiten zu verrich-

---

107 Nach § 5 Abs.1 Nr.f der VO.
108 Nach § 4 Abs.1 Nr.4 der VO.
109 Vgl. Feuerhelm 1991, 138.
110 Siehe Kap. V.1.1.1.4 (bei Fn. 25).
111 Siehe Kap. IV.2.
112 Vgl. Schmitt 1992, § 25 Rz. 5.
113 Schellhorn/Jirasek/Seipp 1993, § 25 Rz. 7; Gottschick/Giese 1985, § 25 Rz. 2.1.
114 Schellhorn/Jirasek/Seipp 1993, § 25 Rz. 7; Schmitt 1992, § 25 Rz. 5; LPK-BSHG 1991, § 25 Rz. 4.
115 Vgl. Leipziger Kommentar-Ruß 1985, § 56 f vor Rz. 1.

ten.[116] Weitere Anforderungen werden nicht verlangt, weil es der Zweck der Auflage ist, daß die Verurteilten Genugtuung für das begangene Unrecht leisten und bereits mit der Schlecht- oder Nichterfüllung der Auflage das entscheidende Kriterium für die Strafaussetzung entfällt.[117]

Ein gröblicher Verstoß liegt bei erheblichen bzw. schwerwiegenden Zuwiderhandlungen vor.[118] Die Zuwiderhandlung muß schuldhaft erfolgen.[119] Zum Teil wird hierbei die Meinung vertreten, daß sich die Betroffenen der Schwere und der Relevanz des Verstoßes in vollem Umfang bewußt gewesen sein müssen.[120] Vorherige Abmahnungen sind nicht erforderlich;[121] sie können aber von Bedeutung sein.[122]

Beharrlich ist der Verstoß, wenn die Verurteilten die Erfüllung der Auflagen wiederholt verweigern oder trotz einer Mahnung den Auflagen nicht nachkommen.[123]

Der Widerruf – und damit die Vollstreckung der (Rest-)Strafe – ist obligatorisch, sobald ein gröblicher oder beharrlicher Verstoß gegen eine Arbeitsauflage vorliegt und nicht nach § 56 f Abs.2 StGB vom Widerruf abzusehen ist.[124]

Die Einschränkung der Widerrufsmöglichkeit nach Absatz 2 wird als Kodifizierung des Verhältnismäßigkeitsgrundsatzes[125] oder als "Ultima-ratio-Charakter" des Widerrufs[126] begriffen. Vom Widerruf ist abzusehen, wenn weniger einschneidende Maßnahmen, d.h. die Erteilung weiterer Auf-

---

116 § 56 e StGB ermöglicht bei neuen, während der Strafaussetzung noch nicht bekannt gewesenen Umständen auch eine nachträgliche Anordnung von Auflagen. Siehe Horn, MDR 1981, 13ff.

117 Vgl. Stree in Schönke/Schröder 1991, § 56 f Rz. 8; Horn, JR 1981, 7f.

118 Vgl. LG Mainz, MDR 1975; 772 (773); Stree in Schönke/Schröder 1991, § 56 f Rz. 6; Lackner 1993, § 56 f Rz. 6; Leipziger Kommentar-Ruß 1985, § 56 f Rz. 6.

119 Vgl. Stree in Schönke/Schröder 1991, § 56 f Rz. 6, 8; Leipziger Kommentar-Ruß 1985, § 56 f Rz. 6, 10; Systematischer Kommentar-Horn 1992, § 56 f Rz. 17, 24.

120 Dreher/Tröndle 1993, § 56 f Rz. 4; OLG Bremen, StV 1990, 118 (119); OLG Hamm, GA 1959, 59f. zu § 25 StGB a.F.; vgl. auch Leipziger Kommentar-Ruß 1985, § 56 f Rz. 10; OLG Nürnberg, GA 1962, 91 zu § 25 StGB a.F.

121 Vgl. Dreher/Tröndle 1993, § 56 f Rz. 4.

122 Leipziger Kommentar-Ruß 1985, § 56 f Rz. 6; Stree in Schönke/Schröder 1991, § 56 f Rz. 8; weitgehend LG Mainz, MDR 1975, 772 (773) und LG Karlsruhe, NJW 1960, 495 zu § 25 StGB a.F.

123 Vgl. Stree in Schönke/Schröder 1991, § 56 f Rz. 6; Leipziger Kommentar-Ruß 1985, § 56 f Rz. 7; LG Mainz, MDR 1975, 772.

124 Vgl. Lackner 1993, § 56 f Rz. 7; Horn, JR 1981, 5. – Zur Anrechnung von erbrachten Arbeitsleistungen nach § 56 f Abs.3 StGB siehe Pfohl 1983, 65f.

125 Lackner 1993, § 56 f Rz. 9; Stree in Schönke/Schröder 1991, § 56 f Rz. 9.

126 Maurach/Gössel/Zipf 1989, 650.

lagen oder Weisungen, die Unterstellung unter eine/n Bewährungshelfer/in (§ 56 f Abs.2 S.1 Nr.1 StGB) oder die Verlängerung der Bewährungszeit (Nr.2), ausreichen.

Horn hält die Möglichkeiten für ein Absehen vom Widerruf im Falle eines Auflagenverstoßes für gering. Regelmäßig soll seiner Ansicht nach die Erteilung von Weisungen oder die Unterstellung unter eine/n Bewährungshelfer/in ausscheiden. In eingeschränktem Maß sollen abgeänderte Auflagen in Frage kommen, wenn der Genugtuungswert der gleiche ist.[127] Stree will die Erteilung weiterer Auflagen nach § 56 f Abs.2 S.1 Nr.1 StGB nur bei einem Verstoß gegen Auflagen in Betracht ziehen, wenn dadurch eine hinreichende Genugtuungswirkung erreicht werden könne.[128] Weitreichender sind die Meinungen anderer Kommentatoren, wonach die Anordnung weiterer Auflagen neben oder anstelle der bisherigen bzw. in beliebiger Art zulässig sein soll.[129]

2.3 Die Verurteilung zu der vorbehaltenen Strafe nach § 59 b StGB

Ein Verstoß gegen die Auflage, gemeinnützige Arbeiten zu verrichten, führt bei der Verwarnung mit Strafvorbehalt zu ähnlichen Reaktionen wie bei der Strafaussetzung zur Bewährung. Nach § 59 b Abs.1 StGB gilt § 56 f StGB entsprechend. Sind die Voraussetzungen des § 56 f Abs.1 Nr.3 StGB erfüllt,[130] verurteilt das Gericht den/die Verwarnte/n zu der vorbehaltenen Strafe. Auch § 56 f Abs.2 StGB (Absehen vom Widerruf) findet Anwendung. Überwiegend wird jedoch in der Literatur die Meinung vertreten, daß mit einem "Widerruf" im Rahmen der Verwarnung aufgrund des hohen Vertrauensvorschusses "großzügiger" zu verfahren sei als bei der Strafaussetzung und demzufolge ein Absehen i.S.d. § 56 f Abs.2 StGB seltener in Betracht zu ziehen sei.[131]

---

127 Systematischer Kommentar-Horn 1992, § 56 f Rz. 28; ders., JR 1981, 8.

128 Stree in Schönke/Schröder 1991, § 56 f Rz. 11.

129 Leipziger Kommentar-Ruß 1985, § 56 f Rz. 11; Dreher/Tröndle 1993, § 56 f Rz. 8 (einschränkend hinsichtlich der Geldauflagen); vgl. auch Lackner 1993, § 56 f Rz. 10 (es gelten keine Besonderheiten).

130 Vgl. Kap. V.2.2.

131 Jescheck 1988, 768; Stree in Schönke/Schröder 1991, § 59 b Rz. 8; Leipziger Kommentar-Ruß 1985, § 59 b Rz. 6; Lackner 1993, § 59 b Rz. 1; Pfohl 1983, 84; *a.A.* Dreher/Tröndle 1993, § 56 b Rz. 1.

2.4 Die Weiterverfolgung der Tat gemäß § 153 a Abs.1 S.4 und 5 StPO

Die aufgrund § 153 a Abs.1 S.1 Nr.3 StPO erteilte Arbeitsauflage muß geeignet sein, das öffentliche Interesse an der Strafverfolgung auszuräumen. Bei Nicht- oder Schlechterfüllung der Auflage wird das Strafverfahren fortgesetzt.[132] Auf ein Verschulden kommt es nach herrschender Ansicht dabei nicht an.[133] Die Weiterführung des Verfahrens erfolgt bei der Staatsanwaltschaft durch die Erhebung der Anklage,[134] beim Gericht zweckmäßiger Weise durch einen förmlichen Wiederaufnahmebeschluß, zumindest aber durch eine Ladung zur Hauptverhandlung.[135]

Nach § 153 a Abs.1 S.3 StPO ist allerdings – bevor es zur scharfen Reaktion der Weiterverfolgung der Tat kommt – eine nachträgliche Korrektur der Arbeitsauflagen bei einer wesentlichen Veränderung der Verhältnisse möglich.[136] In Frage kommt eine Fristverlängerung, Aufhebung und Änderung der Auflagen. Durch diese Korrektur können auch Härten ausgeglichen werden, die auf unverschuldeten Leistungsstörungen der Beschuldigten beruhen.[137]

3 Die gemeinnützige Arbeit i.S.d. Art. 293 EGStGB – das "Strafmittel" für arme Straffällige

Von der Geldstrafenverhängung bis zur Ableistung von gemeinnütziger Arbeit i.S.d. Art. 293 EGStGB sind unterschiedliche Verfahrensschritte erforderlich: Geldstrafenzumessung, Beitreibung und Feststellung der Uneinbringlichkeit der Geldstrafe, Anordnung der Ersatzfreiheitsstrafe, Antrag

---

132 Vgl. Karlsruher Kommentar-Schoreit 1993; § 153 a Rz. 39; Schöch in AK-StPO 1992, § 153 a Rz. 35. – Zur Anrechnung von erbrachten Teilleistungen siehe Rieß in Löwe/Rosenberg 1989, § 153 a Rz. 59; Schöch in AK-StPO 1992, § 153 a Rz. 35.

133 OLG Düsseldorf, MDR 1976, 423; Karlsruher Kommentar-Schoreit 1993, § 153 a Rz. 39; Kleinknecht/Meyer 1991, § 153 a Rz. 24; Schöch in AK-StPO 1992, § 153 a Rz. 35; KMR-Müller 1993, § 153 a Rz. 16; Rieß in Löwe/Rosenberg 1989, § 153 a Rz. 58.

134 Vgl. Kleinknecht/Meyer 1991, § 153 a Rz. 46; Schöch in AK-StPO 1992, § 153 a Rz. 36, 51.

135 Vgl. Schöch in AK-StPO 1992, § 153 a Rz. 36, 63; Kleinknecht/Meyer 1991, § 153 a Rz. 52. – Auch das fortgesetzte Verfahren kann mit einer Einstellung enden.

136 Vgl. Rieß in Löwe/Rosenberg 1989, § 153 a Rz. 51; Karlsruher Kommentar-Schoreit 1993, § 153 a Rz. 35, 36; Schöch in AK-StPO 1992, § 153 a Rz. 34.

137 Rieß in Löwe/Rosenberg 1989, § 153 a Rz. 51; Schöch in AK-StPO 1992, § 153 a Rz. 34.

und Genehmigung der gemeinnützigen Arbeit.[138] Anhand dieser Schritte läßt sich aufzeigen, warum nur eine bestimmte Gruppe von Straffälligen, nämlich die der Sozialhilfeempfänger/innen und sonstigen einkommensschwachen Personen, das Ende der Verfahrensleiter erreicht bzw. erreichen kann.

3.1 Ungleichheiten bei der Geldstrafenzumessung

Die Benachteiligung bestimmter Bevölkerungsschichten bei der Sanktionierung von Straftaten ist nachweisbar. Schumann hat z.B. für das Jahr 1967 herausgefunden, daß Normbrüche, die mit größter Wahrscheinlichkeit von Arbeitslosen begangen wurden, in 87,5 % der Fälle mit Freiheitsentzug bestraft wurden, während die "Kriminalität der Nicht-Arbeitslosen" lediglich in 12 % der Fälle mit Freiheitsstrafen geahndet wurde.[139]

In Kapitel IV ist dargestellt worden, daß die Bestimmung der Tagessatzhöhe von Geldstrafen bei Sozialhilfeempfänger/innen und Personen mit ähnlich geringem Einkommen Probleme bereitet, weil innerhalb dieser Gruppe durch die niedrigen und damit lang andauernden Ratenzahlungen eine größere Belastung als bei Besserverdienenden auftritt.[140] Trotzdem werden in der Praxis die Tagessatzhöhen weit über dem Mindestsatz von 2 DM (§ 40 Abs.2 S.3 StGB) festgelegt.[141]

Es ist zu beobachten, daß keine hinreichende Differenzierung bei besonders Armen und bei besonders Wohlhabenden stattfindet.[142] Schöch hatte schon für Anfang der 1980er Jahre festgestellt, daß lediglich 6,8 % einen Tagessatz von 10 DM oder weniger und lediglich 4,2 % einen Tagessatz von über 100 DM zahlten.[143] Im Jahr 1990 betrug der Anteil der Geldstrafen mit einem Tagessatz bis zu 10 DM immerhin schon 11,9 %, derjenige mit einem Tagessatz von über 100 DM allerdings nur noch 0,7 %.[144]

---

138 Vgl. Kap. V.1.1.1.1.

139 Schumann, RuP 1974, 122. Die Strafverfolgungsstatistiken der Bundesrepublik Deutschland enthalten seit 1968 die Verurteilungen nach einzelnen Straftatbeständen speziell für Arbeitslose nicht mehr. – Zur Sanktionsungleichheit vgl. auch Albrecht 1980, 167f.; Eisenberg 1990, 265, 283f.

140 Siehe Kap. IV.3.1.3 (bei Fn. 169).

141 Siehe Kap. IV.3.1.3 (bei Fn. 173).

142 Schöch 1984, 44; Dölling, ZStW 104, 273.

143 Schöch 1984, 44.

144 Eigene Berechnungen nach: Statistisches Bundesamt, Fachserie 10, Rechtspflege, Reihe 3, Strafverfolgung 1990, 48-51 (Tabelle 3.3).

Bereits bei der Feststellung der wirtschaftlichen Verhältnisse, die die Grundlage für die Bemessung der Tagessatzhöhe sind, beginnt häufig die Benachteiligung der finanziell schlechter gestellten Personen.[145]

Der Staatsanwaltschaft obliegt zwar die Leitung des Ermittlungsverfahrens, jedoch zeigt die Praxis, daß die Polizei im Bereich der leichten und mittleren Kriminalität die Ermittlungen selbständig durchführt und erst nach deren Ablauf die Akte an die Staatsanwaltschaft weiterleitet.[146] Die polizeilichen Ermittlungen – dazu gehören auch Daten zur sozialen und wirtschaftlichen Situation des/der Beschuldigten – erlangen im Strafbefehlsverfahren[147] eine entscheidende Bedeutung.[148] Die polizeilichen Angaben über die monatlichen Einkünfte der Beschuldigten sind unzureichend.[149] Albrecht hat festgestellt, daß die Staatsanwaltschaft bei Beantragung und das Gericht bei Erlaß eines Strafbefehls sich in lediglich 43 % der Fälle auf Angaben zum Einkommen stützen können.[150] Dies wirkt um so gravierender, da weder die Staatsanwaltschaft noch das Gericht die Informationen ergänzen.[151] Die mangelnde Ermittlung führt u.a. bei Einkommensschwachen dazu, daß verhältnismäßig hohe Tagessätze verhängt werden.

3.2 Materielle Not als Druckmittel für die Tilgung der Geldstrafe durch gemeinnützige Arbeit

Die schlechte wirtschaftliche Lage und die hohe Arbeitslosigkeit waren die wesentliche Ursache für den steilen Anstieg der Ersatzfreiheitsstrafen Anfang der 1980er Jahre.[152]

---

145 Vgl. Albrecht 1980, 323; Eisenberg 1990, 405.

146 Vgl. Albrecht 1980, 77f.

147 Der Anteil der Strafbefehlsverfahren entspricht in etwa dem der Anklagen. Vgl. Bublies, BewHi 1992, 185.

148 Albrecht 1980, 82; vgl. auch Fleischer 1983, 134.

149 Vgl. Albrecht 1980, 78-81; Fleischer 1983, 134f.; Bublies, BewHi 1992, 185.

150 Albrecht 1980, 80f.

151 Albrecht 1980, 82.

152 Vgl. Schall, NStZ 1985, 104; Pflieger 1986, 151f.; Borchert 1986, 197; Gerken/Henningsen, ZRP 1987, 388.

Tabelle 5: Entwicklung der Ersatzfreiheitsstrafen [153]

Jahr	Geldstrafen	Ersatzfreiheits-strafen (Zugänge)	Anteile
1979	487.369	26.061	5,35 %
1980	494.114	25.905	5,24 %
1981	496.793	28.954	5,83 %
1982	505.917	34.278	6,78 %
1983	516.892	33.715	6,52 %
1984	502.727	31.728	6,31 %
1985	488.414	30.765	6,30 %
1986	484.382	29.801	6,15 %
1987	482.347	28.602	5,93 %
1988	497.533	29.590	5,95 %
1989	503.356	30.141	5,99 %

Diese Entwicklung führte dazu, daß die Bundesländer das Institut der gemeinnützigen Arbeit i.S.d. Art. 293 EGStGB aktivierten und – wie dargestellt – entsprechende Regelungen erließen.[154]

3.2.1 Unverschuldete Mittellosigkeit und Ersatzfreiheitsstrafenvollstreckung

Trotz der Bewilligung von Zahlungserleichterungen ist die Geldstrafe nicht in jedem Fall durchsetzbar. In § 43 StGB ist daher eine Ersatzsanktion vorgesehen: "An die Stelle einer uneinbringlichen Geldstrafe tritt Freiheitsstrafe. Einem Tagessatz entspricht ein Tag Freiheitsstrafe." Die Befürworter der Ersatzfreiheitsstrafe sehen in ihr das "Rückgrat der Geldstrafe."[155]

Die Vollstreckung der Ersatzfreiheitsstrafe (§ 459 e StPO)[156] ist jedoch kein Automatismus, der bei Nichtleistung der Geldstrafe eintritt. Es sind die strafprozeßrechtlichen Voraussetzungen zu beachten. § 459 a StPO ermöglicht auch nach Rechtskraft des Urteils auf Antrag oder von Amts wegen

---

153 Geldstrafen aus: Statistisches Bundesamt, Fachserie 10, Rechtspflege, Reihe 3, Strafverfolgung der jeweiligen Jahre; Ersatzfreiheitsstrafen aus: Statistisches Bundesamt, Fachserie 10, Rechtspflege, Reihe 4, Strafvollzug der jeweiligen Jahre; Anteile: eigene Berechnungen.

154 Vgl. Kap. V.1.1.1 und die Länderberichte in Kerner/Kästner 1986, 151ff.

155 Vgl. Tröndle, MDR 1972, 466; Dreher/Tröndle 1993, § 43 Rz. 2.

156 Zu den Strategien der Vermeidung von Ersatzfreiheitsstrafen siehe Bublies, BewHi 1992, 178ff.

Zahlungserleichterungen, worüber die Vollstreckungsbehörde entscheidet.[157] Die Untersuchung von Fleischer hat ergeben, daß nur 20 % der Schuldner/innen die Geldstrafensumme sofort bezahlen und daß in 5 % der Fälle das Gericht und in den verbleibenden 75 % die Vollstreckungsbehörde Ratenzahlungen bewilligt.[158]

Eine Anordnung der Ersatzfreiheitsstrafe darf gemäß § 459 e Abs.2 StPO erst dann ergehen, wenn die Geldstrafe nicht beigetrieben werden kann. Die Vollstreckung der Geldstrafe richtet sich nach der Justizbeitreibungsordnung (§ 459 StPO). Vor Ablauf von zwei Wochen nach Fälligkeit wird sie nicht beigetrieben, es sei denn, die Verurteilten wollen sich der Zahlung entziehen (§ 459 c Abs.1 StPO). Diese Schonfrist soll den Geldstrafenschuldner/innen ermöglichen, sich den Geldbetrag noch zu beschaffen oder einen Antrag auf Zahlungserleichterungen zu stellen.[159] Bei zu erwartender Erfolglosigkeit kann die Vollstreckung nach § 459 c Abs.2 StPO unterbleiben. Dabei wird auf Mitteilungen der Gerichtshilfe, der Gerichtskasse oder auf Informationen, aus denen sich eine erfolglose Beitreibung ergibt, zurückgegriffen.[160] Zweck dieser Unterbleibensanordnung ist es, unnötigen Verwaltungsaufwand zu vermeiden.[161] Die Kriminologische Zentralstelle hat in ihrer Untersuchung festgestellt, daß in etwa jedem dritten Verfahren auf Vollstreckungsversuche verzichtet wird.[162]

Steht die Uneinbringlichkeit der Geldstrafe fest und liegen die Voraussetzungen nach § 459 h StPO nicht vor, ist in der Regel der Weg für die Vollstreckung der Ersatzfreiheitsstrafe frei. Zwar sieht § 459 f StPO die Möglichkeit vor, daß auf gerichtliche Anordnung die Vollstreckung unterbleibt, wenn sie für die Verurteilten eine "unbillige Härte" wäre. Doch die Gerichte

---

157 Nach § 31 Abs.2 S.1 Rechtspflegergesetz sind die Geschäfte auf die Rechtspfleger/innen übertragen.

158 Fleischer 1983, 253.

159 Wendisch in Löwe/Rosenberg 1989, § 459 c Rz. 1; Karlsruher Kommentar-Fischer 1993, § 459 c Rz. 1.

160 Karlsruher Kommentar-Fischer 1993, § 459 c Rz. 8; Wendisch in Löwe/Rosenberg 1989, § 459 c Rz. 10.

161 Vgl. Wendisch in Löwe/Rosenberg 1989, § 459 c Rz. 9.

162 Feuerhelm 1991, 73. – Die Unterschiede bei den "Vollstreckungsstilen" einzelner Staatsanwaltschaften sind erheblich. Nach der Untersuchung der Kriminologischen Zentralstelle verzichteten z.B. Karlsruhe in 94 %, Bremen in 78 % und Berlin 77% der Fälle auf Vollstreckungsversuche, während Siegen mit 2 %, Essen mit 4 % und Bamberg mit 5 % Verzichten die andere Extremgruppe darstellten. Siehe Feuerhelm 1991, 185.

machen von der Regelung, die zwar keinen Erlaß, aber zumindest einen Aufschub der Vollstreckung bedeutet,[163] sehr wenig Gebrauch.

Da eine Geldstrafe bei Armen meistens eine stärkere Belastung hervorruft als bei Besserverdienenden, könnte § 459 f StPO als Instrumentarium benutzt werden, um diese "Ungleichheiten" zu egalisieren.[164] Nach Ansicht der Gerichte liegt jedoch eine unbillige Härte nicht schon bei unverschuldeter Mittellosigkeit vor.[165] Es wird vielmehr eine außerhalb des Strafzwecks liegende zusätzliche Härte gefordert, welche den Verurteilten auch unter der Berücksichtigung des Zwecks der Strafe nicht zugemutet werden kann.[166] Diese Auffassung wird von der Literatur überwiegend geteilt.[167] Die enge Auslegung der Härteklausel wird besonders an der Ansicht deutlich, daß die Vollstreckung der Ersatzfreiheitsstrafe die regelmäßige Folge der Uneinbringlichkeit der Geldstrafe sei.[168]

§ 459 f StPO soll in Betracht kommen, wenn die Betroffenen z.B. infolge einer Krankheit oder eines unverschuldeten Verlustes des Arbeitsplatzes zur Zahlung der Geldstrafe nicht in der Lage sind und eine günstige Täterprognose die Annahme rechtfertigt, daß die bloße Strafverhängung Wirkung erzielt hat.[169] Außerdem wird zum Teil die Meinung vertreten, daß die Umstände nach der Verurteilung eingetreten sein müssen.[170]

Die Untersuchungen von Albrecht[171] und der Kriminologischen Zentralstelle[172] bestätigen die seltene Anwendung des § 459 f StPO in der Praxis.

---

[163] Kleinknecht/Meyer 1991, § 459 f Rz. 3; Karlsruher Kommentar-Fischer 1993, § 459 f Rz. 3.

[164] Zur Kritik der Ersatzfreiheitsstrafe bei Armen siehe Hennig, ZRP 1990, 102.

[165] BGHSt 27, 90 (93); OLG Düsseldorf, MDR 1983, 341; LG Frankfurt, StV 1983, 292; LG Flensburg, Rpfleger 1983, 326 (327).

[166] BGHSt 90 (93); OLG Düsseldorf, MDR 1983, 341; LG Flensburg, Rpfleger 1983, 326 (327); OLG München, GA 1984, 185 (187).

[167] Leipziger Kommentar-Tröndle 1985, § 43 Rz. 14; Dreher/Tröndle 1993, § 43 Rz. 10; Stree in Schönke/Schröder 1991, § 43 Rz. 8; Lackner 1993, § 43 Rz. 3; Jescheck 1988, 707; Wendisch in Löwe/Rosenberg 1989, § 459 f Rz. 5; Karlsruher Kommentar-Fischer 1993, § 459 f Rz. 2; Kleinknecht/Meyer 1991, § 459 f Rz. 2; *a.A.:* KMR-Müller 1993, § 459 f Rz. 2; Maurach/Gössel/Zipf 1989, 517f.; Köhler, GA 1987, 147; v. Selle, NStZ 1990, 119ff.; kritisch Hennig, ZRP 1990, 103.

[168] Vgl. BGHSt 27, 90 (93); OLG Düsseldorf, MDR 1983, 341; Leipziger Kommentar-Tröndle 1985, § 43 Rz. 14; Dreher/Tröndle 1993, § 43 Rz. 10.

[169] Vgl. Stree in Schönke/Schröder 1991, § 43 Rz. 8; Leipziger Kommentar-Tröndle 1985, § 43 Rz. 14; Wendisch in Löwe/Rosenberg 1989, § 459 f RZ. 6.

[170] LG Flensburg, Rpfleger 1983, 326 (327); Leipziger Kommentar-Tröndle 1985, § 43 Rz. 14.

[171] Albrecht 1980, 252.

[172] Feuerhelm 1991, 70; vgl. auch Bublies, BewHi 1992, 193.

3.2.2 Die Abwendung der Vollstreckung der Ersatzfreiheitsstrafe durch gemeinnützige Arbeit

Nach erfolglosen Vollstreckungsversuchen bzw. nach einem Verzicht auf Beitreibung wird die Uneinbringlichkeit der Geldstrafe festgestellt und die Ersatzfreiheitsstrafe auf Anordnung vollstreckt. Die Geschäfte sind auf die Rechtspfleger/innen gemäß § 31 Abs.2 S.1 Rechtspflegergesetz übertragen.

Mit der Ladung zum Antritt der Freiheitsstrafe hat der/die Rechtspfleger/in zu entscheiden, ob die Betroffenen über die Möglichkeit der Abwendung der Vollstreckung der Ersatzfreiheitsstrafe durch gemeinnützige Arbeit belehrt werden sollen.[173] In allen Länderregelungen nach Art. 293 EGStGB ist die Hinweispflicht enthalten, daß die Verurteilten innerhalb einer bestimmten Frist einen entsprechenden Antrag stellen können.[174] Der Hinweis kann in den meisten Ländern unterbleiben, wenn sich der/die Verurteilte nicht auf freiem Fuß befindet, unbekannten Aufenthalts oder/und zur Ableistung gemeinnütziger Arbeit nicht willens oder nicht fähig ist.[175]

Die Kriminologische Zentralstelle hat herausgefunden, daß acht von zehn Verurteilte über die Möglichkeit der gemeinnützigen Arbeit informiert werden. Lediglich in 15 % der Fälle werden die Betroffenen ohne Belehrung zur Ersatzfreiheitsstrafe geladen.[176] Auf die Belehrung reagieren 14 % der Geldstrafenschuldner/innen und stellen einen Antrag auf Ableistung gemeinnütziger Arbeit.[177] 85 % der gestellten Anträge werden schließlich genehmigt.[178] Als Begründung für die Ablehnung von Anträgen geben die Rechtspfleger/innen am häufigsten an, daß die Betroffenen "arbeitsunwillig" seien.[179] Insgesamt werden 8,5 % der *uneinbringlichen* Geldstrafen durch

---

173 Vgl. auch Kap. V.1.1.1.1.

174 Siehe die Auflistung der Regelungen in Kap. V.1.1.1: Baden-Württemberg (§ 2 Abs.1); Bayern (Nr. II.1.); Berlin (§ 2 Abs.1); Brandenburg (§ 2 Abs.1); Bremen (§ 2 Abs.1); Hamburg (§ 1 Abs.2); Hessen (§ 2 Abs.1); Mecklenburg-Vorpommern (§ 2); Niedersachsen (§ 2 Abs.1); Nordrhein-Westfalen (§ 2 Abs.1); Rheinland-Pfalz (§ 2 Abs.1); Saarland (§ 2 Abs.1); Schleswig-Holstein (§ 2 Abs.1); Thüringen (§ 2 Abs.1).

175 Baden-Württemberg (§ 2 Abs.1); Bayern (Nr. II.1.); Brandenburg (§ 2 Abs.1); Bremen (§ 2 Abs.1); Hessen (§ 2 Abs.1); Mecklenburg-Vorpommern (§ 2); Niedersachsen (§ 2 Abs.2); Nordrhein-Westfalen (§ 2 Abs.1); Rheinland-Pfalz (§ 2 Abs.2); Thüringen (§ 2 Abs. 1).

176 Feuerhelm 1991, 74, 90f.

177 Feuerhelm 1991, 77, 93.

178 Feuerhelm 1991, 77, 106.

179 Feuerhelm 1991, 106.

gemeinnützige Arbeit erledigt,[180] 14,2 % durch Verbüßung der Ersatzfreiheitsstrafe und mehr als drei Viertel (77,3 %) durch Zahlung.[181]

3.2.3 Die ökonomische Situation der Geldstrafenschuldner/innen

Schon Albrecht war in seiner Untersuchung, die sich u.a. auf das Jahr 1975 bezog,[182] zu dem Ergebnis gekommen, daß der Arbeitslosenanteil in dem Verfahren – von der Geldstrafenverhängung bis zur Ersatzfreiheitsstrafenverbüßung – zunimmt. Der Anteil der Arbeitslosen betrug bei den Geldstrafen 7,3 %, stieg bei den angeordneten Ersatzfreiheitsstrafen auf ca. 17 % und bei den verbüßten Freiheitsstrafen auf die Hälfte.[183]

Der Zusammenhang von geringem Einkommen, Arbeitslosigkeit und uneinbringlichen Geldstrafen ist durch neuere Untersuchungen bestätigt worden. Die Kriminologische Zentralstelle hat für 1986 bzw. 1987/88 ermittelt, daß 47 % der Geldstrafenschuldner/innen nur Einkünfte zur Verfügung hatten, die in der Nähe der Sozialhilfegrenze lagen[184] (zu berücksichtigen ist, daß die Untersuchung erst ab Uneinbringlichkeit der Geldstrafe[185] bzw. ab Belehrung über die Möglichkeit der gemeinnützigen Arbeit[186] einsetzte). Die schlechten materiellen Verhältnisse standen im Zusammenhang mit einer Arbeitslosigkeit der Betroffenen.[187] Unter den Betroffenen, die die Geldstrafe durch gemeinnützige Arbeit tilgten, war die Arbeitslosenquote höher als bei den anderen Erledigungsformen. Die Arbeitslosenquote nahm während des Vollstreckungsverfahrens zu: Zum Zeitpunkt der Geldstrafenentscheidung war jede/r Dritte, der/die später gemeinnützige Arbeit leistete und jede/r Zweite mit anderen Erledigungsformen ohne Arbeit. Diese Quoten stiegen zum Zeitpunkt der Belehrung über die gemeinnützige Arbeit

180 Die Fälle von gemeinnütziger Arbeit schließen die Kombinationen mit anderen Erledigungsformen ein (Feuerhelm 1991, 71, Fn. 5).

181 Feuerhelm 1991, 71.

182 Albrecht 1980, 53ff. (58); 295.

183 Albrecht 1980, 301.

184 Feuerhelm 1991, 85, 210f. – Anhand der verhängten Tagessatzhöhen wurde auf die materiellen Verhältnisse der Betroffenen geschlossen. Die Höhe betrug im Durchschnitt 27,60 DM pro Tagessatz; die Sozialhilfegrenze wurde bei 20 DM angesetzt.

185 Rechtspflegererhebung (1987/88); siehe Feuerhelm 1991, 44ff. (46, 48-53).

186 Aktenuntersuchung (1986); siehe Feuerhelm 1991, 44ff. (47, 53f.).

187 Feuerhelm 1991, 213ff.; vgl. auch Schall, NStZ 1985, 104; Mrozynski, JR 1987, 276; Gerken/Henningsen, ZRP 1987, 388.

noch an. 83 % der erstgenannten Gruppe waren mittlerweile arbeitslos, in der anderen Gruppe betrug die Quote 64 %.[188]

Die Auswertungen des bayerischen Modellversuchs über die Tilgung der Geldstrafe durch gemeinnützige Arbeit (1983 bis 1985) ergaben ein ähnliches Bild: Ca. 80 % der mit dem Hinweis auf die Tilgungsmöglichkeit Geladenen waren ohne Erwerbstätigkeit.[189]

Insgesamt läßt sich daher feststellen, daß die Ableistung von gemeinnütziger Arbeit i.S.d. Art. 293 EGStGB überwiegend mit einem Einkommen in der Nähe der Sozialhilfe und Arbeitslosigkeit korreliert.[190] Jescheck meint dazu:

"Um die Ungerechtigkeit, die darin liegt, daß ein Verurteilter, weil er arm ist, eine Freiheitsstrafe verbüßen muß, während der Bessergestellte wegen der gleichen Tat nur eine Geldbuße erleidet, abzumildern, ist in Art. 293 EGStGB als Surrogat der Ersatzfreiheitsstrafe die freie Arbeit vorgesehen."[191]

3.3 Die Akzeptanz der Arbeit nach Art. 293 EGStGB durch das Sozialhilferecht

Da von der gemeinnützigen Arbeit viele Verurteilte Gebrauch machen müssen, die Sozialhilfe beziehen, stellt sich die Frage, ob dies im Einklang mit der sozialhilferechtlichen Arbeitspflicht nach § 18 BSHG steht.[192]

Das OVG Berlin mußte zu dieser Problematik eine Entscheidung treffen.[193] Die Vollstreckungsbehörde gestattete einem Sozialhilfeemfänger, die ihm auferlegte Geldstrafe durch gemeinnützige Arbeit zu tilgen. Das Sozialamt verweigerte daraufhin jegliche Hilfeleistungen, weil der Antragsteller es

---

188 Feuerhelm 1991, 216f. – Ähnlich sind auch die Befragungsergebnisse der Kriminologischen Zentralstelle: Neun von zehn Geldstrafenschuldner/innen, die gemeinnützige Arbeit leisteten, waren arbeitslos. Die Befragungsergebnisse können wegen geringer Fallzahlen nur als grobe Orientierungsdaten verstanden werden. Siehe Block 1990, 98, 111.

189 Weber 1986, 165f.

190 Vgl. Eisenberg 1990, 407.

191 Jescheck 1988, 707. – In diesem Zusammenhang haben sich die Schlagworte "Weil Du arm bist, mußt Du sitzen" (Krieg u.a., MschrKrim 1984, 25) und "Schwitzen statt Sitzen" (vgl. Jung, JuS 1986, 744) herausgebildet. – Siehe auch für die Arbeitsauflage nach § 153 Abs.1 S.1 Nr.3 StPO Karlsruher Kommentar-Schoreit 1993, § 153 a Rz. 20 und Rieß in Löwe/Rosenberg 1989, § 153 a Rz. 48.

192 Siehe zu § 18 BSHG Kap. IV.1.1.

193 OVG Berlin, FEVS 36, 221ff.

ablehnte, sich während der Zeit des Abarbeitens der Geldstrafe (29 Tage) um kurzfristige Erwerbstätigkeiten über die Schnellvermittlung des Arbeitsamtes zu bemühen. Das OVG Berlin bestätigte die Entscheidung des Verwaltungsgerichts, worin der Sozialhilfeträger zur Zahlung von ungekürzter Hilfe zum Lebensunterhalt an den Antragsteller verpflichtet wurde. Das Gericht erkannte die Ableistung von gemeinnütziger Arbeit i.S.d Art. 293 EGStGB als wichtigen Grund nach § 18 Abs.3 BSHG an: "Das Anliegen des Verordnungsgebers, diesem öffentliche Interesse Rechnung zu tragen und Geldstrafe nicht in Freiheitsstrafe "umzuwandeln", d.h. die zu einer Geldstrafe Verurteilten nach Möglichkeit nicht in Haftanstalten unterzubringen, würde unterlaufen werden, wenn mittellosen Hilfesuchenden, die zu einer Geldstrafe verurteilt worden sind, die Hilfe zum Lebensunterhalt deshalb verweigert werden könnte, weil sie ihre Arbeitskraft nicht für Gelegenheitsarbeiten und damit für den Lebensunterhalt, sondern zur Abgeltung einer Geldstrafe einsetzen. Es ist nämlich im wesentlichen der Personenkreis der Mittellosen, die keinen festen Arbeitsplatz haben, dem die Tilgung von Geldstrafen durch unentgeltliche Arbeit gestattet werden kann."[194]

Diese Entscheidung hat in der Kommentatur Zustimmung gefunden.[195] Mrozynski hält es zwar auch nicht für vertretbar, Sozialhilfeempfänger/innen das Abarbeiten zu verwehren, merkt aber kritisch an, daß im Ergebnis die Geldstrafe doch zu Lasten des Sozialhilfeträgers abgearbeitet werde.[196]

Im Arbeitslosenrecht wird die Verrichtung gemeinnütziger Arbeit ausdrücklich gebilligt. Nach § 103 Abs.4 AFG stehen die Arbeitslosen der Arbeitsvermittlung auch dann zur Verfügung und haben weiterhin einen Anspruch auf Arbeitslosengeld oder Arbeitslosenhilfe, wenn sie Arbeit i.S.d. Art. 293 EGStGB leisten.[197]

4 Parallelen zwischen der gemeinnützigen Arbeit im Strafrecht und im Sozialhilferecht

In Art. 293 Abs.1 S.3 EGStGB ist festgelegt, daß mit der "freien" Arbeit keine erwerbswirtschaftlichen Zwecke verfolgt werden dürfen.[198] Damit

---

194 OVG Berlin, FEVS 36, 221 (223)

195 Vgl. Oestreicher/Schelter/Kunz 1992, § 18 Rz. 6; Knopp/ Fichtner 1992, § 18 Rz. 2.

196 Mrozynski, JR 1987, 276.

197 Diese Regelung wurde durch das 23. StrÄndG vom 13.4.1986 (BGBl. I S. 393, 397) eingefügt. – Firgau (NStZ 1989, 110f.) will § 103 Abs.4 AFG entsprechend auch auf die Arbeitsauflage nach § 56 b Abs.2 Nr.3 StGB anwenden.

198 Vgl. Kap. V.1.1.1.3.

wird klargestellt, daß die Arbeit gemeinnützig sein muß, d.h. der Allgemeinheit dienen muß. Diese Begriffsbestimmung der Arbeit stimmt mit derjenigen in § 19 Abs.2 BSHG überein.[199] Das Kriterium der "Zusätzlichkeit", wie es in § 19 Abs.2 BSHG vorgesehen ist,[200] fehlt in den strafrechtlichen Bestimmungen. In der amtlichen Begründung zu Art. 293 EGStGB heißt es aber auch, daß die "freie" Arbeit nicht zur Einsparung von Arbeitsplätzen führen soll.[201] Das bedeutet, daß es sich um Arbeit handeln muß, die im Rahmen vorhandener Arbeitsplätze nicht durchgeführt wird.

Gemäß Art. 293 Abs.1 EGStGB muß die Arbeit unentgeltlich sein.[202] Auch die gemeinnützige Arbeit nach § 19 Abs.2 S.1 2.Alt. BSHG hat einen unentgeltlichen Charakter, da lediglich die Hilfe zum Lebensunterhalt zuzüglich einer angemessen Entschädigung für Mehraufwendungen gewährt wird.[203]

In Art. 293 Abs.2 EGStGB wird der Beschäftigungsstatus klargestellt.[204] Die Formulierung ist im wesentlichen § 19 Abs.3 BSHG angelehnt.[205] Während Satz 1 bestimmt, daß durch gemeinnützige Arbeit kein Arbeitsverhältnis i.S.d. Arbeitsrechts und kein Beschäftigungsverhältnis i.S.d. Sozialversicherung, einschließlich der Arbeitslosenversicherung, oder des Steuerrechts begründet wird, sichert Satz 2 die entsprechende Anwendung der Vorschriften über den Arbeitsschutz.[206]

Über die Art der zu verrichtenden Arbeiten liegen im Strafrecht keine quantitativ-repräsentativen Untersuchungen wie im Sozialhilferecht vor. In der Tendenz läßt sich jedoch sagen, daß die Betroffenen im Rahmen des Art. 293 EGStGB überwiegend unqualifizierte Hilfsarbeiten ableisten müssen, wie dies auch innerhalb der Beschäftigungsvariante des § 19 Abs.2 S.1 2.Alt. BSHG der Fall ist.[207] Befragungen der Kriminologischen Zentralstelle haben

---

199 Vgl. Kap. IV.1.2.2 (bei Fn. 53).

200 Nach § 19 Abs.2 S.2 BSHG kann unter bestimmten Voraussetzungen von dem Erfordernis der Zusätzlichkeit abgesehen werden. Vgl. Kap. IV.1.2.2 (bei Fn. 52).

201 BT-Drucks. 10/2720, S. 18. Siehe auch Mrozynski, JR 1987, 276.

202 Vgl. BT-Drucks. 10/2720, S. 18.

203 Siehe Kap. IV.1.2.2. – Nach der Mindermeinung von Oestreicher/Schelter/Kunz (1992, § 19 Rz. 10) soll die ausgezahlte Sozialhilfe im Rahmen des § 19 Abs.2 S.1 2.Alt. BSHG "den Charakter eines durch den Einsatz der Arbeitskraft erworbenen Verdienstes" haben. Vgl. Kap. IV.3.2 (bei Fn. 197).

204 Absatz 2 wurde durch Art. 4 Nr.1 des 23. StrÄndG vom 13.4.1986 (BGBl. I S. 393, 396) angefügt.

205 Vgl. Kap. IV.1.2.2 (bei Fn. 57) und Kap. IV.3.2 (bei Fn. 216).

206 Zur Forderung nach mehr sozialem Schutz für arbeitende Straffällige siehe Mrozynski, JR 1987, 275.

207 Siehe zu den Arbeiten nach § 19 Abs.2 S.1 2.Alt. BSHG Kap. IV.3.2 (bei Fn. 229).

ergeben, daß folgende Tätigkeiten ausgeführt werden: Renovierungs-, Reparatur- und Hausmeisterarbeiten, Gartenarbeiten, Pflege von Außenanlagen, Reinigungs- und Putzarbeiten, Malerarbeiten, Handreichungen im Küchenbereich und Transportarbeiten.[208]

5 Ergebnisse

Im (Erwachsenen-)Strafrecht hat die gemeinnützige Arbeit i.S.d. Art. 293 EGStGB die größte Bedeutung erlangt. Über Art. 293 EGStGB i.V.m. den Länderregelungen kann die Ersatzfreiheitsstrafe, die an die Stelle einer uneinbringlichen Geldstrafe tritt, durch die Ableistung von gemeinnütziger Arbeit abgewendet werden. Der durch die hohe Arbeitslosigkeit bedingte steile Anstieg der Ersatzfreiheitsstrafen Anfang der 1980er Jahre hatte dazu geführt, daß die Bundesländer das Institut der gemeinnützigen Arbeit aktivierten. Seit 1987 gelten Regelungen nach Art. 293 EGStGB in allen alten Bundesländern flächendeckend. Von den neuen Bundesländern haben bisher Brandenburg, Mecklenburg-Vorpommern und Thüringen entsprechende Vorschriften erlassen.

Eine Zunahme der gemeinnützigen Arbeit nach Art. 293 EGStGB hat auch zu einer häufigeren Anwendung der Arbeitsauflagen bei der Strafaussetzung zur Bewährung (§ 56 b Abs.2 Nr.3 StGB) geführt. Die Auflagen müssen der Genugtuung für das begangene Unrecht dienen. Ihnen wird überwiegend der Charakter von strafähnlichen Sanktionen zugesprochen. Wie im Sozialhilferecht muß die gemeinnützige Arbeit nach § 56 b Abs.1 S.2 StGB zumutbar sein.

Auch im Rahmen der Aussetzung des Strafrestes zur Bewährung ist sowohl bei einer zeitigen Freiheitsstrafe (§ 57 Abs.3 StGB) als auch bei einer lebenslangen Freiheitsstrafe (§ 57 a Abs.3 StGB) die gemeinnützige Arbeit als Auflage vorgesehen. Diese Möglichkeit ist ferner bei der Verwarnung mit Strafvorbehalt gegeben (§ 59 a Abs.2 StGB). Der Stellenwert der Arbeitsauflagen innerhalb dieser Institute ist sehr gering; die Auflagen werden in der Literatur auch überwiegend als ungeeignet angesehen.

Eine größere Bedeutung hat schließlich die Arbeitsauflage bei der Verfahrenseinstellung gemäß § 153 a Abs.1 S.1 Nr.3, Abs.2 StPO durch die Zunahme der gemeinnützigen Arbeit i.S.d. Art. 293 EGStGB erlangt. Nach

---

208 Block 1990, 112f. Die Befragungsergebnisse können im Gegensatz zu den übrigen Untersuchungsteilen wegen geringer Fallzahlen nur als grobe Orientierungsdaten verstanden werden (vgl. Block 1990, 98). – Siehe auch die Länderberichte von Niedersachsen (Best 1986, 213f.) und Nordrhein-Westfalen (Linden 1986, 244).

überwiegender Ansicht handelt es sich bei den Auflagen um Sanktionen nichtstrafrechtlicher Art.

Die Nicht- bzw. Schlechterfüllung der gemeinnützigen Arbeit ist im Strafrecht – ähnlich wie im Sozialhilferecht über § 25 Abs.1 BSHG i.V.m. § 19 Abs.2 S.1 2.Alt. BSHG – mit nachteiligen Rechtsfolgen verbunden. Im Rahmen des Art. 293 EGStGB kann die "Gestattung, die Vollstreckung der Ersatzfreiheitsstrafe durch gemeinnützige Arbeit abzuwenden" widerrufen werden. Bei der Aussetzung der Strafe bzw. des Strafrestes zur Bewährung ist bei einem gröblichen oder beharrlichen Auflagenverstoß als schärfste Reaktion ebenfalls der Widerruf vorgesehen (§ 56 f StGB). Ein Verstoß gegen die Auflage, gemeinnützige Arbeit zu leisten, führt bei der Verwarnung unter Umständen zur Verurteilung zu der vorbehaltenen Strafe gemäß § 59 b StGB, im Fall des § 153 a StPO zur Fortführung des Strafverfahrens.

Im Sozialhilferecht können Hilfesuchende zu gemeinnützigen Arbeiten herangezogen werden. Die gemeinnützige Arbeit i.S.d. Art. 293 EGStGB betrifft in erster Linie auch die Gruppe der Sozialhilfeempfänger/innen und sonstigen einkommensschwachen Personen.

Schon bei der Geldstrafenzumessung ("Höhe des Tagessatzes") wird bei besonders Armen und bei besonders Reichen nicht hinreichend differenziert. Die Benachteiligung beginnt häufig bereits bei der Ermittlung der wirtschaftlichen Verhältnisse, die als Grundlage für die Bestimmung der Tagessatzhöhe nach § 40 Abs.2 StGB dienen.

Die Benachteiligung armer Geldstrafenschuldner/innen setzt sich im weiteren Verfahren fort. Zwar kann die Anordnung der Ersatzfreiheitsstrafe gemäß § 459 f StPO unterbleiben, wenn die Vollstreckung für die Verurteilten eine "unbillige Härte" wäre. Dennoch machen die Gerichte nur sehr selten von dieser Norm Gebrauch. Eine "unbillige Härte" soll nicht schon bei unverschuldeter Mittellosigkeit vorliegen. Es sind daher in der Regel mittellose Geldstrafenschuldner/innen, die die Ersatzfreiheitsstrafe durch Verrichtung von gemeinnütziger Arbeit abwenden.

Das Sozialhilferecht "toleriert" bei den Hilfeempfänger/innen die Ableistung gemeinnütziger Arbeit: Die Abwendung der Ersatzfreiheitsstrafe durch Arbeit i.S.d. Art. 293 EGStGB kann ein wichtiger Grund gemäß § 18 Abs.3 BSHG sein.

Zwischen der gemeinnützigen Arbeit im Strafrecht und im Sozialhilferecht existieren Parallelen. Die Arbeiten i.S.d. Art. 293 EGStGB und nach § 19 Abs.2 S.1 2.Alt. BSHG müssen gemeinnützig und in der Regel zusätzlich sein. Beide Institute haben einen unentgeltlichen Charakter. Es wird kein Arbeitsverhältnis i.S.d. Arbeitsrechts und kein Beschäftigungsverhältnis i.S.d. Sozialversicherung begründet. In beiden Fällen der gemeinnützigen Arbeit handelt es sich um die Verrichtung unqualifizierter Hilfstätigkeiten.

VI Zusammenfassung der Ergebnisse

Wirtschaftliche Krisenzeiten führen zur Betonung der "Arbeitspflicht" der Armen. Besonders im 19. Jahrhundert wurde Armut als Schuld der Armen gedeutet. Diese Schuldzuweisung beherrscht in subtiler Form auch noch das 20. Jahrhundert. Die individuelle Zurechnung der wirtschaftlichen Not rechtfertigt(e) eine Disziplinierung der Armen.

Das "Arbeitshaus" und die "gemeinnützige Arbeit" sind Beispiele von Disziplinierungsmitteln bei Armen. Zwischen dem Strafrecht und dem Fürsorge- bzw. Sozialhilferecht ergeben sich hierbei Kooperationszusammenhänge.

1 Kooperationsbeziehungen im Rahmen des Instituts des Arbeitshauses

Immer wiederkehrende Armutskrisen im 19. Jahrhundert und die damit verbundenen "Bettler- und Vagabundenplagen" führten zu einer Übernahme der institutionalisierten Arbeitsdisziplinierung in die Gesetzgebung des Deutschen Reichs von 1871 und der Bundesstaaten. Das Arbeitshaus bestand im Strafrecht und im Armenrecht seit der Reichsgründung fast zeitgleich über ca. 100 Jahre.

Das Reichsstrafgesetzbuch wurde zur Regulierung von Armut eingesetzt, indem gemäß § 361 StGB a.F. Landstreicherei, Bettelei, Obdachlosigkeit, "Müßiggang" und "Arbeitsscheu" mit einer Haftstrafe bis zu sechs Wochen sanktioniert werden konnten.

Eine direkte Kooperation des Strafrechts mit der Armenfürsorge verdeutlichen die Straftatbestände "Spiel, Trunk und Müßiggang" (§ 361 Nr. 5 StGB a.F.) und "Arbeitsscheu" (d.h. die Ablehnung der Verrichtung der von der Armenbehörde zugewiesenen Arbeit, § 361 Nr. 7 StGB a.F.). Sie sollten die Armenfürsorge vor "unberechtigter" Inanspruchnahme schützen.

Das entscheidende Disziplinierungsmittel bei diesem "asozialen", "gemeinschädlichen" oder "gemeinlästigen" Verhalten war die Arbeitshausunterbringung, die sich an die verbüßte Haftstrafe anschließen konnte. Die Dauer der Unterbringung betrug bei der "korrektionellen Nachhaft" (§ 362 StGB a.F.) bis zu zwei Jahren; bei der ab 1933 geltenden Arbeitshausmaßregel (§ 42 d StGB a.F.) war sogar bei wiederholter Einweisung bis 1953 eine Unterbringung von unbestimmter Dauer möglich.

In der Praxis dienten die strafrechtlichen Arbeitshäuser als generalpräventives Mittel: Arbeitshäuser waren gefürchteter als Gefängnisse. Auf der spezialpräventiven Ebene war die Funktionalität der Korrektionsanstalten gering. Der Anteil der Untergebrachten, der nach der Entlassung "in ein geordnetes Leben zurückkehrte", betrug lediglich 5 bis 10 %.

Die strafrechtlichen Arbeitshäuser waren auch Funktionsträger des Armenrechts. Sie fungierten als Versorgungsinstitute für hilfsbedürftige und kranke Menschen: Während des Bestehens der Arbeitshausinstitution in dem hier behandelten Zeitraum von fast 100 Jahren in Deutschland litten 10 bis 20 % der "Korrigenden" an Krankheiten, wodurch sie nur sehr eingeschränkt arbeitsfähig oder völlig arbeitsunfähig waren.

Eine Kooperation zeigt sich jedoch auch durch die Verknüpfung der Korrektionsanstalten mit Armenarbeitshäusern und anderen Anstalten. Nur 20 von den im Jahr 1910 existierenden 48 strafrechtlichen Arbeitshäusern dienten ausschließlich dem Vollzug der "korrektionellen Nachhaft". Ein Verknüpfung blieb punktuell bis zur Abschaffung der Arbeitshausunterbringung im Strafrecht 1969 erhalten.

Die Arbeitshäuser im Armenrecht basierten auf einer normativen Grundlage, die der strafrechtlichen ähnlich war. Von den Regelungen war derselbe Personenkreis betroffen, welcher auch durch das Strafrecht mit Haftstrafe und Arbeitshausunterbringung sanktioniert werden konnte. Besonders die bis 1924 geltenden landesrechtlichen Bestimmungen über den armenpolizeilichen Arbeitszwang ähnelten den strafrechtlichen Tatbeständen "Spiel, Trunk und Müßiggang" und "Arbeitsscheu". Parallelen wiesen auch die Nachfolgevorschriften des fürsorgerechtlichen (§ 20 RFV) und des sozialhilferechtlichen Arbeitshauses (§ 26 BSHG a.F.) auf.

Die praktische Ausgestaltung beider Arbeitshaussysteme war – jedenfalls bis zum Zweiten Weltkrieg – ebenfalls weitgehend gleich.

Beide Anstaltssysteme kooperierten auch insofern miteinander, als in den Städten, in denen der armenpolizeiliche Arbeitszwang eingeführt wurde, nur noch selten eine strafrechtliche Verfolgung stattfand.

Alle drei armenrechtlichen Arbeitshausinstitute hatten wie das strafrechtliche Arbeitshaus in erster Linie eine Abschreckungswirkung ("generalpräventives" Mittel).

Die Arbeitshäuser im Strafrecht und im Armenrecht hatten bis zum Ersten Weltkrieg ihre Hochphase, wobei das strafrechtliche Institut insgesamt stärker ausgeprägt war. Die Bedeutung der Häuser nahm in beiden Rechtsgebieten nach dem Zweiten Weltkrieg aufgrund der veränderten sozialpolitischen Verhältnisse, aber auch aufgrund der fehlenden Einrichtungen ab.

Während für die Abschaffung des Arbeitshauses im Strafrecht 1969 u.a. die Entscheidung des BVerfG vom 18.7.1967 hinsichtlich der Anstaltsunterbringung im Rahmen der Gefährdetenhilfe maßgebend war, wurde das Arbeitshaus im Sozialhilferecht 1974 u.a. auch wegen des Wegfalls der strafrechtlichen Institution aufgehoben.

2 Kooperationsbeziehungen im Rahmen des Instituts der gemeinnützigen Arbeit

Das Arbeitshaus als institutionalisierte Arbeitsdisziplinierung wurde vom ambulanten Institut der gemeinnützigen Arbeit "abgelöst".

Mit Beginn der 1980er Jahre entwickelte sich die gemeinnützige Arbeit im Sozialhilferecht zu einem wichtigen Disziplinierungsmittel. Der durch die hohe Arbeitslosigkeit bedingte Anstieg der Sozialhilfeausgaben veranlaßte die Sozialhilfeträger, die Hilfesuchenden verstärkt zur gemeinnützigen Arbeit heranzuziehen. Auch die Verweigerung gemeinnütziger Arbeit i.S.d. § 19 Abs.2 S.1 2.Alt. BSHG, bei der lediglich die Hilfe zum Lebensunterhalt zuzüglich einer Mehraufwandsentschädigung gewährt wird, kann gemäß § 25 Abs.1 BSHG mit einem Sozialhilfeentzug sanktioniert werden.

§ 25 Abs.1 BSHG wird zwar – auch im Zusammenhang mit § 19 Abs.2 S.1 2.Alt. BSHG – als "Hilfenorm" gedeutet; die Vorschrift weist jedoch Strukturen eines Strafgesetzes auf. Die mehraufwandsentschädigte gemeinnützige Arbeit ist "geschütztes Rechtsgut" i.S.d. § 25 Abs.1 BSHG. Die Kürzungen der Hilfe zum Lebensunterhalt, die bei einer schuldhaften Arbeitsverweigerung erfolgen können, wirken wie eine Geldstrafe i.S.d. § 40 StGB. Das Strafübel liegt im "Zwang zum Konsumverzicht auf Zeit". Das Sozialhilferecht reagiert somit ähnlich wie das Strafrecht auf "unrechtmäßiges" Verhalten. Die Ableistung von mehraufwandsentschädigter gemeinnütziger Arbeit verdeutlicht zudem den "Vergeltungszweck". Vom Instrumentarium der §§ 19 Abs.2 S.1 2.Alt., 25 Abs.1 BSHG gehen "präventive" Wirkungen aus: Die Anwendung der Vorschriften bewirkt eine Abschreckung von der (weiteren) Inanspruchnahme der Sozialhilfe und stärkt gleichzeitig das Vertrauen der Bevölkerung in die private Reproduktion.

Im Zuge der zunehmenden Arbeitslosigkeit Anfang der achtziger Jahre und dem damit verbundenen Anstieg der Ersatzfreiheitsstrafen hat auch die gemeinnützige Arbeit i.S.d. Art. 293 EGStGB an Bedeutung gewonnen. Nach Art. 293 EGStGB und den von den Bundesländern dazu erlassenen Regelungen kann die Vollstreckung der Ersatzfreiheitsstrafe, die an die Stelle uneinbringlicher Geldstrafen tritt, durch die Ableistung von gemeinnütziger Arbeit abgewendet werden.

Die Anwendung der gemeinnützigen Arbeit als Auflage bei der Strafaussetzung zur Bewährung (§ 56 b Abs.2 Nr.3 StGB), bei der Aussetzung des Strafrestes einer Freiheitsstrafe zur Bewährung (§§ 57 Abs.3, 57 a Abs.3 StGB), bei der Verwarnung mit Strafvorbehalt (§ 59 a Abs.2 StGB) und bei der Einstellung des Strafverfahrens nach § 153 a Abs.1 S.1 Nr.3, Abs.2 StPO ist dagegen gering.

Es ist in der Regel der Personenkreis der mittellosen Geldstrafenschuldner/innen, der die Ersatzfreiheitsstrafe durch gemeinnützige Arbeit abwendet. Die Ableistung von gemeinnütziger Arbeit korreliert mit einem Einkommen in der Nähe der Sozialhilfe und Arbeitslosigkeit. Benachteiligungen bei der Geldstrafenzumessung und die geringe Ausnutzung der Vorschrift des § 459 f StPO, wonach die Vollstreckung der Ersatzfreiheitsstrafe bei Vorliegen einer "unbilligen Härte" unterbleiben kann, sind dafür mitursächlich.

Die gemeinnützige Arbeit im Sozialhilferecht und im Strafrecht betrifft den Personenkreis der Mittellosen. Zu einer Geldstrafe Verurteilte können, wenn sie Sozialhilfe beziehen und arbeitsfähig sind, mit der gemeinnützigen Arbeit nach Art. 293 EGStGB und nach § 19 Abs.2 S.1 2.Alt. BSHG konfrontiert werden. Die Tilgung der Geldstrafe bzw. die Abwendung der Ersatzfreiheitsstrafe durch gemeinnützige i.S.d. Art. 293 EGStGB kann ein wichtiger Grund gemäß § 18 Abs.3 BSHG sein, d.h. den Hilfesuchenden darf eine Arbeit oder Arbeitsgelegenheit anderweitig nicht zugemutet werden. Die Sozialhilfeempfänger/innen, die von dieser Alternative Gebrauch machen, erhalten die Hilfe zum Lebensunterhalt weiter und "arbeiten die Geldstrafe ab". Leisten die Hilfesuchenden dagegen gemeinnützige Arbeit nach § 19 Abs.2 S.1 2.Alt. BSHG, so können sie von der neben der Hilfe zum Lebensunterhalt zu gewährenden Mehraufwandsentschädigung die Geldstrafe tilgen.[1] Beide Alternativen unterscheiden sich, was das ökonomische Ergebnis anbelangt, nicht voneinander: Es bleibt den Hilfesuchenden in beiden Fällen die Hilfe zum Lebensunterhalt. Die rechtliche und praktische Ausgestaltung der gemeinnützigen Arbeit ist ebenfalls gleich. Beide Institute haben zudem Strafcharakter.

---

1 Siehe zu diesem Gedankenmodell Mrozynski, JR 1987, 276.

Literaturverzeichnis

Abschaffung der sozialhilferechtlichen Arbeitshausunterbingung gefordert, in: NDV, S. 100f.

Änderungen des Sozialhilferechts (Gesetz zur Umsetzung des Föderalen Konsolidierungsprogramms, Asylbewerberleistungsgesetz, Entscheidung des Bundesverfassungsgerichts zu § 218 StGB), in: info also 3/93, S. 107-136

Aktuelle Probleme der Gefährdetenhilfe. 19. Vollsitzung des Fachausschusses II – Gefährdeten- und Nichtseßhaftenhilfe – in erweitertem Rahmen am 23. und 24. Oktober 1968 in Frankfurt a.M., in: NDV 1969, S. 43-49

Albrecht, Hans-Jörg: Strafzumessung und Vollstreckung bei Geldstrafen unter Berücksichtigung des Tagessatzsystems, Berlin 1980

– Ansätze und Perspektiven für die gemeinnützige Arbeit in der Strafrechtspflege, in: BewHi 1985, S. 121-134

Albrecht, Hans-Jörg/Schädler, Wolfram: Die gemeinnützige Arbeit auf dem Weg zur eigenständigen Sanktion?, in: ZRP 1988, S. 278-283

Alternativ-Entwurf eines Strafgesetzbuches. Allgemeiner Teil, vorgelegt von Jürgen Baumann u.a., 2. Aufl., Tübingen 1969

Alternativkommentar zur Strafprozeßordnung, Bd. 2, Teilbd. 1, Neuwied/Kriftel/Berlin 1992

Amelang, Manfred: Sozial abweichendes Verhalten. Entstehung – Verbreitung – Verhinderung, Berlin/Heidelberg/New York/London/Paris/Tokyo 1986

Arbeitsfürsorge. Bericht über den 40. Deutschen Fürsorgetag in Hamburg. 23. bis 25. Mai 1927. Die Verwertung der Arbeitskraft als Problem der Fürsorge (Neue Folge der Schriften des DV, 11. Heft), Karlsruhe i.B. 1927

Arbeitshaus für Frauen/Hess., in: Soziale Arbeit 1965, S. 394

Arbeitslosigkeit und Sozialhilfebezug. Sonderuntersuchung der Bundesvereinigung der kommunalen Spitzenverbände in Zusammenarbeit mit der Bundesanstalt für Arbeit, erstellt von Christian Brinkmann u.a., in: MittAB 1991, S. 157-177

Arbeitszwang nach § 20 der Reichsfürsorgepflichtverordnung, in: BWD 1957, S. 29

Arloth, Frank: Anmerkung zum Beschluß des OLG Celle vom 4.7.1989 – 1 Ws 195/89, in: NStZ 1990, S. 148f.
Armenordnung für das Königreich Sachsen vom 22. October 1840. Vollständig erläutert und mit stetem Rückblick auf die ständischen Berathungen des Landtages 1839/40, Grimma 1841
Arnoldt, Friedrich: Die Freizügigkeit und der Unterstützungswohnsitz. Eine vom wissenschaftlichen und praktischen Standpunkte unternommene Bearbeitung des Reichsgesetzes über die Freizügigkeit vom 1. November 1867, des Reichsgesetzes über den Unterstützungswohnsitz vom 6. Juni 1870 ..., Berlin 1872
Aschrott, P. F.: Handhabung der Bestimmungen betreffend den Verlust des Wahlrechts bei Empfang öffentlicher Armenunterstützungsleistungen, in: Schriften des DV, 26. Heft, Leipzig 1896, S. 37-48
Baath, P. A.: Verordnung über die Fürsorgepflicht vom 13. Februar 1924, 8. Aufl., Berlin 1930
Baath, P. A./Kneip: Verordnung über die Fürsorgepflicht, 11. Aufl., Berlin 1937
Barabas, Friedrich/Sachße, Christoph: Bundessozialhilfegesetz: Sozialstaatliche Versorgung oder Armenpolizei?, in: KJ 1976, S. 359-376
Baumann, Jürgen: Unterbringungsrecht, Tübingen 1966
– Die Chance des Artikel 293 EGStGB. Freie gemeinnützige Arbeit statt Ersatzfreiheitsstrafe, in: MschrKrim 1979, S. 290-296
Baumann, Jürgen/Weber, Ulrich: Strafrecht. Allgemeiner Teil, 9. Aufl., Bielefeld 1985
BBJ Consult: Die Praxis der Sozialhilfeträger bei der "Hilfe zur Arbeit". Ergebnisse einer bundesweiten empirischen Untersuchung, Info Ausgabe II, Berlin 1990
Bemman, Günter: Für eine Dienstleistungsstrafe, in: Festschrift für Friedrich Schaffstein, Göttingen 1975, S. 211-218
Berner, Albert Friedrich: Lehrbuch des Deutschen Strafrechts, 18. Aufl., Leipzig 1898 (Neudruck Aalen 1986)
Beschlußempfehlung und Bericht des Ausschusses für Arbeit und Sozialordnung (11. Ausschuß) zu dem Gesetzentwurf der Fraktionen der CDU/ CSU und FDP - Drucksache 12/222 - Entwurf eines Gesetzes zur Änderung arbeitsförderungsrechtlicher und anderer sozialrechtlicher Verschriften ..., BT-Drucks. 12/496
Beschlußempfehlung und Bericht des Rechtsausschusses (6. Ausschuß) zu der Unterrichtung durch die Bundesregierung – Drucksache 10/5828 – Bericht zur Beurteilung des strafrechtlichen Sanktionensystems, BT-Drucks. 11/2597

Best, Peter: Tilgung von Geldstrafen durch freie Arbeit. Ein Praxisbericht aus Niedersachsen, in: Kerner/Kästner ... 1986, S. 207-237

Binding, Karl: Lehrbuch des gemeinen deutschen Strafrechts. Besonderer Teil, Bd. 2, Abteilung 2, Leipzig 1905 (Neudruck Aalen 1969)

Binkert, Gerhard: Rechtsprobleme des Arbeitseinsatzes im Rahmen des Bundessozialhilfegesetzes am Beispiel der Beschäftigung von Asylbewerbern und Asylanten, in: ZfS 1982, S. 226-229

Blau, Günter: Die gemeinnützige Arbeit als Beispiel für einen grundlegenden Wandel des Sanktionenwesens, in: Gedächtnisschrift für Hilde Kaufmann, Berlin/New York 1986, S. 189-209

Block, Petra: Befragung von Vermittlern, Geldstrafenschuldnern und Mitarbeitern der Beschäftigungsstellen zur Praxis der Gemeinnützigen Arbeit, in: Jörg-Martin Jehle/Wolfgang Feuerhelm/Petra Block, Gemeinnützige Arbeit statt Ersatzfreiheitsstrafe. Forschungskolloquium zu einer bundesweiten Untersuchung/Kriminologische Zentralstelle, Wiesbaden 1990, S. 97-122

Bock, Wilhelm: Der sozial auffällige, nichtseßhafte Mensch als rechtliche, sozialpädagogische und fürsorgerische Aufgabe der Gegenwart, Diss. Hamburg 1953

Böhmert, Victor: Das Armenwesen in 77 deutschen Städten und einigen Landarmenverbänden. Dargestellt auf Grund der Verhandlungen und statistischen Untersuchungen des Deutschen Vereins für Armenpflege und Wohlthätigkeit (Spezieller Teil), Dresden 1886

Bondy, Curt: Arbeitshaus und Bewahrungsanstalt, in: ZStW 50 (1930), S. 524-538

Bonhoeffer, Karl: Ein Beitrag zur Kenntnis des großstädtischen Bettel- und Vagabondentums. Eine psychiatrische Untersuchung, in: ZStW 21 (1901), S. 1-65

Borchert, Achim: Tilgung uneinbringlicher Geldstrafen durch freie Arbeit in Hamburg, in: Kerner/Kästner ... 1986, S. 195-200

Brandis, Peter: Geldstrafe und Nettoeinkommen. Zugleich ein Beitrag zur Ausgestaltung eines Einkommensbegriffs im öffentlichen Schuldrecht, Köln 1987

Braun, Heinrich: Der Deutsche Verein seiner Zeit. Eine synoptische Darstellung, in: Beiträge zur Entwicklung der deutschen Fürsorge (Schriften des DV), Köln/Berlin 1955, S. 1-131

Brause, Hans Peter: Gemeinnützige Arbeit in Hessen, in: Kerner/Kästner ... 1986, S. 201-206

Breuer, Stefan: Sozialdisziplinierung. Probleme und Problemverlagerungen eines Konzepts bei Max Weber, Gerhard Oestreich und Michel Foucault, in: Christoph Sachße/Florian Tennstedt (Hrsg.), Soziale Sicherheit und soziale Disziplinierung, Frankfurt a.M. 1986, S. 45-69

Bruns, Hans-Jürgen: Das Recht der Strafzumessung. Eine systematische Darstellung für die Praxis, 2. Aufl., Köln/Berlin/Bonn/München 1985

Brusis, Anton: Vier Jahre Arbeitshaus. Untersuchungen und Beobachtungen, insbesondere als Beitrag zur Frage des Asyls, in: MschrKrimBiol. 1938, S. 513-527

Bublies, Werner: "Das Gefängnis darf kein Schuldturm sein – Strategien zur Vermeidung der Ersatzfreiheitsstrafe", in: BewHi 1992, S. 178-194

Buehl, Adolf: Die geschlossene Armenpflege (Schriften des DV, 65. Heft), Leipzig 1903, S. 1-96a

– Die neue hamburgische Gesetzgebung, betreffend das Armenwesen und die Jugendfürsorge, in: Zs.f.d. Armenwesen 1904, S. 353-369

– Der armenpolizeiliche Arbeitszwang, in: Zs.f.d. Armenwesen 1905, S. 97-118

Büsing, Elke: Die Unterbringung im Arbeitshaus unter besonderer Berücksichtigung der Verhältnisse in Niedersachsen, Diss. Göttingen 1968

Burdenski, Wolfhart: Die "Hilfe zur Arbeit" nach den §§ 18-20, 25 I BSHG. Gesetzgeberische Intention und ihre Durchsetzung in der Praxis (Schriftenreihe Dissertationen im DV, Bd. 10), Frankfurt a.M. 1987

Callies, Rolf-Peter: Strafzwecke und Strafrecht. 40 Jahre Grundgesetz – Entwicklungstendenzen vom freiheitlichen zum sozial-autoritären Rechtsstaat?, in: NJW 1989, S. 1338-1343

Columbus, Joachim: Arbeitspflicht für Asylbewerber?, in: ZAR 1982, S. 148-157, 199-202

Dalke/Fuhrmann/Schäfer: Strafrecht und Strafverfahren, 37. Aufl., Berlin 1961

Dallinger, Wilhelm: Aus der Rechtsprechung des Bundesgerichtshofs in Strafsachen, in: MDR 1975, S. 541-545

Dammer, Rolf: "Kriminalpolitischer Stellenwert gemeinnütziger Arbeit in der Strafrechtspflege", in: BewHi 1985, S. 141-145

Das Daimler-Benz-Buch. Ein Rüstungskonzern im "Tausendjährigen Reich", herausgegeben von der Hamburger Stiftung für Sozialgeschichte des 20. Jahrhunderts, Nördlingen 1987

Dencker, Friedrich: Die Bagatelldelikte im Entwurf eines EGStGB, in: JZ 1973, S. 144-151

Deutscher Bundestag: 4. Wahlperiode, Sonderausschuß "Strafrecht", 20. Sitzung, Bonn, 23.4.1964, S. 361-377 (zitiert: Prot. Sonderausschuß IV)

– 4. Wahlperiode, Sonderausschuß "Strafrecht", 25. Sitzung, Berlin, 8.10.1964, S. 445-468

– 4. Wahlperiode, Sonderausschuß "Strafrecht", 26. Sitzung, Berlin, 9.10.1964, S. 469-506
– 4. Wahlperiode, Sonderausschuß "Strafrecht", 30. Sitzung, Bonn, 3.12.1964, S. 573-580
– 4. Wahlperiode, Sonderausschuß "Strafrecht", 52. Sitzung, Bonn, 12.5.1965, S. 939-948
– 5. Wahlperiode, Stenographischer Dienst, 23. Sitzung des Sonderausschusses für die Strafrechtsreform, Bonn, 20.6.1966, S. 427-448
– 5. Wahlperiode, Stenographischer Dienst, 117. Sitzung des Sonderausschusses für die Strafrechtsreform, Bonn, 10.10.1968, S. 2313-2342

Deutscher Verein für öffentliche und private Fürsorge: Gutachten des Deutschen Vereins zur Hilfe für Asylbewerber, in: NDV 1981, 170f.
– Gutachten des Deutschen Vereins zu § 19 Abs.2 BSHG, in: NDV 1985, S. 89-91

Diefenbach, F.: Armenwesen. III. Armengesetzgebung und Armenpolizei, in: Handwörterbuch der Staatswissenschaften, 1. Bd., 4. Aufl., Jena 1923, S. 967-991

Dölling, Dieter: Die Aussetzung des Restes der Ersatzfreiheitsstrafe zur Bewährung, in: NStZ 1981, S. 86-90
– Die gemeinnützige Arbeit als eigenständige strafrechtliche Sanktion, in: Deutsche Bewährungshilfe e.V., Die 13. Bundestagung. Dokumentation der 13. Bundestagung der ... 18. bis 21. September 1988 in Marburg (Schriftenreihe der Deutschen Bewährungshilfe), Bonn 1990, S. 363-379
– Generalprävention durch Strafrecht: Realität oder Illusion? in: ZStW 102 (1990), S. 1-20
– Die Weiterentwicklung der Sanktionen ohne Freiheitsentzug im deutschen Strafrecht, in: ZStW 104 (1992), S. 259-289

Dreher, Eduard: das Dritte Strafrechtsänderungsgesetz, I. Teil, in: JZ 1953, S. 421-428

Dreher, Eduard/Tröndle, Herbert: Strafgesetzbuch und Nebengesetze, 46. Aufl., München 1993

Ebermayer, Ludwig/Lobe, Adolf/Rosenberg, Werner: Das Reichsstrafgesetzbuch mit besonderer Berücksichtigung der Rechtsprechung des Reichsgerichts, 2. Aufl., Berlin/Leipzig 1922
– Reichsstrafgesetzbuch mit besonderer Berücksichtigung der Rechtsprechung des Reichsgerichts, 4. Aufl., Berlin/Leipzig 1929

Eger, Georg: Das Reichsgesetz über den Unterstützungswohnsitz vom 30. Mai 1908, 6. Aufl., Breslau 1909

Ehrhardt, Helmut: Psychiatrie, in: Handwörterbuch der Kriminologie, 2. Bd., Berlin 1977, S. 344-415

Eisenberg, Ulrich: Kriminologie, 3. Aufl., Köln/Berlin/Bonn/München 1990

Eiserhardt, Hilde: Das "gemeinschädliche Verhalten", ein Grenzproblem von Strafrecht und Fürsorge, in: ZStW 52 (1932), S. 14-29
– Arbeitseinsatz und Arbeitserziehung der Nichtseßhaften, in: Arbeitseinsatz und Arbeitserziehung durch Fürsorge. Festschrift des Deutschen Vereins für öffentliche und private Fürsorge zur Tagung und Mitgliederversammlung am 23. und 24. Mai 1938 in Würzburg, Leipzig 1938, S. 30-43
Empfehlungen der Ausschüsse zum Entwurf eines ... Strafrechtsänderungsgesetzes (... StrÄndG), BR-Drucks. 370/1/84
Engelberg, von: Das Arbeitshaus, seine gegenwärtige Gestaltung in den einzelnen Bundesstaaten und seine Verwendung im künftigen Strafgesetzbuch, in: Mitteilungen der Internationalen Kriminalistischen Vereinigung, 19 Bd., Berlin 1912, S. 481-530
Entwurf eines Bundessozialhilfegesetzes (BSHG), BT-Drucks. III/1799
Entwurf eines Strafgesetzbuches (StGB) E 1962, BT-Drucks. IV/650
Erster Schriftlicher Bericht des Sonderausschusses für die Strafrechtsreform, BT-Drucks. V/4094
Exner, Franz: Die Theorie der Sicherungsmittel, Berlin 1914
– Das System der sichernden und bessernden Maßregeln nach dem Gesetz vom 24. November 1933, in: ZStW 53 (1934), S. 629-655
Falken-Plachecki, von: Das Arbeitshaus und seine Zukunft, in: ZStW 41 (1920), S. 724-774
Faude, Michael: Selbstverantwortung und Solidarverantwortung im Sozialrecht. Strukturen und Funktionen der sozialrechtlichen Relevanz des Selbstverschuldens des Leistungsberechtigten, Bonn 1983
Feld, Wilhelm: Armenwesen. IV. Armenstatistik, in: Handwörterbuch der Staatswissenschaften, 1. Bd., 4. Aufl., Jena 1923, S. 1009-1044
Feuerhelm, Wolfgang: Gemeinnützige Arbeit als Alternative in der Geldstrafenvollstreckung/Kriminologische Zentralstelle, Wiesbaden 1991
Firgau, Bernhard: Arbeitsauflagen nach § 56 b StGB im Konflikt mit der Gewährung von Arbeitslosengeld nach §§ 100 ff. AFG, in: NStZ 1989, S. 110f.
Fleischer, Wolfgang: Die Strafzumessung bei Geldstrafen. Darstellung des Sanktionenmittels Geldstrafe und dessen empirische Überprüfung nach Einführung des Tagessatzsystems, Diss. Gießen 1983
Fleischmann, W./Jaeger, H./Jehle, O.: Die öffentliche Fürsorge nach der Reichsverordnung über die Fürsorgepflicht vom 13. Februar 1924 (RGBl. I S. 100) mit ihren Änderungen und einschlägigen Nebengesetzen, 4. Aufl., München/Berlin 1939
Flesch, K.: Die Wohnungsnoth vom Standpunkte der Armenpflege, in: Schriften des DV, 6. Heft, Leipzig 1888, S. 121-164

Flottwell, Th. von: Das Bundesgesetz über den Unterstützungswohnsitz, seine Väter und seine Feinde, in: Preußische Jahrbücher Bd. 43 (1879), S. 588-607; Bd. 44 (1879), S. 8-31

Foucault, Michel: Überwachen und Strafen. Die Geburt des Gefängnisses, Frankfurt a.M. 1976

Frank, Reinhard: Das Strafgesetzbuch für das Deutsche Reich, 18. Aufl., Tübingen 1931

Frankenberg, von/Drechsler: Behandlung der Bettler und Landstreicher, in: Schriften des DV, 96. Heft, 1912, S. 61-75

Freund, Florian: Arbeitslager Zement. Das Konzentrationslager Ebensee und die Raketenrüstung, Wien 1989

Friehe, Heinz-Josef: Rechtliche Probleme um den "Arbeitseinsatz" von Asylbewerbern, in: NVwZ 1983, S. 382-388

– Nochmals: Anwendbarkeit von § 25 Abs.1 BSHG bei Verweigerung gemeinnütziger Arbeiten im Sinne von § 19 Abs.2 BSHG, in: DuR 1984, S. 185-195

Fuchs, Claus: Der Community Service als Alternative zur Freiheitsstrafe, Diss. Köln 1985

Gemeinnützige und zusätzliche Arbeit in der Sozialhilfe. Bericht über eine Fachtagung des Deutschen Vereins vom 13. bis 15. Dezember 1983 in Frankfurt/Main (Sonderveröffentlichung des DV), Frankfurt a.M. 1984

Gerken, Ulrich/Henningsen, Jörg: Ersetzung der Freiheitsstrafe durch freie Arbeit. Ein Beitrag zur Diskussion um die Geldstrafe und ihre Surrogate, in: ZRP 1987, S. 386-390

– Arbeit als strafrechtliche Sanktion? Rechtliche und tatsächliche Aspekte gemeinnütziger Arbeit als strafrechtliche Sanktion, in: MschrKrim 1989, S. 222-235

Gesetzentwurf des Bundesrates. Entwurf eines Gesetzes zur Entlastung der Rechtspflege, BT-Drucks. 12/1217

Gesetzentwurf der Bundesregierung. Entwurf eines Dritten Gesetzes zur Änderung des Bundessozialhilfegesetzes, BT-Drucks. 7/308

Gesetzentwurf der Bundesregierung. Entwurf eines Einführungsgesetzes zum Strafgesetzbuch (EGStGB), BT-Drucks. 7/550

Gesetzentwurf der Bundesregierung. Entwurf eines Gesetzes über Maßnahmen zur Bewältigung der finanziellen Erblasten im Zusammenhang mit der Herstellung der Einheit Deutschlands, zur langfristigen Sicherung des Aufbaus in den neuen Ländern, zur Neuordnung des bundesstaatlichen Finanzausgleichs und zur Entlastung der öffentlichen Haushalte (Gesetz zur Umsetzung des Föderalen Konsolidierungsprogramms - FKPG -), BR-Drucks. 121/93, BT-Drucks. 12/4748

Gesetzentwurf der Bundesregierung. Entwurf eines ... Strafrechtsänderungsgesetzes (... StrÄndG), BT-Drucks. 10/2720

Gesetzentwurf der Fraktionen der CDU/CSU und F.D.P. Entwurf eines Gesetzes über Maßnahmen zur Bewältigung der finanziellen Erblasten im Zusammenhang mit der Herstellung der Einheit Deutschlands, zur langfristigen Sicherung des Aufbaus in den neuen Ländern, zur Neuordnung des bundesstaatlichen Finanzausgleichs und zur Entlastung der öffentlichen Haushalte (Gesetz zur Umsetzung des Föderalen Konsolidierungsprogramms - FKPG -), BT-Drucks. 12/4401

Giese, Dieter: Das Bedarfsprinzip der Sozialhilfe im Zusammenhang mit ihrem Auftrag zur sozialen Integration, in: ZfSH 1975, S. 129-136

– Nochmals: Hilfe zur Arbeit für Asylbewerber, in: ZfF 1982, S. 272

– Die Änderungen des Sozialhilferechts durch das Gesetz zur Umsetzung des Föderalen Konsolidierungsprogramms (FKPG), in: ZfF 1993, S. 145-164

Gössel, Karl Heinz: Überlegungen zur Bedeutung des Legalitätsprinzips im rechtsstaatlichen Strafverfahren, in: Festschrift für Hanns Dünnebier zum 75. Geburtstag, Berlin/New York 1982, S. 121-148

Gottschick, Hermann: Das Bundessozialhilfegesetz, 3. Aufl., Köln/Berlin/Bonn/München 1966

Gottschick, Hermann/Giese, Dieter: Das Bundessozialhilfegesetz. Kommentar, 4. Aufl., Köln/Berlin/Bonn/München 1970

– Das Bundessozialhilfegesetz. Kommentar, 9. Aufl., Köln/Berlin/Bonn/München 1985

Graeffner, Ernst/Simm, Erich: Das Armenrecht. Eine systematische Darstellung sämtlicher das Armenrecht betreffenden Rechtsmaterien, Berlin 1914

Grebing, Gerhardt: Die Geldstrafe im deutschen Recht nach Einführung des Tagessatzsystems, in: Hans-Heinrich Jescheck/Gerhardt Grebing, Die Geldstrafe im deutschen und ausländischen Recht, Baden-Baden 1978, S. 13-164

Grünwald, Gerald: Sicherungsverwahrung, Arbeitshaus, vorbeugende Verwahrung und Sicherungsaufsicht im Entwurf 1962, in: ZStW 76 (1964), S. 633-668

Haeckel, Heinrich: Die Bewahrung Asozialer nach geltendem und gefordertem Recht, in: DJ 1936, S. 1724-1729

Haffke, Bernhard: Tiefenpsychologie und Generalprävention. Eine strafrechtstheoretische Untersuchung, Aarau/Frankfurt a.M. 1976

Hansen, Eckhard: Wohlfahrtspolitik im NS-Staat. Motivationen, Konflikte und Machtstrukturen im "Sozialismus der Tat" des Dritten Reiches, Augsburg 1991

Hartmann, Helmut: Sozialhilfebedürftigkeit und "Dunkelziffer der Armut". Bericht über das Forschungsprojekt zur Lage potentiell Sozialhilfeberechtigter, Stuttgart/Berlin/Köln/Mainz 1981
– Die Nichtinanspruchnahme von Sozialhilfe. Darstellung und Bewertung der Ergebnisse einer empirischen Untersuchung, in: NDV 1982, S. 215-222
– Die Praxis der Hilfe zur Arbeit nach dem Bundessozialhilfegesetz. Eine empirische Untersuchung über den Arbeitseinsatz von Sozialhilfeempfängern gemäß §§ 18 ff. Bundessozialhilfegesetz mit einer rechtlichen Diskussion und Würdigung (Teil II) von Utz Krahmer, Köln 1984
– Armut trotz Sozialhilfe. Zur Nichtinanspruchnahme von Sozialhilfe in der Bundesrepublik, in: Stephan Leibfried/Florian Tennstedt (Hrsg.), Politik der Armut und die Spaltung des Sozialstaates, Frankfurt a.M. 1985, S. 169-189
Hennig, Dietmar: Vollstrecker ohne Macht, in: ZRP 1990, S. 99-103
Henning, Friedrich-Wilhelm: Die Industrialisierung in Deutschland 1800 bis 1914, 7. Aufl., Paderborn/München/Wien/Zürich 1989
Hippel, Robert von: Die Nebenstrafe der Überweisung an die Landespolizeibehörde im geltenden Rechte, Diss. Marburg 1888
– Die korrektionelle Nachhaft, in: Abhandlungen des kriminalistischen Seminars zu Marburg, herausgegeben von Franz von Liszt, Freiburg i.B. 1889
– Die strafrechtliche Bekämpfung von Bettel, Landstreicherei und Arbeitsscheu. Eine Darstellung des heutigen Deutschen Rechtszustandes nebst Reformvorschlägen, Berlin 1895
– Beiträge zur Geschichtlichkeit der Freiheitsstrafe, in: ZStW 18 (1898), S. 419-494, 608-666
– Bettel, Landstreicherei und Arbeitsscheu (§ 361 Nr. 3-5, 7 und 10 RStGB), in: Vergleichende Darstellung des deutschen und ausländischen Strafrechts. Besonderer Teil, 2. Bd., Berlin 1906, S. 107-240
– Bettel, Landstreicherei, Arbeitsscheu im Vorentwurf, in: MschrKrimPsych. 7. Jg. (1910/11), S. 449-470
– Lehrbuch des Strafrechts, Berlin 1932 (Nachdruck Frankfurt a.M. 1970)
Hirsch, Hans Joachim: Zur Behandlung der Bagatellkriminalität in der Bundesrepublik Deutschland – Unter besonderer Berücksichtigung der Stellung der Staatsanwaltschaft –, in: ZStW 92 (1980), S. 218-254
Hoppensack, Hans-Christoph/Wenzel, Gerd: Hilfe zur Arbeit und Arbeitszwang. Sozialhilfe und administrative "Normalisierung" von Lohnarbeit, in: Stephan Leibfried/Florian Tennstedt (Hrsg.), Politik der Armut und die Spaltung des Sozialstaates, Frankfurt a.M. 1985, S. 249-267

Horn, Eckhard: Der Aussetzungswiderruf und das Absehen davon. Zum Verhältnis des § 56 f Abs.1 zu Abs.2 StGB, in: JR 1981, S. 5-8
– Die nachträgliche Auflage nach § 56 e StGB, in: MDR 1981, S. 13-15
Huber, Bertold: Das Heranziehen zur gemeinnützigen und zusätzlichen Arbeit – ein Verwaltungsakt?, in: ZfSH/SGB 1986, S. 601-603
Iben, Gerd: Zur Definition von Armut. Bestimmungsgrößen von Armut – "Kultur der Armut", in: BldW 1989, S. 276-279
Jacksch, Joachim: Die Heranziehung von Sozialhilfeempfängern zu gemeinnütziger und zusätzlicher Arbeit im Sinne des § 19 Abs.2 Halbs.1 Alt.2 BSHG unter besonderer Berücksichtigung des Artikels 12 Abs.2 GG, Frankfurt a.M./Bern/New York/Paris 1991
Jahn, Johanna: Zur Geschichte der strafrechtlichen Arbeitshausunterbringung in Deutschland, Diss. Mainz 1966
Jakobs, Günther: Schuld und Prävention, Tübingen 1976
– Strafrecht. Allgemeiner Teil. Die Grundlagen und die Zurechnungslehre, 2. Aufl., Berlin/New York 1991
Jantke, Carl/Hilger, Dietrich: Die Eigentumslosen. Der Deutsche Pauperismus und die Emanzipationskrise in Darstellungen und Deutungen der zeitgenössischen Literatur, München 1965
Jehle, Otto: Fürsorgerecht. Kommentar, 3. Aufl., München 1958
– Sozialhilferecht. Kommentar, 4. Aufl., Loseblattausgabe, München, Stand: Oktober 1968
– Inhalt und Tragweite des § 25 BSHG, in: ZfSH 1969, S. 461-475
Jendis, Herbert: Arbeitsfürsorge, Arbeitspflicht und Arbeitszwang auf Grund der Verordnung über die Fürsorgepflicht vom 13. Februar 1924, Diss. Hamburg 1927
Jescheck, Hans-Heinrich: Lehrbuch des Strafrechts. Allgemeiner Teil, 4. Aufl., Berlin 1988
Jung, Heike: Fortentwicklung des strafrechtlichen Sanktionssystems, in: JuS 1986, S. 741-745
Kargl, Walter: Kritik des Schuldprinzips. Eine rechtssoziologische Studie zum Strafrecht, Frankfurt a.M./New York 1982
Karlsruher Kommentar zur Strafprozeßordnung und zum Gerichtsverfassungsgesetz mit Einführungsgesetz, 3. Aufl., München 1993
Kaske, Volker: Auf dem Wege zum Licht. Anmerkungen zur Methodik des Forschungsberichtes "Sozialhilfebedürftigkeit und Dunkelziffer der Armut" aus der Sicht eines kommunalen Spitzenpolitikers, in: NDV 1982, S. 391-394
Kaufmann, Arthur: Das Schuldprinzip. Eine strafrechtlich-rechtsphilosophische Untersuchung, 2. Aufl., Heidelberg 1976

Kerner, Hans-Jürgen/Kästner, Otto (Hrsg.): Gemeinnützige Arbeit in der Strafrechtspflege (Schriftenreihe der Deutschen Bewährungshilfe, Neue Folge, Bd. 5), Bonn 1986

Keunecke, Jürgen/Schinkel, August-Wilhelm: § 153 a Strafprozeßordnung und Ladendiebstahl, in: MschrKrim 1984, S. 157-169

Klein, Heinz: Vorschriften über die Fürsorgeunterstützung zur Arbeit, in: DÖV 1956, S. 488f.

Klein, Peter/Leibfried, Stephan/Priester, Tom: Chancengleichheit in der "Hilfe zur Arbeit"? Die Werkstatt Bremen – Eine Fallstudie, in: NDV 1991, S. 386-391

Klein, Wilhelm: Beziehungen zwischen Armut und Strafrecht, Diss. Gießen 1917

Kleinknecht, Theodor/Meyer, Karlheinz: Strafprozeßordnung, Gerichtsverfassungsgesetz, Nebengesetze und ergänzende Bestimmungen, 40. Aufl., München 1991

Kleinkowski, Helga: Das Arbeitshaus in theoretischer und praktischer Sicht unter besonderer Berücksichtigung des Arbeitshauses in Nordrhein-Westfalen, Diss. Münster 1961

Klumker, Chr. J.: Fürsorgewesen. Einführung in das Verständnis der Armut und der Armenpflege, Leipzig 1918

– Armenwesen. I. Einleitung. Allgemeines, in: Handwörterbuch der Staatswissenschaften, 1. Bd., 4. Aufl., Jena 1923, S. 926-937

KMR – Kommentar zur Strafprozeßordnung, Loseblattausgabe, Neuwied, Stand: Juli 1993

Knopp, Anton/Fichtner, Otto: Bundessozialhilfegesetz. Kommentar, 3. Aufl., München 1974

– Bundessozialhilfegesetz. Kommentar, 7. Aufl., München 1992

Köhler, Michael: Zur Kritik an der Zwangsarbeitsstrafe, in: GA 1987, S. 145-161

Köhne, Paul: Die Arbeiten des internationalen Kongresses für Gefängniswesen zu Rom im Jahre 1885, in: ZStW 9 (1889), S. 282-303

Kohlrausch/Lange: Strafgesetz mit Erläuterungen und Nebengegesetzen, 42. Aufl., Berlin 1959

Krahmer, Utz: Zu Recht und Praxis der Arbeitshilfe nach dem BSHG, in: ZfSH 1981, S. 39-43

– Asylsuchende als Zwangsarbeiter nach § 19 Bundessozialhilfegesetz, in: DuR 1982, S. 412-415

– Zwang zur Ableistung gemeinnütziger und zusätzlicher Arbeit nach dem BSHG, in: ZfSH/SGB 1983, S. 211-214

– Rechtliche Würdigung der gegenwärtigen Praxis der Arbeitshilfe nach dem Bundessozialhilfegesetz. Teil II der empirischen Untersuchung über den Arbeitseinsatz von Sozialhilfeempfängern gemäß §§ 18 ff. Bundessozialhilfegesetz von Helmut Hartmann, Köln 1984

Krasney, Otto Ernst: Zur Verfassungswidrigkeit des § 26 Bundessozialhilfegesetz, in: DÖV 1968, S. 826-828

Krech, J./Baath, P. A.: Die Reichsgesetze über den Unterstützungswohnsitz, die Freizügigkeit, die Reichs- und Staatsangehörigkeit, 9. Aufl., Berlin/ Leipzig 1922

Krieg, Hartmut/Löhr, Annegret/Lücke, Uwe/Meissner, Christl/Rufert, Wilfried/Schumann, Angela: Weil Du arm bist, mußt Du sitzen, in: MschrKrim 1984, S. 25-38

Krug von Nidda, Carl Ludwig: Die Entwicklung der Wanderfürsorge bis zum Ausbruch des 1. Weltkrieges, in: Beiträge zur Entwicklung der Deutschen Fürsorge (Schriften des DV), Köln/Berlin 1955, S. 330-336

Lackner, Karl: Strafgesetzbuch mit Erläuterungen, 20. Aufl., München 1993

Lehr- und Praxiskommentar zum Bundessozialhilfegesetz, 3. Aufl., Baden-Baden 1991

Leibfried, Stephan: Armutspotential und Sozialhilfe in der Bundesrepublik. Zum Prozeß des Filterns von Ansprüchen auf Sozialhilfe, in: KJ 1976, S. 377-393

Leipziger Kommentar zum Strafgesetzbuch, 1. Bd., 8. Aufl., Berlin 1957

Leipziger Kommentar zum Strafgesetzbuch, 2. und 3. Bd., 10. Aufl., Berlin/ New York 1985

Linden, Georg: Tilgung der Geldstrafe durch freie Arbeit in Nordrhein-Westfalen, in: Kerner/Kästner ... 1986, S. 238-247

Link: Arbeitsfürsorge für Arbeitsfähige, in: Arbeitsfürsorge ... 1927, S. 35-42

Liszt, Franz von: Kriminalpolitische Aufgaben, in: ZStW 9 (1889), S. 453-498, 737-782; 10 (1890), S. 51-83

– Das Verbrechen als sozial-pathologische Erscheinung, in: Strafrechtliche Aufsätze und Vorträge, 2. Bd., Berlin 1905 (Nachdruck Berlin 1970), S. 230-250

Löwe/Rosenberg: Die Strafprozeßordnung und das Gerichtsverfassungsgesetz. Großkommentar, 2. und 5. Bd., 24. Aufl., Berlin/New York 1989

Lohse: Zwangsmaßregeln gegen Arbeitsscheue und gegen säumige Nährpflichtige, in: Schriften des DV, 88. Heft, Leipzig 1909, S. 1-58

Mahrzahn, Christian: Das Zucht- und Arbeitshaus. Die Kerninstitution frühbürgerlicher Sozialpolitik, in: Christian Mahrzahn/Hans-Günther Ritz (Hrsg.), Zähmen und Bewahren. Die Anfänge bürgerlicher Sozialpolitik, Bielefeld 1984, S. 7-68

Mallia: Der fürsorgerechtliche Arbeitszwang, in: Bl.f.ö.F. 1936, S. 2f.

Marx, Karl: Kritische Randglossen zu dem Artikel "Der König von Preußen und die Sozialreform. Von einem Preußen" ("Vorwärts" Nr. 60), in: MEW, Bd. 1, Berlin 1956, S. 392-409

Marx, Theodor: Der Auftrag der Fürsorge für die Entwicklung, Pflege und Erhaltung der menschlichen Arbeitskraft, in: NDV 1952, S. 370-376

Matthes, Joachim: Gesellschaftspolitische Konzeptionen im Sozialhilferecht. Zur soziologischen Kritik der neuen deutschen Sozialhilfegesetzgebung, Stuttgart 1964

Maurach, Reinhart: Deutsches Strafrecht. Besonderer Teil, 5. Aufl., Karlsruhe 1969

Maurach, Reinhart/Gössel, Karl Heinz/Zipf, Heinz: Strafrecht. Allgemeiner Teil. Teilbd. 2. Erscheinungsformen des Verbrechens und Rechtsfolgen der Tat, 7. Aufl., Heidelberg 1989

Maurach, Reinhart/Zipf, Heinz: Strafrecht. Allgemeiner Teil. Teilbd. 1. Grundlehren des Strafrechts und Aufbau der Straftat, 7. Aufl., Heidelberg 1987

Meixner, Robert: Das Arbeitshaus in der Gegenwart und in der Zukunft. Ein Beitrag zur Bekämpfung der Asozialen, Diss. Erlangen, Emsdetten/Westfalen 1936

Mertens, Franz Josef: Die Zulässigkeit von Arbeitszwang und Zwangsarbeit nach dem Grundgesetz und der Europäischen Konvention für Menschenrechte und Grundfreiheiten, Diss. Köln 1964

– Zur Verfassungsmäßigkeit des § 26 BSHG, in: NDV 1965, S. 127-130

Metzger, Richard: Arbeitshaus für unverbesserliche Asoziale?, in: NJW 1964, S. 1709f.

Meyer, Dieter: Anmerkung zum Urteil des OLG Köln vom 24.8.1976 – Ss 380/75, in: NJW 1977, S. 724

– Anmerkung zum Urteil des OLG Hamm vom 6.12.1979 – 6 Ss 1069/79, in: NJW 1980, S. 2480f.

Mrozynski, Peter: Offene Fragen der gemeinnützigen Arbeit Straffälliger, in: JR 1987, S. 272-280

Müller, Rudolf/Preiser, Friedrich: Wie sollten unverbesserliche Asoziale nach künftigem Recht verwahrt werden?, in: ZStW 79 (1967), S. 304-330

Müller-Dietz, Heinz: Strafbegriff und Strafrechtspflege, Berlin 1968

Münder, Johannes/Birk, Ulrich-Arthur: Sozialhilfe und Arbeitslosigkeit. Möglichkeiten der Ämter-Gegenwehr der Betroffenen, 2. Aufl., Neuwied/Darmstadt 1985

Münder, Johannes/Dieckmann, Helmut/Popp, Wulf: "Hilfe zur Arbeit". Zwischen individuellen Hilfen, kommunaler Beschäftigungspolitik und sozialpolitischer Umverteilung – Ergebnisse einer Untersuchung in Hessen, in: Soziale Arbeit 1986, S. 178-183

Münder, Johann/Hofmann, Hans-Jürgen: Arbeit statt Sozialhilfe, ZfSH/SGB 1987, S. 57-67

Münsterberg, Emil: Die deutsche Armengesetzgebung und das Material zu ihrer Reform, in: Gustav Schmoller, Staats- und socialwissenschaftliche Forschungen, 6. Bd., 4. Heft, Leipzig 1887

– Die Armenpflege. Einführung in die praktische Pflegethätigkeit, Berlin 1897

Münsterberg, E./Elster, Alexander: Wanderarbeitsstätten, in: Handwörterbuch der Staatswissenschaften, 8. Bd., 3. Aufl., Jena 1911, S. 561-571

Muthesius, Hans: Fürsorgerecht, Berlin 1928

– Bundesrechtliche Grundlagen der öffentlichen Fürsorgepflicht, 5. Aufl., Köln/Berlin 1955

Nauke, Wolfgang: Anmerkung zum Urteil des OLG Hamburg vom 1.11.1977 – 2 Ss 219/77, in: NJW 1978, S. 1171

Nisch, Bärbel/Reinbacher, Stephan: Chance oder Strafe? Die Hilfen zur Arbeit nach dem BSHG aus der Sicht der Hilfesuchenden; derzeitige Situation, Alternativen und Konsequenzen, in: ZfS 1989, S. 42-48

Nöldeke, Jutta: Hilfe zur Arbeit – Abschreckung, billige Arbeitskraft, Aktivierung der Selbsthilfe? (70. Deutscher Fürsorgetag 1983), in: NDV 1983, S. 334f.

Noll, Peter: Dikussionsvotum an der Strafrechtslehrertagung vom 21. bis 23. Mai 1964 in Hamburg, in: ZStW 76 (1964), S. 707-716

Oestreicher, Ernst: Entwicklung von der Armenfürsorge zum Sozialhilferecht in der höchstrichterlichen Rechtsprechung, in: ZfSH 1972, S. 1-9, 65-70, 97-101

Oestreicher, Ernst/Schelter, Kurt/Kunz, Eduart: Bundessozialhilfegesetz mit Recht der Kriegsopferfürsorge. Kommentar, Loseblattausgabe, München, Stand: Oktober 1992

Oetker, Hartmut: Anwendbarkeit von § 25 Abs.1 BSHG bei Verweigerung gemeinnütziger Arbeiten im Sinne von § 19 Abs.2 BSHG, in: DVBl. 1983, S. 1175-1179

Olshausen, Justus: Kommentar zum Strafgesetzbuch für das Deutsche Reich, 1. Bd., 6. Aufl., Berlin 1900

– Kommentar zum Strafgesetzbuch für das Deutsche Reich, 2. Bd., 8. Aufl., Berlin 1910

Olhausen's Kommentar zum Strafgesetzbuch für das Deutsche Reich, 12. Aufl., Berlin 1942

Osthoff, Georg: Die Armen-Arbeitshäuser. Anlage und Einrichtung derselben, Leipzig 1882

Petersen, Käthe: Die Bedeutung des § 20 RFV (Arbeitszwang) für die Fürsorgepraxis, insbesondere für die Gefährdetenhilfe, in: NDV 1957, S. 167-170

Peters-Lange, Susanne: Zumutbarkeit von Arbeit. Ein Plädoyer zur Rechtsfortbildung, Köln 1992

Pflieger, Klaus: Tilgung uneinbringlicher Geldstrafen durch freie Arbeit in Baden-Württemberg, in: Kerner/Kästner ... 1986, S. 151-159

Pfohl, Michael: Gemeinnützige Arbeit als strafrechtliche Sanktion. Eine rechtsvergleichende Untersuchung unter Berücksichtigung des britischen Community Servive Order, Berlin 1983

Philippi, Klaus: Die Verordnung zum Schutze des Reichsarbeitsdienstes, in: DJ 1940, S. 541f.

Ploß, Rudolf: Das Arbeitshaus nach dem Reichsstrafgesetzbuche, den Strafgesetzentwürfen und dem Entwurf eines Strafvollzugsgesetzes, mit besonderer Berücksichtigung der Verhältnisse in Sachsen, Leipzig 1928 (Nachdruck Leipzig 1970)

Polligkeit-Eiserhardt, H.: Zur Frage der Bewahrung, in: NDV 1952, S. 113-115

Preiser, Friedrich: Die Nichtigkeitserklärung von § 73 Abs.2 und 3 des Bundessozialhilfegesetzes und ihre Folgen. Zur Entscheidung des BVerfG vom 18.7.1967, in: ZStW 80 (1968), S. 582-591

Preiser, Friedrich/Müller, Rudolf: Darf der Strafrichter Unverbesserliche ins Arbeitshaus einweisen?, in: NJW 1966, S. 1949-1952

Preller, Ludwig: Sozialpolitik in der Weimarer Zeit, Düsseldorf 1949 (Nachdruck Düsseldorf 1978)

Rehder, Günther: Gemeinnützige-freie-Arbeit in Berlin, in: Kerner/Kästner ... 1986, S. 169-177

Reis, Claus: Arbeitsmarktprozesse, Arbeitslosigkeit und Sozialhilfe – ein Problemaufriß, in: Die "Hilfe zur Arbeit" im Spannungsfeld von Sozialhilfe und lokalen Beschäftigungsinitiativen, zusammengestellt und bearbeitet von Claus Reis (Schriften des DV), Frankfurt a.M. 1988

– Hilfe zur Arbeit. Organisationsformen und aktuelle Problemstellungen, in: BldW 1991, S. 213-218

Rietzsch: Anmerkung zu den Urteilen des LG Berlin vom 17.8.1936 – 87 Ns. 32/36 und des LG Cottbus vom 30.5.1936 – Qs. 153/63, DJ 1936, S. 1695f.

Rode, Karlheinz: Arbeitsverweigerung und Hilfe zum Lebensunterhalt nach dem Bundessozialhilfegesetz, in: ZfS 1980, S. 323-327

Roscher, Falk: Korrekte Hilfe zur Arbeit – gibt es das?, in: info also 2/92, S. 61-64

Roscher, Wilhelm: System der Armenpflege und Armenpolitik, Stuttgart 1894
– System der Armenpflege und Armenpolitik, 3. Aufl., Stuttgart/Berlin 1906
Ross-Strajhar, Gisela: Armut in einem reichen Land. Armut, Arbeitslosigkeit und Sozialhilfe in der Bundesrepublik Deutschland. Literatur- und Forschungsdokumentation 1984-1987, Bonn 1988
Rotering: Die Gruppenbildung der Polizeiübertretungen, in: ZStW 26 (1906), S. 719-779
– Das Betteln als strafbare Handlung, in: MschrKrimPsych. 5. Jg. (1908/09), S. 143-158
Roxin, Claus: Sinn und Grenzen staatlicher Strafe, in: JuS 1966, S. 377-387
– Zur jüngsten Diskussion über Schuld, Prävention und Verantwortlichkeit im Strafrecht, in: Festschrift für Paul Bockelmann, München 1979, S. 279-309
– Zur Entwicklung der Kriminalpolitik seit den Alternativ-Entwürfen, in: JA 1980, S. 545-552
– Strafrecht. Allgemeiner Teil. Bd. I. Grundlagen. Der Aufbau der Verbrechenslehre, München 1992
Rudolph, Andrea: Das Spannungsverhältnis von Bedürftigkeit und zumutbarer Erwerbstätigkeit im Sozialrecht und im Unterhaltsrecht Volljähriger, in: ZfSH/SGB 1989, S. 134-140
Rumpelt: Arbeitshaus, in: Handwörterbuch der Staatswissenschaften, 1. Bd., 3. Aufl., Jena 1909, S. 1054-1058
Rumpelt/Luppe: Arbeitshaus, in: Handwörterbuch der Staatswissenschaften, 1. Bd., 4. Aufl., Jena 1923, S. 742-746
Sachße, Christoph/Tennstedt, Florian: Geschichte der Armenfürsorge in Deutschland. Vom Spätmittelalter bis zum Ersten Weltkrieg, Stuttgart/Berlin/Köln/Mainz 1980
– Geschichte der Armenfürsorge in Deutschland. Bd. 2. Fürsorge und Wohlfahrtspflege 1871-1929, Stuttgart/Berlin/Köln/Mainz 1988
Samter: Zwangsmaßregeln gegen Arbeitsscheue und gegen säumige Nährpflichtige, in: Schriften des DV, 88. Heft, Leipzig 1909, S. 59-80
Schädler, Wolfram: Der "Weiße Fleck" im Sanktionensystem. Ein Beitrag zur Diskussion um Geldstrafe, freie Arbeit und Ersatzfreiheitsstrafe, in: ZRP 1985, S. 186-192
Schäfer, Dieter: Die Rolle der Fürsorge im System sozialer Sicherung (Schriften des DV, Schrift 231), Frankfurt a.M. 1966
Schäfer, Gerhard: Praxis der Strafzumessung, München 1990

Schaffstein, Friedrich: Die Behandlung der Gemeinlästigen und der kleinkriminellen Rezidivisten als kriminalpolitisches Problem, in: Festschrift für Karl Engisch, Frankfurt a.M. 1969, S. 644-662

Schall, Hero: Die Sanktionsalternative der gemeinnützigen Arbeit als Surrogat der Geldstrafe, in: NStZ 1985, S. 104-111

Schatter, Hans: Pflichtarbeit und Fürsorgearbeit. Voraussetzungen und Rechtsnatur der auf Grund von § 19 Fürsorgepflichtverordnung sich ergebenden Beschäftigungsverhältnisse der Wohlfahrtserwerbslosen, Diss. Leipzig 1931

Scheffler, Uwe: Kriminologische Kritik des Schuldstrafrechts. Die Voraussetzungen der Verwertbarkeit kriminologischer Erkenntnisse im Strafrecht, Frankfurt a.M./Bern/New York 1985

Schellhorn, Walter/Jirasek, Hans/Seipp, Paul: Kommentar zum Bundessozialhilfegesetz, 7. Aufl., Neuwied/Berlin 1971

– Kommentar zum Bundessozialhilfegesetz, 14. Aufl., Neuwied/Kriftel/Berlin 1993

Scherer, Wolfgang: Wie Sozialämter Hilfebedürftige abschrecken (Materialien zur Sozialarbeit und Sozialpolitik, Fachhochschule Frankfurt a.M., Fachbereich Sozialarbeit/Sozialpädagogik, Bd. 16), 3. Aufl. 1988

Scherpner, Hans: Theorie der Fürsorge, Göttingen 1962

Schieckel, H.: Arbeitsförderungsgesetz, Bd. I, Loseblattausgabe, Starnberg-Percha, Stand: 15.11.1992

Schinnerer, Erich: Die Entwicklung des strafrechtlichen Schutzes der Arbeitskraft, DStrR 1937, S. 1-14

Schlosser, Fr.: Arbeitsscheuengesetz, Berlin 1912

Schmidt, Horst Alex: Gemeinnützige Arbeit statt Ersatz-Freiheitsstrafe, Erfahrungen aus Schleswig-Holstein, in: Kerner/Kästner ... 1986, S. 263-275

Schmitt, Lothar: Bundessozialhilfegesetz. Kommentar, Loseblattausgabe, München, Stand: Oktober 1992

Schoch, Dietrich: Hilfe zur Arbeit oder Pflicht zur Arbeit? – Einige Gedanken insbesondere zu dem Aspekt, wie weit die Arbeitspflicht für Angehörige und bei einmaligen Leistungen geht –, in: ZfF 1988, S. 221-225

Schöch, Heinz: Möglichkeiten und Grenzen der Behandlung Straffälliger in Freiheit, in: Helmut Kury (Hrsg.), Ambulante Maßnahmen zwischen Hilfe und Kontrolle, Köln/Berlin/Bonn/München 1984, S. 29-54

– Verwarnung statt Strafe. Zum Aufblühen der Verwarnung mit Strafvorbehalt nach § 59 StGB, in: Festschrift für Jürgen Baumann zum 70. Geburtstag, Bielefeld 1992, S. 255-268

Schoen, Paul: Armenfürsorge im Nationalsozialismus. Die Wohlfahrtspflege in Preußen zwischen 1933 und 1939 am Beispiel der Wirtschaftsfürsorge, Weinheim/Basel 1985
Schönke, Adolf: Strafgesetzbuch. Kommentar, 6. Aufl., München/Berlin 1952
Schönke, Adolf/Schröder, Horst: Strafgesetzbuch. Kommentar, 14. Aufl., München 1969
– Strafgesetzbuch. Kommentar, 24. Aufl., München 1991
Schulte, Bernd: Sozialhilfe und Arbeit, in: Gemeinnützige und zusätzliche Arbeit ... 1984, S. 3-55
Schulte, Bernd/Trenk-Hinterberger, Peter: Sozialhilfe. Eine Einführung, 2. Aufl., Heidelberg 1986
Schumann, Karl F.: Ungleichheiten in der Strafverfolgung, RuP 1974, S. 119-129
– Positive Generalprävention. Ergebnisse und Chancen der Forschung, Heidelberg 1989
Schwarz, Otto/Dreher, Eduard: Strafgesetzbuch. Kurzkommentar, 30. Aufl., München 1968
Selle, Dirk von: Der Begriff der unbilligen Härte in § 459 f StPO, in: NStZ 1990, S. 118-120
Senhold, Albert/Schlüsche, Helmut: 50 Jahre Fürsorge- und Sozialhilferecht, in: ZfF 1974, S. 98-105
Sichert, E.: Bestrafung des Bettels und der Landstreicherei, in: ZStW 13 (1893), S. 1-16
Sillam, H.: Die Unterbringung im Arbeitshause (§ 20 der Reichsverordnung über die Fürsorgepflicht), in: Zs.f.d. Heimatwesen 1925, S. 327-329
Soltau, Willy: Der armenpolizeiliche Arbeitszwang im öffentlichen Armenwesen, Diss. Freiburg i.B. 1910
Sperling: Der polizeiliche Arbeitszwang, in: Ein deutsches Reichsarmengesetz. Grundlagen und Richtlinien (Schriften des DV, 100. Heft), München/Leipzig 1913, S. 67-84 mit Anhang: Die wichtigsten Bestimmungen über den polizeilichen Arbeitszwang ... S. 84-93
Springorum, Kurt: Der Landstreicher der Gegenwart und seine Unterbringung im Arbeitshaus, in: NJW 1967, S. 1014f.
Stahlmann, Günther: Der Strafcharakter der Sozialhilferegelsätze und andere rechtswissenschaftliche Beiträge zur Sozialarbeit, Marburg 1980
– Grundsicherung in der "Risikogesellschaft" durch "gemeinnützige und zusätzliche Arbeit" nach dem BSHG? – Ein Reformvorschlag, in: Michael Opielka/Margherita Zander (Hrsg.), Freiheit von Armut. Das Grüne Grundsicherungsmodell in der Diskussion, Essen 1988, S. 76-95

Statistisches Bundesamt Wiesbaden: Fachserie 10, Rechtspflege, Reihe 3, Strafverfolgung, Stuttgart 1979-1990
– Fachserie 10, Rechtspflege, Reihe 4, Strafvollzug, Stuttgart 1979-1989
Steigertahl, Georg: Gemeinsame Aufgaben von Strafrechts- und Wohlfahrtspflege bei der Behandlung asozialer Personen, in: MschrKrimPsych. 18. Jg. (1927), S. 369-374
– Die Zusammenhänge zwischen Zwangsfürsorge und Maßregeln der Sicherung und Besserung in Hamburg, in: MschrKrimBiol. 1937, S. 128-140
– Fürsorgerische, strafrechtliche und polizeiliche Maßnahmen gegenüber sozial-schwierigen und asozialen Personen, in: Schriften des DV, Heft 2, Berlin 1938
– Der Vollzug der Unterbringung im Arbeitshaus, Asyl, in der Trinkerheilanstalt und in der Heil- und Pflegeanstalt, in: BlfGk. Bd. 69 (1938/39), S. 30-43
– "Die gemeinlästigen Leute" – Asoziale, Sozialschwierige, Gefährdete – Ihre Behandlung in der Vergangenheit und Aufgaben der Gegenwart, in: MschrKrim 1955, S. 1-26
Stein: Die Zulässigkeit des Zwanges arbeitsscheuer Armer zur Arbeit, in: FischersZ Bd. 46 (1917), S. 252-271
Steins, Klaus: Anmerkung zum Urteil des OLG Braunschweig vom 4.3.1965 – Ss 44/65, in: NJW 1965, S. 2067
Stekl, Hannes: "Labore et fame" – Sozialdisziplinierung in Zucht- und Arbeitshäusern des 17. und 18. Jahrhunderts, in: Christoph Sachße/Florian Tennstedt (Hrsg.), Soziale Sicherheit und soziale Disziplinierung, Frankfurt a.M. 1986, S. 119-147
Stolleis, Michael: Strafrecht und Sozialrecht, in: ZSR 1979, S. 261-280
– Die Geschichtlichkeit des Sozialrechts, in: SGb 1984, S. 378-382
Stumpfl, Friedrich: Asozialität, in: Handwörterbuch der Kriminologie, 1. Bd., 2. Aufl., Berlin 1966, S. 62-75
Systematischer Kommentar zum Strafgesetzbuch. Bd. 1. Allgemeiner Teil, 6. Aufl., Loseblattausgabe, Neuwied/Kriftel/Berlin, Stand: Dezember 1992
Trenk-Hinterberger, Peter: Die Hilfe zur Arbeit nach §§ 19, 20 BSHG im Gefüge des Arbeits- und Sozialversicherungsrechts, in: NDV 1984, S. 405-418
Tress, Josef: Die Asozialenfrage, in: BlfGk. Bd. 72 (1941/42), S. 163-210
Tröndle, Herbert: Die Geldstrafe im neuen Strafensystem, in: MDR 1972, S. 461-468
Unterbringung im Arbeitshause, in: ZfF 1956, S. 358f.

Unterrichtung durch die Bundesregierung. Bericht zur Beurteilung des strafrechtlichen Sanktionensystems, BT-Drucks. 10/5828

Volk, Klaus: Der Begriff der Strafe in der Rechtsprechung des Bundesverfassungsgerichts, in: ZStW 83 (1971), S. 405-434

Weber, Klaus: Tilgung uneinbringlicher Geldstrafen durch freie Arbeit in Bayern, in: Kerner/Kästner ... 1986, S. 159-168

Wessels, Johannes: Strafrecht. Allgemeiner Teil. Die Straftat und ihr Aufbau, 22. Aufl., Heidelberg 1992

Wienand, Manfred: Grundlegende Neuregelungen des Sozialhilferechts, der Hilfe bei Abbruch der Schwangerschaft und des Leistungsrechts für Asylbewerber, in: NZS 1993, S. 329-336

Wolfram, Heinz: Vom Armenwesen zum heutigen Fürsorgewesen. Geschichtliches und Grundsätzliches, Greifswald 1930

Wolter, Jürgen: Strafverfahrensrecht und Strafrechtsreform, in: GA 1985, S. 49-92

Young-Whan Kim: Zur Fragwürdigkeit und Notwendigkeit des strafrechtlichen Schuldprinzips. Ein Versuch zur Rekonstruktion der jüngsten Diskussion zu "Schuld und Prävention", Ebelsbach 1987

Zacher, Hans F.: Zur Rechtsdogmatik der Umverteilung, in: DÖV 1970, S. 3-14

– Verschulden im Sozialrecht, in: ZfS 1983, S. 171-178

Zeck, Wilh.: Die öffentliche Wohlfahrtspflege, Stuttgart 1930

Zipf, Heinz: Die Geldstrafe in ihrer Funktion zur Eindämmung der kurzen Freiheitsstrafe, Berlin/Neuwied a.R. 1966

– Probleme der Neuregelung der Geldstrafe in Deutschland, in: ZStW 86 (1974), S. 513-544

Zuleeg, Manfred: Gemeinnützige Arbeit und Sozialhilfe vor der Verfassung, in: ZAR 1983, S. 188-193

Zweiter Schriftlicher Bericht des Sonderausschusses für die Strafrechtsreform, BT-Drucks. V/4095

RECHT DER ARBEIT UND DER SOZIALEN SICHERHEIT

Band 1 Ulrike Wagner: Mitbestimmung bei Bildschirmtechnologien. 1985.

Band 2 Karin Dierks: Zwischen Arbeits- und Sozialrecht. Beschäftigungsverhältnisse in der Werkstatt für Behinderte. 1986.

Band 3 Inge Böttcher: Gemeinsame Ausübung eines Zurückbehaltungsrechts. 1986.

Band 4 Gabriele Peter: Frauendiskriminierung durch Teilzeitbeschäftigung. Insbesondere bei betrieblichen Sozialleistungen und der Vergütung von Überstunden. 1988.

Band 5 Uwe Schumacher: Rechtsfragen der Teleprogrammierung. Statusrechtliche Einordnung und urheberrechtlicher Schutz. 1989.

Band 6 Nashrine Ismail: Recht und Praxis bei der Bekämpfung illegaler Arbeitnehmerüberlassung. 1991.

Band 7 Karen Klöver: Der Sozialplan im Konkurs. Schutz der Sozialplangläubiger im Konkurs und alternative Regelungsmöglichkeiten in einem neuen Insolvenzrecht. 1993.

Band 8 Andrea Rudolph: Die Kooperation von Strafrecht und Sozialhilferecht bei der Disziplinierung von Armen mittels Arbeit. Vom Arbeitshaus bis zur gemeinnützigen Arbeit. 1995.

Bernd Schieferstein

Die Wahrnehmung überörtlicher Sozialhilfeaufgaben durch höhere Kommunalverbände
– am Beispiel des Landeswohlfahrtsverbandes Hessen

Frankfurt/M., Berlin, Bern, New York, Paris, Wien, 1992. XXV, 250 S.
Europäische Hochschulschriften: Reihe 2, Rechtswissenschaft. Bd. 1294
ISBN 3-631-45373-6 br. DM 84.--*

Finanzielle und konzeptionelle Probleme des Landeswohlfahrtsverbandes Hessen haben die Diskussion um die Wahrnehmung überörtlicher Sozialhilfeaufgaben durch höhere Kommunalverbände neu entfacht. Seit § 100 BSHG eine landesrechtliche Abweichung von den bis 1984 enumerativ festgeschriebenen Zuständigkeiten des überörtlichen Trägers erlaubt, sind Reformüberlegungen zur überkommenen Aufgabenverteilung zwischen den örtlichen und überörtlichen Trägern der Sozialhilfe auch von grundsätzlichem und praktischem Interesse. Vor diesem Hintergrund stellt die vorliegende Arbeit die bestehende Aufgabenverteilung zwischen den Trägern der Sozialhilfe umfassend, bezogen auf alle Flächenländer und vertieft am Beispiel Hessen, dar. Sie befragt den empirischen Befund und einschlägigen normativen Kontext auf Vorgaben für eine Neuordnung. Anhand der gefundenen Leitlinien werden schließlich die Zuständigkeiten des LWV-Hessen auf ihre fachliche Rechtfertigung überprüft und konkrete Änderungsvorschläge für eine landesgesetzliche Neuregelung der Aufgabenverteilung gemacht.
Aus dem Inhalt: Verfassungsrechtlicher Status des Landeswohlfahrtsverbandes Hessen – Höhere Kommunalverbände als überörtliche Träger der Sozialhilfe – Aufgabenverteilung zwischen örtlichen und überörtlichen Trägern der Sozialhilfe – Bestandsaufnahme der Zuständigkeits- und Heranziehungsregelungen – Normative Vorgaben und Kriterien für eine Aufgabenverteilung zwischen den Trägern der Sozialhilfe – Reformvorschläge für eine Neuordnung der Sozialhilfe in Hessen

Peter Lang Europäischer Verlag der Wissenschaften
Frankfurt a.M. • Berlin • Bern • New York • Paris • Wien
Auslieferung: Verlag Peter Lang AG, Jupiterstr. 15, CH-3000 Bern 15
Telefon (004131) 9411122, Telefax (004131) 9411131
- Preisänderungen vorbehalten - *inklusive Mehrwertsteuer